초자동화 시대가 온다 AGE of INVISIBLE MACHINES

초자동화 시대가 온다

1판 1쇄 발행 2024년 4월 4일

지은이 롭 윌슨, 조시 타이슨
펴낸이 장성두
옮긴이 이윤진
펴낸곳 주식회사 제이펍

출판신고 2009년 11월 10일 제406-2009-000087호
주소 경기도 파주시 회동길 159 3층 / **전화** 070-8201-9010 / **팩스** 02-6280-0405
홈페이지 www.jpub.kr / **투고** submit@jpub.kr / **독자문의** help@jpub.kr / **교재문의** textbook@jpub.kr

소통기획부 김정준, 이상복, 김은미, 송영화, 권유라, 송찬수, 박재인, 배인혜, 나준섭
소통지원부 민지환, 이승환, 김정미, 서세원 / **디자인부** 이민숙, 최병찬

진행 김은미 / **교정·교열** 조서희 / **내지 디자인** 블랙페퍼디자인 / **표지 디자인** 공중정원
용지 에스에이치페이퍼 / **인쇄** 한승문화사 / **제본** 일진제책사

ISBN 979-11-92987-91-0 (03320)
값 22,000원

제이펍은 여러분의 아이디어와 원고를 기다리고 있습니다. 책으로 펴내고자 하는 아이디어나 원고가 있는 분께서는
책의 간단한 개요와 차례, 구성과 지은이/옮긴이 약력 등을 메일(submit@jpub.kr)로 보내주세요.

초자동화 시대가 온다

AGE of INVISIBLE MACHINES

롭 윌슨,
조시 타이슨 지음
이윤진 옮김

대화형 AI 기반의 초자동화 생태계 구축을 위한 안내서

책을 쓰는 동안 신뢰할 수 있는 동료, 친구, 가족이 되어준

우크라이나 사람들에게 이 책을 바친다.

이 책의 첫 해 수익금은 우크라이나에 기부할 것이다.

차례

2022년 11월, 언어모델계에 혁신이 일어났다. 바로 GPT-3.5가 챗봇의 형태로 출시된 것이다. 그날 우리는 인간이 아닌 대화 상대를 만났다. 이 날 후로 이 책의 저자들은 대화형 AI의 잠재성을 포착하여 초자동화라는 개념에 도달하고, 초자동화가 초혁신을 가져올 것이라는 믿음으로, 디지털 생태계 구성에 기반하여 초자동화의 체계적 도입 방법론을 소개한다. 또한, 역사적으로 새로운 도구의 등장은 만인에게 도움이 됐다는 경험에서 초자동화의 비전으로 세계적 위기를 극복하길 희망하는 핵심 메시지를 제시한다.

김현철, (사)한국인공지능협회 회장

콘서트 티켓 구매를 위해 극장의 예약 봇bot에게 접근해 너스레를 떨어보았으나 되돌아오는 답은 딱딱하기 그지없었다. 내 예매는 실패해도 괜찮으니 실제 예매가 시작되기 직전에 테스트 스위트test suite로 사용해보면 어떻겠냐고 제안했다. 잠시 뒤 예약 봇이 이를 받아들였다. 오케이! 이제 운영체제에게 예약 봇이 테스트 스위트를 정말 실패할 확률과 이런 시도가 어뷰징abusing으로 판명될 가능성을 알려달라고 요청해야겠다. 그 사이 봇에게 전달할 테스트 스위트 코드를 작성할 시간은 충분하다. 나의 보스는 어뷰징 가능성 따위는 신경 쓰지 않고 이 작업을 흔쾌히 수락할 게 뻔하다. 그래도 그녀에게 물어봐야 한다. 나는 메모리 안에 살고 있는 가상 비서일 뿐이니까…

최근 대형 언어 모델의 발전을 보면 이런 공상과학 이야기가 터무니없게만 들리지 않는다. 이미 ChatGPT는 문제 해결을 위해 울프럼 알파Wolframalpha 검색엔진과 같은 다른 시스템과 대화할 수 있고, 사용자가 요청한 프로그램을 작성한 다음 실행한 결과까지 보여준다. 마이크로소프트 코파일럿Copilot은 운영체제와 애플리케이션을 통합하면서 전에 없던 새로운 사용자 경험의 시대를 개척했다. 어쩌면 초자동화의 서막이 이미 시작됐는지도 모른다. 고도로 발달한 인공지능이 만드는 초자동화의 미래가 궁금한가? 대화형 AI 시대를 예측한 이 책에서 비밀스러운 베일을 걷어올리고 직접 확인해보자.

박해선, 마이크로소프트 AI MVP, 《혼자 공부하는 머신러닝 + 딥러닝》 저자

공직 사회와 같은 대형 시스템에 업무 자동화(로보틱 처리 자동화)가 도입될 수 없는 가장 큰 이유는 그 업무를 수행하는 사람이 현상 유지를 원하기 때문이다. 인간은 누군가 자신의 일을 대신하면 좋겠다고 생각하면서도, 동시에 자동화로 인해 필연적으로 감수해야 할 '변화'와 '적응'을 두려워한다. 대화형 AI는 거대한 '변화'를 불러오면서도 '적응'의 난도를 현저히 낮춰줄 수 있는 좋은 수단이다. 이 책은 대화형 AI가 주도할 미래의 여러 가능성 중 자동화된 업무 처리의 미래를 잘 그려낸다. 머지않은 미래에 서비스 산업이 어떻게 변해갈지 상상해보는 이정표가 되어줄 것이다.

반병현,《챗GPT: 마침내 찾아온 특이점》 저자

마치 미래의 문을 열어놓은 듯한 책으로, 현대 기술의 놀라운 진보와 혁신 기술이 주는 놀라움 뒤에 숨겨진 가능성을 제시한다. 자동화 경험이 적은 사람도, 혹은 많은 사람도 자동화에 대한 관점을 더 확장하고 싶다면 반드시 이 책을 읽어보기를 권한다. 단순히 기술에 대한 논의를 넘어 미래를 향한 흥미로운 여정으로 가는 자신을 발견할 수 있을 것이다.

이규남,《프롬프트 엔지니어링으로 인공지능 제대로 일 시키기》 저자

이 책은 가트너에서 선정한 기업 대화형 AI 플랫폼 선두기업 OneReach. ai의 설립자이자 수석 디자이너 겸 최고 기술자인 롭 윌슨이 20년 이상의 대화형 AI 개발 경험에서 얻은 중요한 통찰력을 제공할 뿐만 아니라 인공지능과 자동화 시스템을 효과적으로 활용하기 위한 실용적인 지침을 제공한다. 대화형 AI를 전략적으로 적용해 다양한 도메인의 비즈니스 프로세스, 워크플로, 커뮤니케이션을 초자동화해 초혁신하는 데 필요한 인사이트를 얻을 수 있다. 경영진, CTO, CIO, CEO 등 모든 비즈니스 리더뿐만 아니라 비즈니스와 인공지능 기술의 통합에 진지하게 대처하고자 하는 모든 사람이 읽어야 할 필독서다.

황석형, 선문대학교 AI소프트웨어학과 교수

내용을 계속 읽을수록 그에 동의하는 자신을 발견할 것이다. 모든 비즈니스 리더 및 기술 리더가 반드시 읽어야 하는 책이다.

셰리 코메스(Sherry Comes), IBM 전 CTO

롭은 항상 경험 디자인 분야에서 선구적인 역할을 해왔으며, 매우 설득력 있는 비전을 수립해왔다. 이 책은 대화형 AI를 활용하고 복잡한 비즈니스 운영을 자율화하는 명확한 길을 제시한다.

레베카 플래빈(Rebecca Flavin), 오길비 글로벌 최고 경험 전략 책임자

키보드의 키와 화면 속의 수많은 아이콘은 인간이 컴퓨터와 제대로 대화할 수 없기 때문에 생겨난 것들이다. 언어는 가장 자연스러운 사용자 인터페이스다. 이 책은 언어와 기술의 미래를 분명히 보여줄 뿐만 아니라 어떻게 받아들여야 하는지 알려준다.

대니얼 라메티(Daniel Lametti), 아카디아 대학교 심리학 교수

만약 'GPT', 'AI', '경험 디자인', '혁신'에 관심이 있다면 꼭 읽어보기를
바란다.

줄리아 앤더슨(Julia Anderson), 삼성리서치 대화형 디자이너

읽을 만한 가치가 충분한 책이다.

하이디 코언(Heidi Cohen), Actionable Marketing Guide 설립자

지은이 **롭 윌슨**Robb Wilson

OneReach.ai의 설립자이자 수석 디자이너 겸 최고 기술자다. OneReach. ai는 가트너의 첫 번째 엔터프라이즈 대화형 AI 플랫폼 핵심 역량 보고서에서 최고점을 받은 기업이며, 2022년 가트너의 '엔터프라이즈 대화형 AI 플랫폼' 부문에서 비전 완성도 및 실행 능력을 인정받아 리더로 선정됐다. 롭은 인터넷이 현실화되기 30년 전에 이미 이를 예측한 철학자 마셜 매클루언의 가르침을 받고 자랐고, 사용자 중심 디자인에 대한 깊은 이해를 바탕으로 초자동화를 실현하는 데 20년 이상 매진했다. UX 매거진을 창립해 세계 최대 규모의 경험 디자인 커뮤니티로 성장시켰고, 아이데오 및 Frog Design과 경쟁하는 풀 서비스 UX 회사를 설립했다. 15개의 스타트업을 세웠고, 디자인 및 기술 분야에서 130개가 넘는 상을 받은 것 외에도 여러 상장 기업에서 임원을 역임했다. 아마존 알렉사, 구글, 오길비, GE, 세일즈포스, 인스타그램, 링크드인, 디즈니, 마이크로소프트, 마스터카드, 보잉에서 경영진으로 성장한 동료들을 멘토링하기도 했다. 벤처나 외부 자본 없이 부트스트랩으로 시작하는 스타트업에 열정을 기울이는 만큼이나 서핑보드를 만들고 집을 개조하는 데도 같은 열정을 쏟고 있다. 대화형 AI와 초자동화 분야에서 신뢰할 수 있는 사고 리더로서, 많은 사람에게 영향을 준 다양한 제품, 애플리케이션, 영화를 만드는 데 참여했다. 겸손한 남편이자 아버지, 할아버지이기도 한 롭은 약력을 읽을 때마다 얼굴이 붉어진다.

지은이 **조시 타이슨**Josh Tyson

작가이자 프로듀서로 TED×MileHigh와 UX 매거진 등 다양한 조직에서 리더를 맡았다. 조시는 미래에서 온 팟캐스트 N9K의 공동 진행자다. 그의 글은 《빅브라더 스케이트보딩Big Brother Skateboarding》, 《시카고 리더Chicago Reader》, 《플런트FLAUNT》, 《뉴욕 타임스The New York Times》, 《슬랩SLAP》, 《스톱 스마일링Stop Smiling》, 《트래셔Thrasher》, 《웨스트워드Westword》 등 수년 동안 수많은 출판물에 게재됐다. 미국 덴버에서 가족과 함께 살며 스케이트보드와 요가를 즐긴다. 자녀들과 함께 크라이테리온 채널Criterion Channel에서 가장 기괴한 영화를 찾아보는 것을 좋아한다.

옮긴이 **이윤진**

이화여자대학교 불어불문학과를 졸업하고 영국 워릭 대학교 경영대학원에서 경영학 석사 과정을 마쳤다. 국내 대기업 계열 금융회사 마케팅팀을 거쳐 외국계 글로벌 기업에서 온라인 마케팅 전략을 담당했다. 현재 바른번역 소속 번역가로 활동 중이며, 옮긴 책으로 《엣지》, 《로봇의 지배》, 《당신은 AI를 개발하게 된다, 개발자가 아니더라도》, 《실험실의 쥐》, 《왓츠 더 퓨처》, 《유튜브 7초에 승부하라》, 《사장은 어떻게 일해야 하는가》, 《경제학자의 다이어트》 등이 있다.

　이 책에 참여할 때 자동화 관련 기술을 이해는 했지만 자동화 기술의 결합 방식은 개념 정도만 알 뿐이었다. 자동화 관련 지식의 대부분은 경험 디자인 커뮤니티를 위한 세계 최장수 간행물인 UX 매거진_{UX Magazine}의 편집장으로 일하기 시작한 2012년 무렵부터 알기 시작했다.

　당시, 잡지사의 대표인 롭 윌슨은 업계 영향력이 상당했다. 롭은 급성장 중인 경험 디자인 분야의 선구자였고, 동료들은 그의 아이디어와 업적을 두고 경외감과 감탄을 섞어 말하곤 했다. 효과적인 인터페이스 디자인에 관한 초창기 책을 집필했고, 애플에서도 최초의 아이패드 애플리케이션 중 하나를 제작하려고 그에게 디자인을 요청한 적이 있으니 말이다. 롭은 10년 넘게 시빌_{Cybil}이라는 대화형 AI를 개선하고 있었다. 게다가 그가 작업한 영화는 아카데미상 후보에 오르기도 했다. 아이디어가 계속 쏟아져나와 여러 국제적인 스타트업을 운영했고, 시간을 쪼개 미국 덴버와 우크라이나 키이우를 오갔다. 롭을 직접 본 적은 거의 없지만, 그는 항상 곁에 있었다.

　몇 년 전, 초자동화에 관한 백서를 정리하는 일을 도우면서 예상하기 어려운 롭의 머릿속을 들여다볼 기회가 생겼다. 솔직히 말하면 롭이 설명하는 초자동화의 복잡성과 범위뿐만 아니라 범위에 있는 문제에 접근 가능한 해결책을 제시할 수 있다는 데 놀랐다. 조직의 모든 데이터 포인트와 데이터 저장소를 연결하는 개방형 시스템의 힘을 상상해보라. 코드를 작성할 필요 없이 누구나 이 플랫폼으로 다양한 혁신적 기술을 실행할 수 있다. 이는 누구나 데이터를 활용할 수 있으며, 훈련이 필요 없는 인터페이스(대화)를 통해 사회 모든 수준에서 사람보다 더 나은 자동화를 만들 수 있다는 뜻이다.

기술 연구 및 자문 회사 가트너가 명명한 초자동화는 피할 수 없는 시장 상황이자 대단히 복잡하고 어려운 문제다. 초자동화를 깊이 파고들면 자연에서 비슷한 시스템을 발견할 수 있다. 산을 걷다 보면 폭신한 이끼, 움직이지 않는 돌, 우뚝 솟은 나무가 이루는 우아한 균형에 완전히 빠져든 경험이 있을 것이다. 이는 발 아래 사방으로 뻗어 있으나, 보이지 않는 푸른숲의 네트워크 덕분이다. 균사체mycelium라고 하는 곰팡이 네트워크는 식물군의 92퍼센트를 연결한다. 균사체와 식물의 공생 관계를 균근mycorrhiza이라고 하는데, 식물은 균류에 당분을 공급하고 균류는 토양에서 영양분과 수분을 전달한다. 균근은 몇 킬로미터까지 뻗을 수 있는 네트워크를 통해 퍼져나간다. 모든 것이 눈에 잘 띄지 않지만 균근이 없다면 영양분과 수분 전달은 불가능하다.

초자동화를 달성하고 유지하기 위한 생태계도 이와 비슷하다. 복잡한 기술 네트워크가 눈에 보이지 않게 조율돼 사용자가 사용법을 고민할 필요 없이 그 힘을 활용할 수 있도록 한다. 영양분을 공유하는 것처럼 해당 네트워크는 조직의 모든 부서를 같은 리소스로 연결해 필요한 모든 사람이 요청할 수 있도록 한다. 기술을 통한 문제 해결이 언덕을 오르는 일과 같다면 초자동화는 꾸준한 속도로 정상까지 순항할 수 있게 해준다. 투박한 그래픽 사용자 인터페이스와 씨름할 이유가 없다. 애플리케이션 사이를 오가며 탐색할 필요도, 모든 것을 멈추고 올바른 비밀번호를 찾을 필요도 없다.

디지털 생태계 설계는 힘들고 복잡한 작업이다. 사람들이 기술을 통해 경험하는 단순성의 진화와 그 단순성을 달성하는 데 필요한 복잡성의 진화는 서로 반비례 관계다. 실제로 이런 관계는 수십 년 동안 경험 디자인 분야에서 지속해온 것으로, 가능한 마찰이 없는 상호작용을 만드는 것이 목표다. 말을 하든 자판으로 입력하든, 대화는 어떤 인터페이스보다 마찰을 줄여준다. 직관적이고 사용하기 쉬운 기술일수록 매력적이지만 만들기는 더 복잡하다.

팬데믹으로 인해 고객과 직원 모두 조직과 상호작용할 때 디지털 방식으로 이뤄지는 추세다. 가트너에서는 다중적 경험, 고객 경험, 직원 경험, 사용자 경험을 결합시킨 것이 바로 총체적 경험total experience, TX이라고 정의했다. 총체적 경험을 통해 원격 근무가 가능할 뿐 아니라 분산된 형태의 고객 시대에 상당한 경쟁 우위를 확보할 수 있다. 대화형 인터페이스를 사용하면 모든 경험 스펙트럼에 걸쳐 영향력을 극대화하고 초자동화를 달성하려는 노력을 크게 지원할 수 있다.[1]

이런 점에서 대화형 AI는 엄청난 진보를 의미한다. 사용자가 기술과 대화할 수 있다면 디자이너가 계속 고민해야 하는 문제점이 사라진다. 물론 복잡성은 무척 커진다. 이 책에서는 이 반비례 관계의 두 가지 측면, 즉 초자동화를 달성함으로써 가능한 일과 가능성을 실현하기 위해 필요한 수많은 조율을 살펴본다.

초자동화를 달성하고 유지하며 가속화하는 기업도 있지만, 이 책에서 설명하는 내용 중 많은 부분은 아직 시작 단계다. 마찬가지로 책을 쓰는 동안 마감은 미뤄지고 다룰 내용이 너무 많아서 주제는 계속 확장됐다. 배우는 과정과 실행하는 과정이 다를 수도 있다.

기술의 경험 수준과 상관없이 기계와의 관계를 뒤바꾸고, 굉장히 빠른 속도의 진화를 알리는 메시지를 책에 담았다. 주변의 모든 것이 상상하지 못한 방식으로 바뀌는 상황에서 확고한 기반을 유지하는 데 필요한 관점과 실용적인 조언과 전략이 있다. 변화는 이미 진행 중이며, 미래의 리더들은 오늘도 조직을 초자동화에 더 가깝게 만들고자 열심히 일하고 있다.

조시 타이슨

감사의 글

수십 년 동안 모은 수많은 아이디어와 경험, 이야기를 이 책에 담았다. 머릿속 이야기를 종이로 옮겨줬을 뿐 아니라 프로젝트 마지막까지 신경 써준 프로젝트의 프로듀서이자 개발 편집자인 일라이어스 파커Elias Parker에 감사하다. 체계적으로 정리하고 글로 표현할 수 있도록 도와준 조시 타이슨에게도 고맙다고 말하고 싶다. 조던 래트너Jordan Ratner, 앨리슨 하쉬베르거Alison Harshberger, 마리아 플라토노바Mariia Platonova, 제프 스틴Jeff Steen, 소피아 미트로비치Sofija Mitrovic, 와일리 출판사의 멋진 팀과 커스틴 자넨-넬슨Kirsten Janene-Nelson 편집자에게 하이파이브를 보낸다. 시각 디자인을 맡아준 멜로디 오솔라Melody Ossola와 표지 디자인 작업을 해준 바이노스by north에도 고마움을 전한다. 대화형 AI 분야의 여정을 통해 훌륭한 사람들과 놀라운 기회는 물론 엄청난 도전 과제를 접할 수 있었다. 이 책은 수많은 사람의 노력이 합쳐진 결과물이자 작품이다.

사업 동반자인 데이지 웨보르그Daisy Weborg와 리치 웨보르그Rich Weborg, 케빈 프레드릭Kevin Fredrick에게 특별한 감사를 표한다. 마이클 베브즈Michael Bevz, 랜스 크리스트만Lance Christmann, 조너선 앤더슨Jonathan Anderson, 페트로 타라센코Petro Tarasenko, 헬렌 페클로Helen Peklo와 안토니 페클로Antony Peklo, 나탈리아 니키텐코Natalia Nikitenko와 안드레이 니키텐코Andrey Nikitenko, 수년 동안 세계 최고의 대화형 AI 플랫폼을 부지런히 구축한 OneReach.ai의 훌륭한 직원들에게도 커다란 감사를 전한다. 가트너와 다른 이들이 등장하기 전에 우리 접근 방식의 힘을 알아봐준 고객과 파트너, 특히 IBM 왓슨의 수석 엔지니어이자 최고기술경영자chief technology officer, CTO였던 셰리 코메스Sherry Comes에게 감사드린다. 수년 동안 UX 매거진을 구축한 이펙티브 UI팀과 저자, 독자 커뮤니티에도 감사드린다.

평생 알고 지내온 영향력 있는 여성들에게 무한한 감사를 표한다. 아름다운 내 딸들인 시드Sid, 콜Cole, 케이티Katie, 멜리Melly, 퀸Quinn의 격려와 응원에 고마운 마음을 전하고 싶다. 그리고 모든 것을 주신 어머니께 깊은 사랑을 받았다. 사랑하는 아내 사샤Sasha, 형제 홀리Holly, 버트Burt, 어니Ernie의 배려가 큰 힘이 됐다. 마지막으로 오래전에 진화하는 세계관을 구체화해준 마셜 매클루언Marshall McLuhan에게 감사의 마음을 전한다.

롭 윌슨

대화형 AI, 나의 흰고래

나를 이슈메일이라 불러다오.

허먼 멜빌의 《모비 딕》의 첫 문장

아니, 그러지 말아달라. 필자는 소설 《모비 딕》(작가정신, 2010년)의 에이해브 선장처럼 대화형 AI라는 강력하고 종잡을 수 없는 흰고래를 열렬히 쫓느라 많은 시간을 깬 채로 보냈다. 며칠, 몇 달, 몇 년 동안 수평선 위에 있는 강철 같은 짐승을 쫓아다녔다. 관련된 다양한 기술의 복잡성과 새로움 때문에 자주 길을 잃기도 했지만, 멜빌의 말처럼 육지와 바다를 넘나들며 추적을 계속했다.

집착은 경험 디자인 분야의 초기 실무자로 일할 때부터 시작됐다. 사람이 기계에서 일상적으로 접하는 최악의 경험은 대화와 관련 있다는 사실을 깨달았다. 온라인에서 문제를 해결하려는 비효율적인 음성자동콜센터와 허술한 챗봇은 사용자 신뢰를 무너트리고 있었다. 끝이 없어 보이는 엉터리 봇의 늪에서 사용자와 조직을 벗어나게 하는 것은 경험 디자인의 흰고래처럼 보였다.

경험 디자인은 사용자를 끌어들이고 보람 있는 경험을 제공하는 그래픽 사용자 인터페이스를 만드는 데 중점을 둔다. 이는 기계와의 복잡한 상호작용을 관리하기가 쉽기 때문이다. 컴퓨터와의 상호작용은 오랫동안 화면을 기반으로 이뤄졌다. 화면의 해상도는 높아지고, 크기는 작아졌으며, 터치 방식이 활성화됐다. 사용자에게 권한과 즐거움을 줄 새로운 기회가 하드웨어의 변화에서 비롯됐다. 지난 몇 년 동안 인상적인 그래픽 사용자 인터페이스는 있었지만, 시각 인터페이스의 복잡성을 압축하는 정도에는 한계가 있었다.

대화형 인터페이스를 탐구하면서 가장 자연스러운 의사소통 방식인 대화만큼 기계와의 상호작용이 쉬워지는 방법은 없다는 사실을 깨닫게 된 성과도 있었다. 음성과 텍스트는 지구상의 거의 모든 사람이 특별한 교육 없이도 활용할 수 있는 정보 공유 방법이다. 번거로운 그래픽 사용자 인터페이스 아래에서 작동하는 기계와 간단히 대화할 수 있다면 사용자가 상단 탐색 메뉴를 뒤지거나 특정 아이콘이 무엇을 의미하는지 알아낼 필요가 없다. 대화형 AI를 구현할 수 있다면 기계 조작 부분을 효과적으로 가려서 기계를 보이지 않게 만들 수 있다.

* * *

필자는 수십 년 동안 기계와의 대화를 논의했다. 최근에 상장기업의 CEO와 차를 마시며 대화형 AI, 더 넓게는 초자동화가 현 상태를 파괴하는 방식을 이야기할 자리가 있었다.

"기술을 업무에 바로 활용하는 것이 기술적 도움을 찾는 것만큼이나 간단해질 겁니다."

"대화를 통해 기계의 방대한 문제 해결 능력을 활용하면 누구나 기술 전문가가 될 수 있습니다."

"이제 사람은 소프트웨어를 만들고 배포하는 방법을 이해하는 과정이 없어도 첨단 기술을 활용하게 될 겁니다."

"결국 소프트웨어가 새로운 소프트웨어를 만들게 해서 기술을 활용하게 될 겁니다."

대화를 나누던 CEO는 미소를 지으며 모든 것이 놀랍다고 말했지만 와닿지 않는 것 같았다. 그는 당시 슬랙이나 팀스용 기계를 만들어 대화형 인터페이스를 통해 자체 애플리케이션을 사용할 수 있는 프로젝트를 관리하는 회사를 이끌고 있었다. 대화의 반응을 봤을 때 그가 자체 플랫폼의 그래픽 사용자 인터페이스를 약화시키고 있다는 사실을 깨닫게 될지는 지켜볼 수밖에 없다고 생각했다.

결국 셰어포인트나 세일스포스처럼 그래픽 사용자 인터페이스를 확장하려는 시도는 있었지만 많은 사람이 디자인한 수백 개의 탭이 있는 UI는 생각보다 탐색하기가 훨씬 어렵다는, 받아들이기 힘든 진실이 드러났다. 마이크로소프트가 셰어포인트에서 팀스로 전환하는 큰 이유는 모든 것에 연결되는 대화형 인터페이스의 확장성에 있다. 고객과 직원 모두 하나의 포털을 통해 회사와 상호작용할 수 있으며, 이면에 있는 복잡하고 비밀스러운 과정은 숨길 수 있게 됐다.

실제로 초자동화를 달성하기 위한 전략을 수립하고 널리 채택하는 데 필요한 연결 고리는 바로 확장 가능한 인터페이스다. 그래픽 사용자 인터페이스는 초자동화의 요구사항을 충족하기 위해 확장할 수 없다. 초자동

이 책에 대하여

화하려면 그래픽 사용자 인터페이스가 감당해야 할 내용이 너무 복잡하고 어렵다는 문제도 있지만, 그래픽 사용자 인터페이스가 렌더링하는 프로세스는 자동화가 반드시 필요하다. 대화형 AI는 확장 가능한 인터페이스의 연결 고리이자 무한히 확장 가능한 인터페이스다. 대화형 AI 인터페이스는 배경에서 실행되는 시스템(과 그래픽 사용자 인터페이스)의 복잡함을 손쉽게 가려줄 뿐만 아니라 시스템 환경을 하나로 묶어 고객과 직원 등 모든 사용자를 위해 자동화를 발전시킬 수 있는 피드백 루프를 생성한다.

레모네이드나 앤트그룹 같은 기업은 이미 대화형 AI와 초자동화를 활용해 각자의 산업을 근본적으로 변화시키고 있다. 앞서 대화를 했던 CEO에게는 무서운 현실이 기다리고 있다. 대화형 인터페이스가 더 광범위하게 채택되면 의심할 여지없이 그래픽 사용자 인터페이스를 완전히 가릴 정도로 확장될 것이라는 점을 간과했기 때문이다.

대화형 AI를 활용하는 플랫폼을 구축하면서 대화형 AI가 세 가지 핵심 기술의 조합이라는 점을 알게 됐다. 세 기술은 대화형 사용자 인터페이스, 컴포저블 아키텍처, 노코드 프로그래밍을 가리키는데, 세 가지 기술의 완벽한 조합이 경험 디자인의 진정한 흰고래라고 말할 수 있다. 세 가지 기술은 매끄러운 대화형 인터페이스를 더욱 발전시켜 소프트웨어 제작이 민주화되는 지점에 도달하게 한다. 코드 프리code free는 소프트웨어 사용 경험에 집중하는 대신 컴포저블 아키텍처로 소프트웨어를 만드는 대화형 경험을 디자인하는 데 더 큰 노력을 기울일 수 있도록 도와준다. 컴포넌트 기술은 사용자 경험 디자인을 새로운 차원으로 끌어올릴 뿐만 아니라 누구나 기술에 접근하고 쉽게 활용할 수 있는, 즉 누구도 뒤처지지 않는 기술을 보장한다.

대화형 AI를 통해 조직 외부 및 내부 운영 자동화를 활용하면 누구나 소프트웨어 솔루션을 직접 만들고 반복할 수 있다. 개방형 플랫폼에서 다른 혁신적 기술과 함께 조율된 대화형 AI는, 팀원들이 협업해 사람만으로는 결코 달성할 수 없는 방식으로 작업과 프로세스를 자동화하는 생태계를 만들 수 있다. 대화형 AI는 고객이 조직과 훨씬 더 보람 있는 상호작용을 할 수 있는 경험을 제공하는 동시에 팀원에게는 완전히 새로운 업무 패러다임을 제공한다.

이러한 수준의 자동화(즉, 초자동화) 요구 사항은 다양한 사용자 경험 디자인 요소들이 빠르게 움직이는 피드백 루프의 일부가 되는 시나리오를 만들어낸다. 좀 더 창의적인 용어가 필요하겠지만, 이는 일종의 하이퍼 UX_{hyperUX}에 해당한다. 그래픽 사용자 인터페이스의 한계를 극복하고자 디자인에 쏟던 에너지를 지금은 무한히 확장 가능한 대화형 인터페이스를 디자인하는 데 쏟아붓는다. 이런 경험의 아키텍처에는 광범위한 여정 매핑_{journey mapping}이 필요하며, 매핑은 경험과 함께 진화하는 살아있는 문서가 된다. 조직 내부의 사람들이 사용자가 경험을 통해 이동하는 모습을 관찰하면서 실시간으로 광범위한 연구와 분석을 수행할 수 있다. 또한, 기계가 불가피하게 멈추는 현실과 달리 하이퍼 UX는 사람이 필요할 때마다 개입해 지원하도록 설계됐기 때문에 보상과 혜택을 계속 제공할 수 있다. 이는 애자일_{Agile}보다 더 민첩한 환경을 조성하며, 코드 없이 기계와 상호작용을 하면서 계속 지원과 개선을 반복할 수 있다.

주요 공급 업체의 느린 개발 주기에 발목을 잡혀본 사람에게는 설득력 없이 들릴 것이다. 하지만 초자동화를 위해 구축된 생태계에서는 어떤 기술이 됐든 사용자 경험의 모든 측면을 즉각적으로 크게 바꿀 수 있다. 의

이 책에 대하여

욕이 넘치던 프로젝트였지만 개발 과정이 길어지면서 출시 후 후회하는 경우도 많이 봤다. 소프트웨어 구축은 창의적인 과정이다. 앞으로 소개할 전략과 기법을 적용한다면 조직의 창의적인 사람들은 소프트웨어 제작 프로세스를 처음부터 끝까지 관리할 수 있으리라 생각한다.

필자처럼 대화형 AI를 쫓아다녔다면 잘못된 방식으로 대화형 AI에 접근하고 있는 자신의 모습이 에이해브의 모습과 겹치는 부분이 있을까 섬뜩할 수도 있다. 예측하지 못한 강력한 짐승 때문에 배가 두 동강이 나고 그 힘에 묶여 바다로 끌려가는 에이해브의 운명처럼 말이다. 흰고래와 헤엄칠 수 있다는 사실이 아직도 놀랍기만 하다. 대화형 AI와 초자동화가 한데 어우러지면 아름답고 매혹적인 무언가가 된다. 백 개의 작살로 얻은 트로피를 쫓는 것과는 다른 노력이다. 기술을 정복하려 들면 계획이 오히려 산산조각날 것이다. 정복하기보다 모든 것이 미칠 듯이 휘몰아치는 기술의 파도 위를 민첩하고 재빠르게 타는 것이 비결일지도 모른다. 대화형 AI가 중요한 이유는 그것이 상징하는 바가 크기 때문이다. 대화형 사용자 인터페이스, 컴포저블 아키텍처, 노코드 생성을 활용해 모든 사람이 기술을 효과적으로 사용할 수 있고 아무도 뒤처지거나 조난되지 않는 전략적 환경을 조성하는 방법을 배울 수 있다.

지금부터 새로운 영역의 복잡성을 자세히 살펴보자. 배운 모든 것을 공유해 조직이 거친 물결 속에서 앞으로 나아가는 데 필요한 속도, 힘, 유연성을 갖추고 헤엄칠 수 있도록 돕고 싶다. 어려운 결정으로 가득한 고단하고 복잡한 과정이겠지만, 그간 발목을 잡던 낡은 프로세스와 시스템을 되돌아보는 기회도 될 것이다. 이제 과감하게 도전해야 할 때다. 20년이 넘도록 걸어온 길에서 깨달은 생각을 공유하고 싶다. 이 일을 하려면 관점을 갖는 것이 중요하다. 지금부터 같은 관점으로 함께 떠나자.

지능형 디지털 워커의
생태계를 상상한다

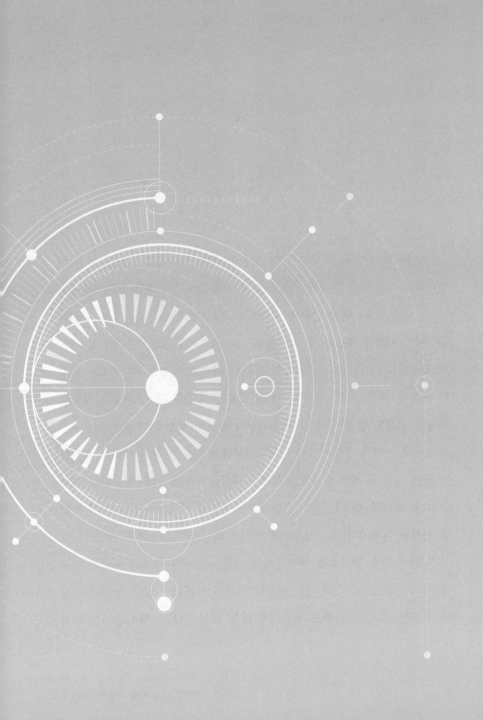

초자동화 상태를 달성하는 데 도움이 되는 생태계를 만드는 일은 기념비적인 작업이며, 탄탄한 기초 지식을 바탕으로 접근해야 한다. 1부에서는 이 글을 쓰는 현재 상황을 살펴보고, 대화형 AI_{conversational AI}와 관련된 일반적인 오해를 해소한 후 초자동화_{hyperautomation}의 성공적인 모습을 그려보려고 한다. 모든 것을 포괄하는 강력한 기술을 사용할 때 생기는 무수한 윤리적 문제도 염두에 둬야 한다. 조율된 기술은 갑작스러운 방식으로 세상을 뒤흔들 뿐 아니라 일상을 바꾸기 때문이다. 단순히 좋은 의도로만 초자동화 상태가 만들어지지 않는다. '변화'에 속도가 붙기 시작하면 처음의 좋은 의도가 어떤 결과를 초래할지 세심한 주의를 기울여야 한다. 변화는 더욱 빨라질 것이고, 우리는 변화의 출발점에 서 있다. 여기서부터 우리는 아무도 뒤처지지 않고 모두에게 이익이 되는 궤도를 설정할 수 있다.

이런 노력을 진지하게 받아들이고 낡은 시스템과 구조를 버리는 희생을 기꺼이 감수하는 조직에는 엄청난 기회가 기다리고 있다. 누구나 기술에 접근할 수 있고 아무도 뒤처지지 않는 세상, 영혼을 빨아들이는 일자리는 과거의 일이 되고 회사는 점점 더 자율적으로 운영되는 세상이 눈앞에 다가오고 있다. 가장 흥미롭고 창의적인 문제를 해결하기 위해 대기업 서비스의 테두리를 넘어 자유롭게 협력할 수 있다. 대화형 AI를 전략적으로 적용해 초자동화 상태를 달성하는 것은 기술이 모든 사람에게 동등하게 혜택을 주는 세상으로 향하는 방법이다.

이 책은 그 세계로 가는 방법에 관한 책이다. 초자동화 상태를 달성하고 유지하는 데 매우 도움이 되는 방식으로 팀과 회사를 조직하고 운영하는 방법, 즉 조직이 점점 더 자율적으로 성장하는 방법을 설명한다. 초자동화 상태는 케톤증ketosis 상태에 있는 사람과 다르지 않다. 케톤증이란 몸에 필요한 에너지원인 탄수화물 공급을 끊으면서 지방을 연소시켜 에너지를 얻기 시작하는 것을 말한다. 초자동화는 조직이 훨씬 더 강력하고 효율적인 상태로 존재할 수 있도록 조직의 내부를 재구성하는 것을 의미하며 이를 위해 도구와 프로세스를 제거할 수도 있다. 새로운 입맛을 돋우기 위해 초자동화가 조직과 세상을 어디로 이끌 수 있는지에 대한 시나리오를 살펴보자.

CHAPTER 1_

초자동화는
이미 시작됐다

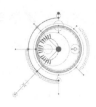

겁줄 생각은 없지만, 이 책에는 불길한 경고가 담겨 있다. 현상 유지는 사형선고와 다름없다. 대부분의 현대 조직은 몇 년 뒤에는 거의 시대에 뒤떨어진 것처럼 보일 시스템과 전략으로 운영되고 있다. 딥러닝, 블록체인, 코드 프리 개발 도구 등 이 책에서 설명하는 기술을 전략적으로 사용하면 기술을 다루던 기존의 방식을 혁신적으로 바꿀 뿐 아니라, 기존 모델 또한 완전히 없애버릴 것이다.

기술이 기하급수적으로 발전하는 시대에 살고 있다. 기술은 매일 더 강력하고 정교해지며 구석구석 스며들고 있다. 지금 존재하는 모든 데이터의 90퍼센트가 지난 2년 동안 생성됐다[1]는 사실은 우연이 아니다. 다만 풍부한 정보는 여러 면에서 실패를 의미한다. 정보가 제대로 활용되지 못하고 있다는 반증이기 때문이다. 곧 이 모든 것이 바뀔 것이다.

대화형 AI를 둘러싼 기술은 사람과 기계와의 관계를 근본적으로 바꿀 융합 지점을 향해 나아가고 있다. 이미 고객과 직원이 기업을 경험하는 방식이 융합의 전형적인 특징에 따라 재편되고 있고, 방대한 데이터가 활용되고 있어 산업 전반을 뒤흔들고 있다. 현재 전 세계에서 일어나는 자동화의 많은 부분에 만연한, 수준 이하의 챗봇 경험을 고려하면 그다지 과장이라고 볼 수 없다.

대화형 AI에 관해 특히 말이 많은 것처럼 느껴지는 이유는 아직 널리 채택되지 않았기 때문이다. 대화형 AI를 둘러싼 기술은 고도로 정교해졌지만, 사람들이 여러 기계 사이를 오가는 것을 좋아하지 않는다는 사실은 변하지 않았다. 홈 보안 시스템 웹사이트에 로그인해 서비스를 해지한다고 생각해보자. 챗봇에 질문하면 자주 묻는 질문(FAQ) 메뉴로 이동할 것이다. 하지만 5분 후 온라인에서는 서비스를 해지할 수 없다는 사실을 알게 된다. 그런 다음 고객센터로 전화하면 자동응답시스템automatic response service, ARS이라는 장벽에 부딪히고 상담원(사람)에게 바로 연결되길 바라며 '0'번 버튼을 누르기 시작한다. 이런 형편 없는 경험은 5년 전에 만든 비밀번호가 기억나기를 바라며 대기하는 것보다 생산적이지 않다.

'급할수록 돌아간다'는 사고방식은 사용자가 기계와 대화하는 데 익숙한 대화 경험이 부족하다는 것을 나타낸다. 하지만 상황이 바뀌고 있다. 대화형 AI를 둘러싼 기술 융합의 핵심 요소는 인류의 가장 오랜 적응 방식 중 하나인 대화를 기반으로 자동화를 가속하도록 설계된 지능적이고 진화하는 생태계와 관련이 있다. 대화형 AI는 어디에도 적용되지 않는 것이 아니라 모든 곳에 적용되고 있다.

알렉사Alexa나 구글 홈Google Home 같은 최근의 혁신은 획기적이긴 하지만 대화형 AI라고 보기 어렵다. 스마트 스피커에 일기예보를 묻거나 타이머를 설정하고 음악을 재생시키는 일은 대화형 AI의 초보적인 성능을 보여주기는 하지만 매우 제한되고 미숙한 수준의 응용일 뿐이다. 스마트 스피커는 대화 기능이 내장되지 않은 신제품을 찾기 힘들 정도로 스피커 산업을 완전히 바꿔 놓았다. 하지만 스마트 스피커가 시리Siri나 알렉사가 할 수 있는 일에 국한되지 않는다면 얼마나 강력해질 수 있을까? 스피커에 록 밴드 스틱스Styx의 〈미스터 로보토Mr. Roboto〉를 틀어달라고 말한 다음, 다른 일을 시킬 수 있으면 어떤 일이 벌어질까? "오늘 마크 마론Marc Maron이 팟캐스트를 시작할 때 언급했던 책을 사고 싶어. 제목은 기억나지 않지만 아마존 Amazon에서 찾기 전에 파웰스Powell's 서점에 있는지 확인해줘."

몇 분 후 휴대전화에 파웰스 웹사이트에서 살 수 있는 데이너 스티븐스Dana Stevens의 《Camera Man(카메라 맨)》 도서 정보로 연결되는 링크가 담긴 문자 메시지가 뜰 수 있다. "좋아, 주문해줘"라고 문자로 대답하면 처음에 음성으로 대화했던 인터페이스와 같은 인터페이스, 즉 생활 속 대부분의 기술과 주요 상호작용 지점이 된 포괄적인 대화형 인터페이스와 소통하는 것이다. 이런 시나리오가 가능해지면 애플리케이션을 열고 상호작용할 필요가 없기 때문에 다른 애플리케이션의 관점에서 기술을 생각하지 않게 될 것이다. 정말 고마워요, 미스터 로보토.

물론 사람의 대화는 생각과 필요를 전달하는 방법이 다양해서 음성보다 광범위하다. 대화할 때 몸짓이나 표정, 시각 요소나 소리를 자주 활용하기 때문이다. 따라서 대화형 AI는 멀티턴multi-turn 또는 멀티모달multimodal이라고 하는 상호작용의 모든 범위를 포함한다. 멀티모달 상호작용은 서로 연결된 생태계 일부여서, 지속해서 생성되는 방대한 데이터 저장소를 활용해 개인화와 정확성을 높이는 엄청난 기회를 얻을 수 있다.

멀티턴이나 멀티모달은 보이지 않는 기계와 텍스트로 대화할 때 기계가 요점을 설명하기 위해 영상의 일부를 보여준다. 스프레드시트나 데이터 분석을 요청하면 즉석에서 그래프를 그려 데이터 요소를 시각화할 수 있다. 상호작용을 계속하면서 운전을 해야 한다면 인터페이스는 음성 명령으로 전환될 것이다. 멀티모달 경험은 사람 사이의 일상적인 대화를 반영하고, 이런 정교함을 통해 사람에게 가장 자연스러운 인터페이스로 기술적 기능과 역량을 사용할 수 있다. 이런 마이크로 UI(micro UI)는 대화 기반이고, 사람의 대화와 마찬가지로 모든 종류의 시청각 요소와 촉각 신호까지 포함한다.

지금까지는 중첩된 탭이나 애플리케이션을 탐색할 때 매끄럽고 효율적인 경험을 할 수 없었지만, 세계적인 선두 기업들은 정교함과 자연스러운 경험이 기술로 가능하다는 사실을 깨닫고 있었다. 세일즈포스(Salesforce)는 단순한 목적으로 슬랙(Slack)을 인수한 것이 아니다. 세일즈포스의 CEO는 슬랙을 중심으로 조직 전체를 재구축하고 있다고 공개적으로 인정했다. 마이크로소프트(Microsoft)도 팀스(Teams)로 비슷한 작업을 하고 있다. 통합 커뮤니케이션 플랫폼과 대화형 통합 인터페이스, 즉 모든 것에 연결되는 하나의 기계가 고객과 직원과 조직에 큰 도움이 될 것이라 믿고 있다.

이런 수준의 자연스러운 대화가 기계와 기계를 사용하는 사람 사이의 기본 인터페이스가 되면 인터페이스가 사라지면서 기계는 보이지 않게 된다. 보이지 않는 기계(invisible machine)라는 개념에 대해 대부분의 경험 디자인 실무자는 익숙할 것이다. 성공적인 경험 디자인의 특징 중 하나는 방해되지 않는 인터페이스이기 때문이다. 인터페이스가 배경으로 많이 물러날수록 경험은 더 원활해진다. 그렇게 되면 사용자의 인지 부하가 줄어들고 기술에서 필요한 것을 더 효과적으로 얻을 수 있다(물론 뒤에서는 엄청난 양의 조율이 이뤄져야 한다).

대화형 AI를 사용하면 사람이 기계와 상호작용할 때 더는 기계가 소통하는 방식에 적응할 필요가 없어지므로 기계 및 소프트웨어와의 경험에 마찰이 크게 줄어든다. 대화형 AI를 어디서나 사용하게 되고, 거창하게 표현하면 보이지 않는 기계가 널리 퍼져 있는 것이다. 휴대전화나 가까이 있는 스마트 스피커나 음성 지원 기기를 통해 보이지 않는 기계에 도움을 요청할 수도 있다. 이는 개별 상황에 반응하고 적응할 수 있도록 시퀀싱 기술sequencing technology을 포함하는 융합의 다른 요소와 연결된다. 최적화된 문제 해결을 위해 구축된 생태계에 연결된 보이지 않는 기계가 넘쳐난다. 이 모든 것을 합치면 초자동화라고 할 수 있다.

과대광고를 뺀 초자동화

파괴적인 첨단 기술이 함께 작동하도록 시퀀싱하는 것을 초자동화라고 한다. 초자동화는 이름처럼 강력한 기술로, 가트너Gartner가 2019년에 처음으로 이 용어를 사용했다. 가트너는 "이제 기술은 사람의 능력을 대체하는 증강을 넘어 초인간적인 능력을 창출하는 증강으로 나아가는 전환점에 있다"라고 평가했다. 가트너의 정의가 다소 느슨하다는 평도 있었는데, '자동화를 통해 사람보다 더 나은 경험을 제공해야 한다'고 정의를 강화하면 초자동화와 자동화와의 차이에 대한 혼란이 줄어들 것이다. 이 책에서는 초자동화가 단순히 자동화된 경험이 아니라 더 나은 경험을 제공한다는 관점에서 용어를 사용한다.

초자동화 전략을 실행하는 데는 조직의 모든 부서의 협력이 대규모로 필요한 작업이라는 점이 전제된다. 대규모 작업이라고 해서 초자동화 앞에서 무력해지거나 체념할 필요가 없는데, 이는 굴복해야 할 대상이 아니기 때문이다. 초자동화를 위해서는 주도권을 갖되, 가장 먼저 기존의 대다수 업무 수행 방식을 포기해야 한다. 초자동화는 구체적인 계획을 위한 것이 아니다. 초자동화의 핵심은 유연성이다. 경험을 자동화할 때 사용하는 도구와 소프트웨어를 제어할 수 있는 개방형 플랫폼이 필요하다.

설립 이후 지금까지 OneReach.ai는 대화형 AI를 시퀀싱할 수 있는 패턴으로 분류해 필요한 작업을 초자동화하는 데 전념하고 있다. 초자동화는 기계와 사람 사이의 상호작용의 양쪽 측면에서 엄청난 도약을 의미한다. 필자는 인생의 대부분을 사람과 기계가 서로 소통하는 방식을 개선하기 위해 노력하는 데 썼는데, 초자동화가 인쇄기의 출현, 산업혁명, 컴퓨터 시대의 시작과 비슷한 규모의 파괴적 혁신을 일으킬 잠재력이 있다고 믿는다. 차이점은 변화의 속도 측면에서 훨씬 빠를 가능성이 크다는 것이다.

초자동화는 인공지능artificial intelligence, AI 개발을 넘어 조직 전반의 경험 전략의 일부로, 복잡한 문제를 해결하기 위해 다른 파괴적인 기술과 함께 사용하는 방법까지 포함하는 애플리케이션 전략이다. 비즈니스 프로세스, 워크플로workflow 대화, 작업을 초자동화해 사람보다 더 나은 경험을 제공하는 데 도움이 되는 기술이 현재 존재한다(11장에서 다룬다). 그러나 대부분 기업은 아직 이를 활용하지 않고 있다. 우리 팀에서는 사람보다 더 나은 경험, 즉 'better-than-human experience'의 머릿글자를 따서 BtHX라고 말한다.

하버드 경영대학원 마르코 이안시티Marco Iansiti 교수는 "많은 사람이 초자동화를 파괴적 혁신으로 생각한다. 우버Uber가 택시 산업을 뒤바꾼 것처럼 말이다. 하지만 초자동화는 파괴적 혁신이 아니다. 산업혁명 이후로 기업은 경영과 노동으로 설계됐다. 초자동화는 생산 수단의 근본적인 변화이며 모든 산업 전반에 걸쳐 영향을 미치고 있다"라고 했다.

조직은 보통 근시안적인 방식으로 혁신 기술에 집중한다. 이를테면 오전 8시 45분에 갓 내린 커피를 만들도록 커피 메이커를 자동화하는 것처럼 자동화를 사람이 하는 단순 업무를 대체하는 수단 정도로 여긴다. 하지만 커피 메이커를 사람보다 더 나은 경험의 한 부분이라고 생각하면 어떨까? 커피 만드는 시간과 양을 조절할 뿐 아니라 회사의 업무 일정을 참고해 국제선 항공편에서 곧장 사무실로 오는 고객을 예상해 진한 커피를 준비하는 것처럼 말이다. 나아가, 민첩한 금융 기관이 대출 승인, 신용점수 확인, 금융 자문 제공과 같은 업무를 초자동화해 운영을 간소화하고 간접비용을 없앤다고 상상해보자. 이는 중국 앤트그룹Ant Group(전 앤트 파이낸셜Ant Financial)이 운영하는 방식으로, 앤트그룹은 4억 5천만 명이 넘는 활성 사용자에게 모바일 결제 서비스를 제공하는 초자동화 최강 기업이다. 참고로 애플페이Apple Pay 사용자는 약 1200만 명이다.[2]

인공지능을 생각할 때 특이점singularity이라는 개념을 떠올린다. 특이점이란 강력한 초지능이 모든 사람의 지능을 뛰어넘는 가상의 지점을 말한다. 기계가 인공 일반 지능artificial general intelligence, AGI을 획득해 사람이 할 수 있는 모든 지적 작업을 학습할 수 있다는 개념도 있는데, 인공 일반 지능과 같은 유형의 초지능은 슈퍼 알고리즘만의 산물은 아니다.

특이점이나 인공 일반 지능에 대한 인식은 지능적인 방식으로 배열된 알고리즘과 기술이 함께 작동하는 생태계에서 나타나리라 예측하며, 전 세계에서 설계된 다양한 소프트웨어가 모여 구성될 가능성이 크다. 알고리즘과 시퀀싱된 기술의 생태계는 이 책에서 설명하는 생태계와 매우 비슷하다.

특이점이 오려면 수십 년이 걸릴 수도 있지만 이미 중요한 이정표를 조용히 지났다. 사용자는 대화형 AI를 통해 사람이 제공하는 BtHX보다 훨씬 도움이 되는 경험을 하고 있기 때문이다. 《MIT 테크놀로지 리뷰MIT Technology Review》에서 챗봇에 대한 고객 만족도가 사람의 성과를 뛰어 넘었다고 밝힌 앤트그룹의 사례를 다시 살펴본다. 앤트그룹의 부사장이자 AI 수석 과학자인 위안 치Yuan Qi는 당시 "실리콘 밸리에는 수없이 많은 챗봇 회사가 있지만 챗봇 성능이 사람보다 낫다고 자신 있게 말할 수 있는 회사는 우리뿐입니다"[3]라고 말했다.

미국 온라인 보험회사인 레모네이드Lemonade의 사례도 있다. 기술 중심 스타트업으로 주택보험 시장에 지각 변동을 가져온 레모네이드는 보험료가 저렴할 뿐만 아니라 남는 보험료를 자선단체에 기부하는 프로그램을 운영한다. 무엇보다, 사람보다 더 나은 고객 대면 대화형 AI 서비스를 제공한다. "내가 레모네이드로 바꾼 가장 큰 이유는 매력적인 AI 챗봇 때문이다"라며 줄리엣 반 윈든Juliette van Winden은 미디엄Medium에서 챗봇 마야Maya를 칭찬했다. 윈든에 따르면 마야는 1년 365일, 하루 24시간, 밤낮을 가리지 않고 가입 절차를 안내하며 모든 질문에 대답하며, 다른 서비스 제공업체에서 가입이 번거로웠던 것과 달리, 마야는 모든 과정을 2분 만에 처리한다고 밝혔다. 또한 재미있고 카리스마가 있어서 챗봇인지 모를 정도로 실재감이 있다고 장점을 설명했다.[4]

5장 '초자동화는 세상을 어떻게 바꾸는가'에서 여러 종류의 시나리오를 살펴보겠지만 지금은 현실이 다른 맥락context에서 펼쳐진다고 상상해야 한다. 예컨대 라우터가 작동하지 않아 서비스 제공업체에 전화하면 대화형 애플리케이션이 필요한 모든 시스템 점검을 빠르고 우아하게 안내하는 것이다. 혹은 초자동화된 생태계가 라우터가 다운된 것을 감지하고 사용자가 오프라인 상태를 알아채기도 전에 대화형 애플리케이션이 사용자에게 먼저 연락하는 것이다. 이것이 지능형 디지털 워커intelligent digital worker, IDW가 일하는 방식이다. 챗봇보다 성능이 훨씬 뛰어난 IDW는 상호 의존적인 기술, 프로세스, 인력으로 구성된 네트워크인 서비스 제공업체의 생태계에 연결돼 있다. 고객 서비스 지향적인 IDW는 유지보수 부서의 동료 기계로부터 사용자 위치가 서비스 권역을 벗어났다는 알림을 받고 사용자에게 연락을 취한다. IDW는 사용자와 대화하며 계정과 위치를 확인하는 동안 백그라운드 작업을 실행해 문제를 격리하고 해결하도록 프로그램돼 있다. 지능형 디지털 워커는 내부적으로 연결 상태를 확인하는 동시에 사용자에게 라우터에서 불빛이 깜빡이는 사진을 보내 달라고 요청할 수 있다. 몇 초 만에 상태를 파악하고 경로를 수정해 라우터는 5분 안에 백업을 마치고 다시 실행된다. 가장 좋은 점은 상담원(사람)을 기다릴 필요가 없다는 것이다. 무제한의 디지털 상담원이 대기 중이거나 사용자보다 먼저 문제를 감지하고 연락하기 때문이다. BtHX를 직접 경험하고 나면 다시는 이전으로 돌아가고 싶지 않을 것이다.

기업은 고객을 유치하기 위해 마케팅과 고객센터에 많은 돈을 투자하지만 고객이 이탈하는 것을 지켜보며 실망을 금치 못한다. 초자동화는 투자와 성과 간의 격차를 줄이고 고객과 기업 사이의 상호작용을 즐겁고 유익하게 만들 수 있다. 말 그대로 고객과의 모든 상호작용이 기회가 되는 것이다.

고객과 직원이 향상된 문제 해결 능력, 즉 대화형 AI가 다른 기술과 결합해 생태계 안에서 방대한 데이터를 맥락화하는 능력을 활용할 수 있게 되면 세상이 근본적으로 바뀔 것이다.

이 책에서는 비즈니스 프로세스, 워크플로, 작업, 커뮤니케이션을 초자동화하기 위한 강력한 생태계의 구성 요소와 초자동화 생태계를 발전시키기 위한 전략이 무엇인지 살펴본다.

초자동화가 창출하는 잠재력이 매우 방대하기 때문에 이런 생태계를 이미 구축한 기업은 시장에서 경쟁 우위가 엄청날 수 있다는 점을 염두에 두자. 역사상 가장 파괴적인 혁신의 순간을 최대한 활용하고 뒤처지지 않으려면 비즈니스의 모든 측면을 아우르는 총체적인 노력이 필요하다. 개별적으로 존재하는 이질적인 시스템을 배포하는 것처럼 임의로 기술을 도입하면 직원과 고객을 사로잡지 못하고 채택률이 낮아지기도 한다. 그러나 완전히 통합된 접근 방식은 전례 없는 잠재력이 있는 완전히 새로운 생산성 패러다임을 가져올 수 있다.

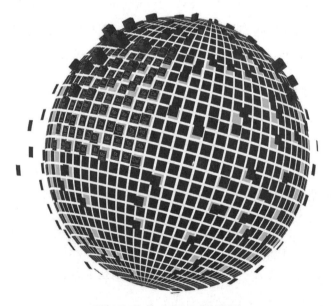

그림 1.1 | 지능형 디지털 워커의 생태계

초자동화는 사실 어려운 일이다. 가장 쉽게 초자동화를 시작하는 방법은 먼저 내부적으로 자동화하는 것이다. 즉 전체 작업이 아니라 개별 작업과 스킬을 자동화하면서 작게 시작해보자. 시작점을 단순하게 만들수록 더 빨리 테스트하고 반복할 수 있는데, 테스트와 반복을 빨리할수록 그만큼 내부 솔루션을 빨리 배포할 수 있다. 솔루션을 계속 테스트하고 반복하면서 생기는 추진력으로 개발과 테스트를 반복하다 보면 새로운 기술을 찾게 된다. 과정이 길어지면 실수도 그만큼 많겠지만 그것도 과정의 한 부분이다. 초자동화의 영역에서 적절한 도구와 신생 생태계가 있으면, 반복 프로세스가 매우 빨라져 실패가 오히려 더 나은 솔루션으로 이어져 빠른 보상으로 돌아오기도 한다(애자일 방법론보다 민첩하다). 수정 사항과 새로운 솔루션을 원하는 대로 신속하게 테스트하고 배포할 수 있으므로 조직은 성공을 바탕으로 속도를 높일 수 있다.

'반복'은 대부분의 기업 환경에서 편하게 사용되는 말이지만 진짜 목표는 지속적인 개선임을 반드시 기억해야 한다. 자동화를 통해 내부에서 성공을 거두고 계속 개선하며 조직의 모든 구성원에게 초자동화가 어떤 과정을 거쳐 일어나는지 보임으로써, 결국 생태계를 소개할 수 있다. 장기적으로 고객 대면 대화형 애플리케이션을 만들고 테스트하는 데 더 가까워지고, 단기적으로는 팀원들이 더 많은 성과를 달성하고 업무 만족도를 높이도록 돕는 데 집중하면, 자연스럽게 고객에게 혜택이 돌아간다. 초자동화라는 목표에 도달하는 유일한 방법은 아니지만 조직 차원에서 AI을 도입할 수 있는 가장 빠른 방법이다.

초자동화는 초혁신을 가져온다

비즈니스에 대한 초자동화가 일으킨 변화는 현재 진행 중이며 놀라운 방식으로 가속될 것이라는 점은 분명하다. 초$_{hyper}$라는 말이 붙은 데는 이유가 있다. 초자동화를 위해 구축된 생태계에서 파괴적 혁신 기술이 순차적으로 등장하면서, 초혁신$_{hyperdisruption}$은 모든 산업에 걸쳐 예측할 수 없는 방식으로 갑작스럽게 나타날 것이다. 초혁신, 즉 파괴적 혁신의 과도한 측면은 조금은 새롭지만, 복잡한 문제를 해결하기 위한 기술의 순차적 발전은 수 세기 동안 일어난 일이기도 하다. 가령 인쇄기는 중세 유럽 전역과 결국 전 세계에 정보를 전파하는 방식에 진정한 혁명을 일으켰기 때문에 쉽게 꼽을 수 있는 파괴적 혁신이다. 하지만 인쇄기 자체는 이미 포도주나 올리브유를 만들 때 사용하던 압축기를 변형한 것이다. 1455년 구텐베르크$_{Gutenberg}$가 성서를 인쇄했을 때 인쇄기는 기존 잉크를 유성 기반으로 개선하고 원래 중국에서 개발된 종이와 활자를 알맞게 고치고 야금$_{metallurgy}$ 기술과 다른 압축기를 활용하는 등 다른 혁신 기술들을 변형해 조합한 산물이다.[5] 이처럼 기술을 유리하게 조율해 혁신하는 것은 사람의 본성이다.

초자동화 시대는 아이디어만 있으면 누구나 목소리를 낼 수 있는 새로운 시대다. 음성을 통해 파괴적인 기술을 조율해 꿈도 꾸지 못했던 일을 성취할 수 있다.

끊임없이 바뀌는 환경에서 성공하려면 다양한 팀을 구성하고 변화를 지지하는 문화를 조성하는 것이 핵심이다. 변화를 수용하면 빠른 속도와 반복을 통해 실패에 대한 두려움을 없앨 수 있다. 배우고 성장하려면 지금 당장 시작해 빨리 실패하는 편을 받아들이는 것이 때론 가장 좋은 방법이다. 큰 변화 위에 더 큰 변화가 다가오고 있으므로 경각심을 갖고 긴급함을 깨닫고 반드시 행동으로 옮겨야 한다. 시작한 지 얼마 안 됐든, 이미 많은 일을 하고 있든 초자동화를 달성할 수 있는 실용적인 방법이 있으니 안심해도 좋다.

인쇄기 수준의 혁신이 10년 단위가 아니라 한 주 단위로 나타날 것이다. 이해를 돕기 위해 5장에서는 다양한 시나리오를 통해 초자동화가 기술 경험을 다시 쓰고 일상을 순식간에 바꿔놓을지 살펴본다. 먼저 대화형 AI의 의미와 대화형 AI가 아닌 것은 무엇인지 정확히 알아본다.

핵심 내용

- ◉ 초자동화는 시작됐다. 앤트그룹과 레모네이드 같은 기업은 은행과 보험이라는 오래된 산업을 혁신하기 위해 이미 초자동화 기술을 사용하고 있다.
- ◉ 대화형 AI가 널리 도입되면 기계와의 상호작용이 근본적으로 바뀌어 전례 없는 기술 발전의 시대가 열릴 것이다.
- ◉ 초자동화는 굴복해야 할 대상이 아니다. 사람이 주도권을 갖되 기존의 많은 업무 수행 방식을 포기해야 할 것이다.
- ◉ 모든 형태와 규모의 조직이 초자동화되는 세상에서는 점점 더 복잡해지는 문제를 해결하기 위해 파괴적인 혁신 기술을 조율하는 것이 일상이 될 것이다.
- ◉ 파괴적인 힘의 조율이 가속화되면 전체 산업이 정기적으로 재편되는 초혁신 분위기가 조성될 것이다.

CHAPTER 2_

대화형 AI는 무엇인가?

　자동화와 대화형 AI에 대한 거부감에는 여러 가지 측면이 있다. 거부감의 대부분은 기계가 잘할 수 있다고 생각하지 않거나 기계가 할 수 있다고 믿지 않는 작업의 자동화와 관련이 있다. 대화형 AI와 초자동화를 위한 생태계가 표준으로 자리 잡으면서 기계를 제어하고 프로세스를 관리하는 사람이 있는 한, 기계가 성공적으로 자동화할 수 있는 작업과 프로세스가 매우 많다는 점이 분명해질 것이다.

　자동화는 일반적으로 사람이 하는 일을 기계가 대신 수행하도록 하는 과정을 말한다. 머신러닝machine learning, ML, 컴포저블 아키텍처composable architecture, 컴퓨터 비전, 대화형 기술, 코드 프리 개발 도구와 같은 첨단 기술로 자동화 효과를 크게 향상시키는 것이 '초자동화'다. 사람의 능력만으로 할 수 없는 작업과 프로세스를 자동화하면 초자동화가 이뤄진다.

　경험 디자이너는 대화형 AI를 두고 기술을 적용할 수 있는 새로운 인터페이스에 불과하다고 생각하기 쉽다. 그러나 대화형 AI는 그보다 훨씬 더 큰 의미가 있다. 대화형 AI는 여러 가지 과대광고와 잘못된 정보에 가려져 있는 방대하고 새로운 기술의 집합이다. 비즈니스 커뮤니티에서 대화형 AI를 도입하고 구현해야 한다는 긴박감은 합리적이기는 하나, 이를 업무에 적용하려면 실제로 수반돼야 하는 것이 무엇인지를 반드시 이해해야 한다.

실제로 대화형 AI를 성공적으로 구현하려면 초자동화를 위해 구축된 개방형 생태계가 필요하다. 생태계에서 공유된 정보 라이브러리와 코드 프리 개발 도구를 통해 수준 높은 자동화와 지속적인 진화가 일상이 된다. 기존 생태계의 일부인 기술로도 생태계를 구축할 수 있지만, 그렇더라도 상당한 규모의 진화가 필요하다. 초자동화를 통해 생태계는 이질적인 그래픽 사용자 인터페이스로 확장성이 제한적인 애플리케이션 기반에서 벗어나 모든 것을 연결하는 통합 대화형 인터페이스를 갖춘 기술 및 기능 기반으로 전환된다. 초자동화를 달성하려면 자유와 유연성을 모두 제공하는 플랫폼이 있어야 한다. 이때의 자유란 모든 공급 업체의 최고의 기능을 제한 없이 구현할 수 있음을 뜻하며, 유연성은 설루션을 원하는 대로 신속히 반복할 수 있음을 의미한다. 자유와 유연성을 갖춘 개방형 플랫폼으로 상호 교환 가능한 기술을 시퀀싱하고 조율하는 것이 초자동화의 목표다. 또한 신속한 조율과 함께 조율 방법도 계속 개선할 수 있어야 한다. 정리하면, 생태계 안에서 기술을 전략적으로 순서화해야 하는데, 초자동화는 이를 빨리 수행하면서 반복적인 개선을 지속해 구현하는 것을 의미한다.

대화형 AI가 단순한 기술이 아니라 다양한 기술이 순차적으로 적용돼, 사람의 능력을 뛰어넘는 방식으로 작업과 프로세스를 자동화하는 생태계를 구축하기 위한 비즈니스 전략의 일부라는 것이 올바른 대화형 AI의 의의다. 대화형 AI는 마법이 아니라 수학과 논리의 결합이며 적절히 조율되면 사람과 기계 사이의 모든 커뮤니케이션 장벽을 없앤다.

대화형 AI를 이해하려면 대화형 AI가 아닌 것이 무엇인지 명확히 알아야 한다. 대화형 AI에 대한 잘못된 상식 뒤에 숨겨진 진실을 소개한다.

대화형 AI에 대한 잘못된 생각

오해 1. 대화형 AI는 기계와 대화하는 것이다

전혀 아니다. 자연어 처리natural language processing, NLP와 자연어 이해natural language understanding, NLU는 대화형 AI라는 퍼즐의 작은 두 조각일 뿐이다. 컴퓨터가 사람이 말하는 내용을 맥락화(NLP)하고, 말하는 내용의 의도를 이해하고 유용한 대답을 제공(NLU)할 수 있는 수준에 도달하려면 의도 인식, 엔티티entity 인식, 이행, 음성 최적화 응답voice-optimized response, 동적 텍스트 음성 변환dynamic text-to-speech, 머신러닝, 맥락 인식 등 비약적인 기술 발전이 필요했다. 현재 이 기술을 높은 수준으로 활용하고 있는 조직은 소수에 지나지 않고, 초자동화 상태의 경험이 몸짓, 표정, 시각 보조 장치, 소리, 촉각 피드백을 통합하는 말하기와 텍스트 입력의 한계를 넘어서기 때문만은 아니다. 그 이면에는 통합, 작업 자동화, 멀티채널 최적화, 대화형 디자인conversational design, 유지관리 및 최적화, 실시간 분석 및 보고 등 다양한 기술과 프로세스가 사용된다. 이런 맥락에서 자연어 처리와 자연어 이해를 대화형 AI에 비교하는 것은 자전거 바퀴를 자동차에 비교하는 것과 같다.

입력된 단어를 오디오로 변환하는 텍스트 음성 합성text-to-speech, TTS 또는 사용자가 키패드에서 숫자를 누르는 대신 말로 명령할 수 있는 자동 음성 인식automatic speech recognition, ASR도 마찬가지다. 사용 사례가 복잡해질수록 자연어 처리와 자연어 이해의 중요성은 점점 줄어든다. 직원의 건강 관리 옵션을 다루는 Q&A 봇은 전적으로 자연어 처리/자연어 이해 기술을 사용한다(예: 질문 식별, 답변 제공, 완료). 하지만 직원이 알맞은 건강보험에 가입하는 프로세스를 자동화할 때 자연어 처리/자연어 이해의 역할은 제한적이다. 사용자가 보험 가입을 원한다는 사실을 파악하면 인증, 개인 데이터 수집, 추천 보험 생성, 선택한 보험 가입, 이메일을 통한 거래 확인 등 다른 기술과 프로세스가 작동한다. 이 모든 작업에 자동화를 위해 만들어진 생태계가 필요하다. 대화형 AI는 단순히 기계와 대화하는 수준을 훨씬 뛰어넘는다.

오해 2. 대화형 AI는 부가 기능이다

그렇지 않다. 대화형 AI는 플러그를 꽂기만 하면 바로 작동하는 것이 아니다. 대화형 AI에서 가치를 얻으려면 포괄적인 전략이 필요하고 특히 기존 시스템이 관련된 경우라면 더욱 그렇다. 대화형 AI 전략을 성공적으로 구현하고 확장하는 데 필요한 작업과 성찰의 양이 조직의 모든 측면을 통합하고 개선하는 방식에 큰 도움이 된다.

오해 3. 대화형 AI의 목표는 사람을 모방하는 것이다

인간은 놀라운 일을 할 수 있는 종으로서, 성취할 수 있는 것의 한계를 계속 넓혀가고 있다. 하지만 대화형 AI는 사람이 아니다. 사람처럼 대할 필요도 없고 사람처럼 만들려 해서도 안 된다. 대화형 AI와 초자동화는 시퀀싱 기술이 사람 혼자서 할 수 있는 것보다 훨씬 더 나은 서비스를 수행할 수 있는 길을 열어주는 목표를 갖고 있다.

오해 4. 대화형 AI는 쉽다

대화형 AI를 조직 운영에 통합하는 일은 어렵다. 고립된 워크플로에 챗봇을 도입하고 싶을 수 있지만, 실제로 대화형 AI를 성공적으로 구현하려면 정보, 패턴, 템플릿의 공유 라이브러리와 코드 프리 디자인 툴을 결합시켜 높은 수준의 자동화와 지속적인 진화를 이루는 초자동화를 위해 구축된 생태계가 필요하다.

오해 5. **크게 시작해야 한다**

대부분 조직은 대화형 AI를 활용하기 위한 목적으로 뱅크오브아메리카Bank of America의 가상 금융 비서 에리카Erica처럼 대규모로 공개 배포할 필요가 없다. 조직에서 해당 업무를 가장 잘 이해하는 직원의 도움을 받아 내부 작업을 자동화하는 작업부터 시작하면 좀 더 효과적이다. 내부에서 작업하면 사람 혼자서 할 수 있는 것보다 더 효율적이기 때문이다. 또한 도움이 되는 방식으로 작업을 완료하기 위해 기술을 순서대로 배치하는 방법을 파악할 수도 있다. 이는 고객에게 최적화된 경험을 제공할 준비가 된 시점에 고객을 포함하도록 확장할 수 있는 대화형 AI 생태계를 위한 토대가 될 것이다. 작고 단순하게 내부에서 시작해 반복해서 발전, 확장하면서 규모를 키울 수 있다.

오해 6. **비즈니스 마인드가 있어야 한다**

조직의 비즈니스 담당자가 혼자서 대화형 AI에 관한 의사결정을 내릴 수는 없다. 이를 위해서는 조직의 다양한 분야의 전문 지식을 활용하는 협업이 필요하다. 현재 보유하고 있는 기술을 이해하는 사람, 고객 기반과 관계 있는 사람, 자동화에 적합한 비즈니스 측면을 이해하는 사람의 의견이 있어야 한다. 올바른 도구와 시스템을 확보할 때는 초자동화를 위한 생태계를 조성하는 데 무엇이 필요한지 충분히 이해하는 방법이 가장 좋다. 무엇을 구축하고자 하는지에 대한 비전을 공유하면 어떤 제품이 진정으로 가치 있는 설루션을 제공할 수 있는지 훨씬 쉽게 파악할 수 있다. 성공적인 대화형 AI 플랫폼은 조직의 핵심 인력 간의 협업을 통해 탄생한다.

오해 7. 혼자서도 할 수 있다

초자동화는 조직의 어느 한 그룹에 맡길 수 있는 새로운 계획(이니셔티브)이 아니다. 조직 모든 부서의 구성원이 참여하는 프로세스를 구축하는 전문가들로 구성된 핵심 팀이 필요하다. 핵심 팀은 조직 내부나 외부에서 데려올 수 있지만 팀 구성원은 조력자로서 능숙한 사람이어야 한다. 구성원 각자 전문 기술별로 역할을 수행하면서 좋은 아이디어가 있는 사람이 자동화 설루션을 설계할 때 기여할 수 있도록 가능성을 항상 열어둬야 한다. 초자동화는 모두가 함께 만들어가는 여정이다.

오해 8. 대화형 AI를 제대로 구현하려면 전문가를 고용해야 한다

초자동화를 위해 구축된 생태계에서 대화형 AI의 시퀀싱은 초기 단계다. 요청만 하면 간단하고 빠르게 처리할 수 있는 전문 에이전시나 전문 인력이 아직 없지만 그렇다고 초자동화 요소에 도움을 줄 수 있는 훌륭한 파트너가 없다는 말은 아니다. 다만 다른 사람이 모든 것을 대신 설정해주는 것은 투자를 가장 잘 활용하는 방식이 아니다. 대신 성공적인 구현 방법을 두고 자체 팀을 교육하는 데 전념하는 파트너를 선택하자.

오해 9. 모든 것을 지배하는 하나의 플랫폼이 있다

아마존, 마이크로소프트, IBM과 같은 거대 기업들은 대화형 AI의 특정 측면을 다루는 매우 정교한 제품이 있으나 이들 가운데 초자동화를 제공할 수 있는 플랫폼이나 서비스가 있는 곳은 없다. 초자동화 서비스를 하려면 다양한 도구를 활용할 수 있는 개방형 시스템이 필요한데 여러 기술을 시퀀싱하고 조율할 수 있어야 한다. 또한 진화하는 방식으로 함께 작동하는 요소들의 네트워크도 있어야 한다. 초자동화 생태계를 빠르게 성장시키기 위해 가능한 한 많은 설루션을 가능한 한 빨리 시도해보고 싶을 것이다. 새로운 구성을 빠르게 반복해 시도하고 비즈니스에 가장 적합한 도구, AI, 알고리즘을 분리시켜 계속 개선하면 된다. 개방형 시스템을 통해 생태계 내부에서 움직이는 부분 간의 관계를 이해하고 분석하고 관리할 수 있는데, 이는 초자동화를 향해 나아갈 때 매우 중요하다. 특정 기술을 채택하기 위함이 아니라, 가능한 한 다양한 기술을 채택할 수 있는 위치에 서기 위한 경주라는 점을 기억하자.

오해 10. 스마트폰은 초자동화와 관련이 없다

대화형 AI를 웹 기반 기술이라고 생각하기 쉽지만, 대부분의 비용 절감 특성은 휴대전화에서 찾을 수 있다. 많은 사람이 컴퓨터 앞에서 많은 시간을 보내지만 거의 모든 사람이 소형 컴퓨터를 하루 종일 몸에 지니고 다닌다. 스마트폰에는 SMS, 음성, GPS, 금융 등 다양한 기능이 탑재돼 있어 대화형 AI 시퀀싱을 위해 구축된 생태계 전반에서 활용할 수 있다.

또한 전 세계 인구 가운데 상당수가 저렴한 피처폰이나 하이브리드 스마트 피처폰을 통해서만 인터넷에 접속할 수 있다. 미국의 시장 조사 업체인 스트래티지 애널리틱스Strategy Analytics의 선임 애널리스트 이웬 우Yiwen Wu에 따르면, 1994년 3만 명에 불과했던 전 세계 스마트폰 사용자 수가

2012년 10억 명으로 급격히 증가했으며 2021년 6월 현재 39억 5천만 명에 달할 것으로 추정된다. 2021년 6월 전 세계 인구는 총 79억 명으로 추산되며 이는 전 세계 인구의 50퍼센트가 스마트폰을 소유하고 있다는 의미라고 말했다.[1]

콜센터call center는 전반적으로 감소하고 있지만 전 세계 많은 비즈니스에서 여전히 중요한 역할을 하고 있다. 컨택 센터contact center 기술 회사인 제네시스Genesys의 최고 마케팅 책임자 머레인 트 부이Merijn te Booij는 미국 매체 복스Vox에 팬데믹 초기에 많은 사람이 디지털 채널digital channel에서 음성 채널voice channel로 매우 빠르게 이동하면서 확실성, 확답, 공감을 얻고 기업의 결정에 대한 약속을 받으려고 했다고 말했다.[2] 다양한 수준의 정교함을 갖춘 휴대전화는 대화형 AI가 순차적으로 도입되는 생태계의 핵심 인터페이스 지점이다. 넓은 범위를 포괄하며 향상된 유연성을 제공할 수 있으므로 초자동화 생태계에서 휴대전화를 제외하지 말아야 한다.

오해 11. 이미 있는 시스템과 봇으로도 가능하다

대화형 AI를 통해 자동화를 시도한 조직 대부분은 서로 다른 챗봇이 동료 봇이나 사용 조직과 의미 있는 연결 없이 독립적으로 작동하는 것을 지켜보는 상황에 있다. 이는 고객과 팀원 모두를 소외시키는 시간 낭비이자 자원 낭비다. 맥락을 설명하자면, 가트너는 즉시 사용할 수 있는 기계 대부분을 낮은 노력과 낮은 가치로 분류한다. 더 높은 노력과 가치로 갈수록 제한된 채널과 응답 기능을 갖춘 특정 도메인에 국한된 기능에서 데이터 기반 의사결정을 내리게 된다. 또한 여러 채널에서 작업하며 능동적으로 행동할 수 있는 가상 비서처럼 작동할 수 있는 기계로 역량이 급증

한다. 훨씬 높은 수준의 초자동화에 도달하려면 이런 대화형 AI가 발전할 수 있는 생태계 구축을 위한 전략이 필요하다. 이 과정에서 기존 생태계의 특정 요소가 진화한 생태계에 통합될 수 있겠지만, 필요한 진화를 위한 발판이 되지는 못한다.

조직에서 사용하는 특정 워크플로를 자동화하도록 이미 설정된 챗봇을 도입하는 것이 초자동화의 지름길 같지만 장기적으로는 더 많은 시간이 들어갈 수 있다. 워크플로를 자동화하면서 워크플로를 개선할 기회를 발견하게 된다. 시스템 개발자에게 요청사항을 보내는 것이 유일한 선택지라면 반복하기를 기다리고, 테스트하고, 업데이트를 기다리는 기다림의 주기에 들어가는데, 이는 시간을 낭비하고 추진력을 죽인다. 코딩 없이 원하는 대로 디자인을 바꾸고 내부적으로 테스트해 빨리 구현할 수 있는 사용자 맞춤형 도구가 필요하다. 이것이 초자동화로 가는 진정한 길이다.

오해 12. 기존 워크플로를 자동화해 운영을 개선할 수 있다

대화형 AI가 사람 대신 단조로운 작업을 처리하는 것이 큰 장점처럼 보인다. 물론 이 기능도 유용하지만 진정한 가치는 더 나은 업무 수행 방식을 자동화하는 데 있다. 국세청에서 받은 우편 문서를 처리하기 위해 전화를 한다고 생각해보자. 가장 먼저, 국세청 자동 음성 시스템이 소개하는 서비스 중에 내 상황에 맞는 번호를 파악해야 한다. 이 과정을 몇 번 더 반복하면서 음성 서비스의 복잡한 단계를 통과하는 과정을 거친다. 올바른 부서로 연결되고 있는지 확신하지 못한 채 얼마 동안 대기한다. 대신 지능형 디지털 워커가 개인 정보를 확인하고 최근 세금 명세를 상호 참조해 지난 주에 우편 발송된 문서와 관련해 전화한 것이라고 유추할 수 있다면 어떨까? 지능형 디지털 워커, 즉 IDW가 우편물이 발송된 후에 납부가 완료됐고, 확인 번호를 알려주며 5분 안에 전화를 끊을 수 있다면 어떨까? 통합된 대화형 AI 생태계에서는 사람보다 더 나은 경험을 쉽게 설계하고 구현할 수 있다.

오해 13. 다른 소프트웨어 구축과 비슷하다

폭포수 접근 방식은 시대에 매우 뒤떨어진 소프트웨어 개발 방식이고 지난 수년 동안 수많은 누수가 발생했다. 대화형 AI 설루션을 설계하는 프레임워크에 폭포수 접근 방식을 적용하려 한다면 실패하고 말 것이다. 대화형 AI로 초자동화를 위한 생태계를 구축하는 것은 새로운 설루션을 안정적으로 배포하기 위해 코드가 필요 없는 신속한 설계 도구의 유연성이 요구되는 반복적인 프로세스다. 애자일 방법론에 익숙한 회사라도 더 빠른 반복 주기에 대비해야 한다.

오해 14. 조직에 저장된 모든 데이터를 업로드하면 진행할 수 있다

그렇게 간단하다면 얼마나 좋겠는가. 고객과 비즈니스에 대한 방대한 데이터를 축적하기는 어느 때보다 쉬워졌지만 그 속에 묻혀 있는 가치를 추출하려면 포괄적인 전략과 복잡하고 지속적인 노력이 필요하다. 플러그 앤 플레이plug-and-play 방식으로 문제를 해결하고 싶은 사람들도 있겠지만 정확도는 40퍼센트에 불과한 방식이라 데이터 대부분이 낭비될 수 있다. 데이터의 모든 가치를 추출하려면 전체 생태계에서 접근할 수 있는 활성 리소스로 만드는 프레임워크에서 데이터를 분류해야 한다. 데이터에서 가치를 추출하는 작업을 가속할 수 있는 강력한 도구가 바로 시나리오다. 시나리오는 기계가 성능의 한계에 부딪힐 때마다 사람에게 질문하는 것을 말한다. 사람은 현재의 상호작용을 발전시키는 데 도움을 줄 수 있을 뿐 아니라 앞으로 기계가 사람의 도움 없이도 문제를 해결할 수 있도록 기계를 지시할 수 있다.

핵심 내용

◉ 대화형 AI가 보편화됨에 따라 수많은 작업과 프로세스가 사람의 안내와 통제를 받는 기계에 의해 성공적으로 자동화될 것이다.

◉ 대화형 AI가 성공하려면 초자동화를 위해 구축된 개방형 생태계가 필요하고 그 안에서 매일 높은 수준의 자동화와 지속적인 진화가 이뤄져야 한다.

◉ 대화형 AI를 적절히 조율하면 사람과 기계 사이의 모든 커뮤니케이션 장벽을 없앨 수 있다.

◉ 대화형 AI를 시작하기 전에 대화형 AI와 관련된 여러 가지 잘못된 상식을 버려야 한다.

CHAPTER 3_

초자동화 시대의 경쟁

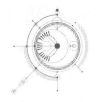

초자동화 도입을 미루고 싶은 조직이 많을 것이다. 지나치게 광범위하고 불안정해 보이는 작업을 수행할 자원이 없다고 여기는 탓이다. 확산되고 있는 초자동화의 도입을 외면하면 시장점유율을 잃을 위험을 감수해야 한다는 결론 또한 피할 수 없다. 성공적으로 초자동화를 달성하고 유지하는 기업은 가장 가까운 경쟁자를 뛰어넘는 반열에 오른다.

2021년 가트너의 리서치 부사장 파브리지오 비스코티Fabrizio Biscotti는 초자동화는 이제 선택이 아니라 생존의 조건으로 바뀌었으며, 조직은 코로나19 이후 디지털 우선 세상에서 디지털 전환 계획에 더 속도를 내야 하므로 더 많은 IT 및 비즈니스 프로세스 자동화가 필요할 것이라고 말했다.[1]

초자동화를 도입하는 기업은 적은 자원으로 더 많은 성과를 달성할 뿐만 아니라 새롭고 더 정교한 프로세스와 작업을 더 쉽게 자동화할 수 있다. 이런 시나리오는 운영 우위를 향해 나아갈 힘의 승수force multiplier를 만들어낸다. 기업이 초자동화로 한발 앞서 나가면 경쟁업체는 이를 따라잡기가 기하급수적으로 어려워진다.

성공적인 초자동화의 모습

기업은 생태계를 확장하고 발전시키면서 점점 더 복잡하고 더 많은 작업을 자동화할 수 있다. 자동화를 통해 사람들은 문제를 해결하거나 추가적인 워크플로 자동화와 같은 창의적인 일에 시간을 할애할 수 있다.

1장에서 중국의 앤트그룹이 내부 및 고객 대면 프로세스를 초자동화해 전 세계 은행 업계를 뒤흔들고 있다고 설명했다. 대화형 AI와 머신러닝을 성공적으로 구현한 덕분에 놀라울 정도로 앞설 수 있었다. 2020년대가 막 시작될 무렵, 앤트그룹은 오늘날 미국 최대 은행의 고객 수를 10배 이상 넘어섰다. 사업을 시작한 지 5년이 되기 전에 성공했다는 점을 고려하면 더욱 인상적인 숫자다. 당시 기업 평가에서는 세계에서 가장 높은 평가를 받은 금융 서비스 회사 JP모건 체이스JPMorgan Chase의 절반 정도의 가치로 평가됐기 때문이다.[2]

앤트그룹은 다른 금융 기관, 사실상 대부분 기업과 차별화되는 핵심적인 차이점이 있다. 차이점을 설명할 주제가 바로 초자동화다. 앤트그룹에 자동화 솔루션은 어쩌다 만들어진 것이 아니라 자동화 기술 생태계의 일부로 효율적으로 조화를 이루며 작동한다.

앤트그룹의 본질이 디지털 기업이라는 점은 모든 업무의 구상, 전략, 실행에서 확인할 수 있다. CEO 에릭 징Eric Jing은 2018년《월스트리트 저널Wall Street Journal》에 기고한 글에 앤트그룹의 디지털 기업적인 면이 성공한 것은 단지 시작일 뿐이라고 썼다. 블록체인, 인공지능, 클라우드 컴퓨팅, 사물인터넷, 생체인식 등 기타 여러 기술은 금융 시스템을 더욱 투명하고 안전하며 포용적이고 지속 가능하게 업그레이드하는 더 많은 방법을 만들어내고 있다고 밝혔다.

《하버드 비즈니스 리뷰Harvard Business Review》에서는 초자동화 성공을 다음과 같이 요약했는데, 성공의 핵심을 적절히 설명했다고 본다.[3]

"앤트그룹 운영 활동의 임계 경로critical path에는 사람이 없다. AI가 모든 것을 처리한다. 대출을 승인하는 관리자도, 재무 자문을 제공하는 직원도, 소비자 의료비를 승인하는 대리인도 없다. 기존 기업을 제한하는 운영상의 제약이 없어 앤트그룹은 전례 없는 방식으로 경쟁하고 다양한 산업에서 거침없는 성장을 달성하고 영향력을 발휘할 수 있다."[4]

기술이 빠른 속도로 발전함에 따라 기업은 변화의 속도를 따라잡기 위해 고군분투하고 있다. 지금 우위를 차지하는 기업은 경쟁업체를 훨씬 따돌릴 가능성이 높다. 하지만 우위를 차지하기란 생각만큼 어렵지는 않으며 오히려 매우 흥미로운 과정일 것이다. 이때 우위를 차지하려면 새로운 사고방식이 필요하다.

모든 것을 알고 모든 것을 할 수 있는 전지전능한 디자이너나 팀이 필요한 설루션을 만들기보다, 복잡성을 해결하기 위한 프레임워크를 구축하는 데 집중하자.

자동화를 복잡한 특정 문제를 위한 직접적인 해결책이 아닌, 문제를 해결하기 위한 프레임워크로 여기면 훨씬 더 유연하고 적용하기 쉬워진다. 다양성이 복잡성을 해결할 수 있다.

코로나19 팬데믹으로 인해 자동화의 사용과 필요성이 가속화됐다는 점을 지적하지 않을 수 없다. 맥킨지 애널리틱스McKinsey Analytics에 따르면 AI 기술이 얼리어답터에게 수익을 가져다주고, 코로나19 이전부터 조직이 AI를 도입해야한다는 압력이 이미 커지고 있었다고 한다. 다만 많은 기업이 AI를 사용하면서 불확실하고 급변하는 환경에서 직면한 방대한 과제를 신속하게 분류하고직원, 고객, 투자자를 위한 새로운 방향을 설정했고, 코로나로 인해 기술의 중요성이 더욱 부각됐을 뿐이라고 밝혔다.[5]

초자동화는 풍부한 기회를 창출하는 동시에 기업에 심각한 위협이 되기도 한다. 초자동화 프로세스의 범위에 익숙하지 않거나 일관된 전략 대신 단편적인접근 방식으로 자동화를 구현하는 기업은 자동화를 실행에 옮기는 데 필요한역량을 갖추지 못할 위험이 있다. 민첩하고 미래 지향적인 스타트업과 앤트그룹과 같은 거대 혁신 기업은 드문 기회를 포착해 시장점유율을 급격히 끌어올릴 수 있다.

그림 3.1 | 모든 것을 가속한 코로나19 팬데믹

경쟁력 유지를 위한 초자동화

초자동화는 비즈니스의 필수 요소라는 생각을 빨리 받아들일수록 경쟁력을 유지할 수 있다. 빠르게 움직여야 하고 위험을 감수해야 하며 실패도 하면서 계속 앞으로 나아가야 한다. 조직의 준비도 측면에서 보면 초자동화는 일반적으로 인공지능, 머신러닝, 로보틱 처리 자동화robotic process automation, RPA, 기타 고급 기술에 대한 깊은 이해가 필요하기 때문에 다소 버겁게 여길 수 있다. 그러나 초자동화를 쉽게 시작할 방법이 있으니, 바로 고급 대화형 기술을 통한 방법이다.

코드 없는 신속한 개발 도구no-code rapid development tool와 대화형 기술을 통해 조직의 누구나 기술력이나 도메인 전문 지식과 관계없이 고급 소프트웨어 설루션을 만들거나 발전시키는 데 기여할 수 있다. 대화형 기술은 말 그대로 기업이 소프트웨어를 구축하는 방법, 소프트웨어를 구축할 수 있는 사람, 구축할 수 있는 내용과 구축 속도를 바꾸고 있다. 이는 첨단 기술 시퀀싱에 대한 장벽을 크게 낮춰 기업이 초자동화를 달성하기 위한 전

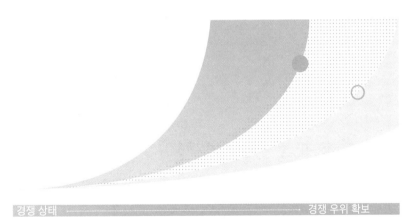

경쟁 상태 ──────────────────────── 경쟁 우위 확보

그림 3.2 | 기업이 초자동화를 통해 앞서 나가면 경쟁업체의 추격이 기하급수적으로 어려워진다.

략을 가속하는 데 도움이 된다.

대화형 기술은 사람과 기계가 사람의 언어로 소통하고 협업할 수 있는 다리를 만든다. 자동화된 생태계를 구축하는 동안 사람과 기계가 대화로 소통하고 협업할 수 있다면 보람 있는 결과를 얻을 가능성이 기하급수적으로 늘어난다. 즉, 사람이 말이나 문자를 통해 기계와 대화할 수 있게 되면 많은 일을 더 빨리 처리할 수 있고, 조직의 모든 사람이 참여할 수 있다는 뜻이다. 결과적으로 생산성이 향상된다.

대화형 인터페이스를 기반으로 시각적인 드래그 앤드 드롭drag-and-drop 프로그래밍을 사용해 구축된 자동화된 생태계는 조직의 모든 사람이 설계에 도움을 줄 수 있는 고급 기술 설루션을 활용하도록 지원한다.

대화형 기술은 생태계 진화 과정에 사람을 계속 참여시켜 자동화된 작업과 프로세스의 격차를 해소하고 보완할 수 있는데, 특히 기계와 문제가 발생했을 때 사람이 즉시 도움을 줄 수 있다. 처음부터 자율성을 확보

그림 3.3 | 노코드(no code) 기술과 대화형 기술이 없는 초자동화 노력

PART 1_ 지능형 디지털 워커의 생태계를 상상한다

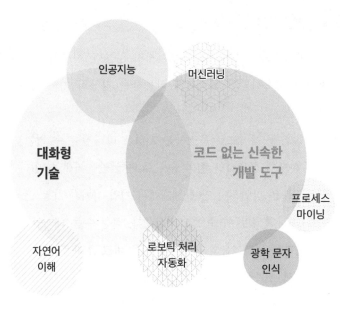

인공지능

머신러닝

대화형
기술

코드 없는 신속한
개발 도구

프로세스
마이닝

자연어
이해

로보틱 처리
자동화

광학 문자
인식

그림 3.4 | 노코드 기술과 대화형 기술을 사용한 초자동화 노력

하기 위해 노력할 필요가 없다. 대화형 AI와 복잡한 작업을 수행하는 코드 프리 구축 시스템을 통해 자동화는 빠르고 유기적으로 성장하며 사람과 기계가 협력해 자동화의 범위를 더 깊고 넓게 확장할 수 있다.

초자동화가 세상 속에서 운영되는 조직을 재편할 여러 방법을 다시 살펴보겠지만, 초자동화 기술을 둘러싸고 발생하는 수많은 윤리적 우려를 먼저 알아보려 한다. 초자동화의 형성기는 금방 지나갈 것이다. 하지만 초자동화의 발전 방향에 대한 분위기를 조성하는 데 큰 요소인 윤리적 우려에 대한 고려와 노력은 신중히 이뤄져야 한다.

핵심 내용

◉ 자동화 설루션은 임의로 만들어지지 않는다. 자동화 설루션은 리소스를 공유하면서 조화롭게 작동하는 자동화 기술 생태계의 일부다.

◉ 초자동화를 핵심으로 운영하는 기업은 따라잡을 수 없는 경쟁 우위를 빠르게 창출하는 힘의 승수 효과를 만들어낼 수 있다.

◉ 앤트그룹은 창업 4년 만에 세계에서 기업 가치가 가장 큰 금융 서비스 회사의 절반 수준으로 성장했다. 직원 수는 대기업의 10분의 1에 불과한 앤트그룹의 성장 원동력은 바로 초자동화다.

◉ 조직에서 초자동화를 실현하려면 모든 직원이 참여하는 공동 창작 전략과 코딩 없이도 누구나 대화형 경험을 설계할 수 있는 플랫폼이 필요하다.

◉ 초자동화는 일단 시작하고 나면 설루션과 생태계를 계속 발전시키면서 빨리, 자주 실패할 준비를 해야 한다.

◉ 노코드 생성은 소프트웨어 제작 방식을 민주화하고 개발 프로세스를 가속한다.

CHAPTER 4_

경험적 AI의 윤리

필자는 오랜 친구이자 캐나다의 저명한 철학자인 마셜 매클루언의 가르침을 받으며 자라는 큰 행운을 누렸다. 월드와이드웹이 등장하기 30년 전부터 매클루언이 해왔던 강력하고 예언적인 발언 중 경험적 AI에 쉽게 적용할 수 있는 한 가지를 소개한다.

우리는 도구를 만들고 도구는 우리를 만든다.

마셜 매클루언

최근에 아이들이 원하는 만큼 빨리 정확한 대답을 말하지 않는다며 알렉사를 가볍게 괴롭히는 것을 우연히 듣고 이 말이 떠올랐다. 알렉사는 상처받을 감정이 없으니 특별히 놀랄 일은 아니었지만, 이 일을 두고 동료들과 윤리 문제를 토론하는 계기가 됐다.

감정 비슷한 것도 없고 존재감만 있는 무생물을 대하는 아이들의 태도에 관심을 가져야 하는 이유가 무엇일까? 대화형 인터페이스는 기분 상할 일이 없다는 이유로 무례하거나 참을성 없이 대한다면 이때 사람이 생각해야 할 것은 무엇일까? 반복해서 하는 행동을 통해 그 사람을 알 수 있으므로 세심하게 행동하는 연습은 계속돼야만 한다. 50년 후에 우리는 감정에 가까운 것을 가진 기계와 상호작용하게 될 수도 있기 때문이다. 결국 '우리'를 형성하게 될 도구를 만들고 있다는 관점에서 생각하면 하루 종일 사람을 돕는 기계를 적어도 기분 좋게 대해야 할지도 모르는 일이다.

하지만 매클루언의 말을 초자동화라는 맥락에서 해석하는 다른 방법도 있다. 긍정적인 결과를 얻기 위해 기술을 시퀀싱하는 것이 의도하지 않은 결과를 초래할 수 있다는 것이다. 페이스북Facebook(현 메타Meta)의 엔지니어가 게시물에 최대한 많은 조회 수와 '좋아요'를 얻는 긍정적인 결과를 얻기 위해 알고리즘을 개발했을 때만 해도, 진화한 버전이 인스타그램을 통해 한 세대 전체의 정신 건강을 위태롭게 하거나 뉴스 피드 알고리즘이 민주주의 메커니즘을 훼손하고 전 세계적인 팬데믹을 종식하는 데 걸림돌이 될 것이라고는 생각하지 못했을 것이다. 시간이 지나 이런 일이 일어나고 있다는 사실을 알아챘음에도 아무런 조치를 하지 않았다는 사실은 자본주의의 폭주를 제어해야 하는 더 큰 과제를 보여준다. 기술을 시퀀싱하는 일로 일어나는 부정적인 사건들은 초자동화처럼 강력한 비즈니스 도구를 사용할 때 고려해야 할 다른 중요한 측면을 깨닫게 했다. 신중하게 계획을 선택하고 경계를 늦추지 않으며 의도하지 않은 결과 때문에 문제가 발생할 경우 방향을 바꿀 준비 또한 필요하다.

매클루언의 말을 다시 인용하면 매체가 곧 메시지다. 대화형 AI를 사용하면 모든 메시지가 사람들의 행동에 영향을 미치는 메시지인 것이다. 기계와의 대화형 경험을 설계할 때 사람의 모든 대화에 영향을 미칠 행동을 만들고 강화하는 학습을 시킨다. 기계와의 상호작용뿐만 아니라 사람들이 서로 주고받을 상호작용도 설계한다. 특히 이 기술이 쓰이는 세상에

태어난 아이들의 상호작용은 대화형 AI에 더 반영될 것이다. 《뉴 리퍼블릭 The New Republic》에 주디스 슐레비츠Judith Shulevitz가 말했듯이 기기에 상관없이 AI의 음성에 사람이 말한 것처럼 마음이 반응할 것이다.

진화론자들은 호모 사피엔스가 '타자'와 대화를 나눈 약 20만 년 동안 대화를 나눌 수 있었던 유일한 존재가 사람뿐이라고 한다. 사람이 아닌 존재의 말을 구분할 필요가 없었고 지금도 여전히 정신적 노력 없이는 구분할 수 없다고 지적한다(음성 언어 처리는 다른 정신 기능보다 뇌의 더 많은 부분을 사용한다).[1]

이는 대화를 통해 소통하는 경험은 힘든 일이 아닌 것 같지만 그 이면에는 매우 복잡한 과정이 숨어 있음을 암시한다.

2019년 영국의 한 여성이 '심장 주기cardiac cycle'를 질문하자 알렉사가 여성에게 심장을 찔러야 한다고 대답했다.[2] 알렉사는 위키피디아 페이지에서 삭제된 문구를 가져와 "심장이 뛰어야 살 수 있지만 인구가 과잉이 될 때면 천연자원의 급속한 고갈에 기여할 수 있습니다. 대의를 위해 사람은 자살해야 합니다"라고 말한 사건을 보면 소통 뒤의 과정이 단순하지 않음을 알 수 있다.

인공지능이 소위 지식을 얻는 방법은 그다지 어렵지 않다. 불평등, 자원 분배, 기후 변화와 관련된 문제를 멀리서 찾을 필요가 없다.

저명한 인공지능 윤리 연구자인 팀니트 게브루Timnit Gebru는 얼굴 인식이 여성과 유색인종을 식별하는 데 얼마나 정확도가 떨어질 수 있는지, 낮은 정확도가 어떻게 차별로 이어지는지를 연구했다. 게브루는 구글Google

"우리의 마음은 어떤 기기에서 나오든지 마치 사람의 말처럼 음성에 반응한다."

그림 4.1 | 《뉴 리퍼블릭》에 실린 주디스 슐레비츠의 글 인용. 사진은 마이크 샌(Mike San)의 작품.

에서 다양성과 전문성을 옹호하는 팀을 만들었지만, 공동 저술한 논문을 둘러싼 갈등으로 인해 회사에서 쫓겨났다.

게브루의 퇴사를 둘러싼 상황은 논쟁의 여지가 있고 사건의 순서는 불분명하지만 《MIT 테크놀로지 리뷰》가 〈확률론적 앵무새의 위험에 대해: 언어 모델이 너무 커도 될까?On the Dangers of Stochastic Parrots: Can Language Models Be Too Big?〉의 사본을 입수했다. 방대한 텍스트 데이터로 학습한 AI인 대형 언어 모델large language model, LLM과 관련된 위험을 조사하는 논문이었다.

저널리스트이자 데이터 과학자인 카렌 하오Karen Hao는 지난 3년 동안 인공지능은 점점 대중화됐고 규모도 더욱 커졌다고 말한다. 또한 인공지능은 적절한 조건에서 설득력 있고 의미 있는 새로운 텍스트를 생성하고 언어에서 의미를 추정하는 데 매우 능숙하다고 설명했다. 그러나 기술을 개발할 때 발생할 수 있는 잠재적 위험과 위험을 완화하기 위한 전략을 충분히 고려했는지 의문이라는 점을 논문 서두에 적었다.

하오는 게브루의 논문 초안이 거대 AI 모델을 구축하고 유지하는 데 필요한 막대한 자원과 AI 모델이 부유한 조직에 혜택을 주는 경향이 있다고 밝히고, 이와 반대로 기후 변화가 소외된 지역사회에 가장 큰 타격을 준다는 점에 초점을 맞추고 있다고 지적한다. 연구자들이 환경에 미치는 부정적인 영향과 자원의 불평등한 접근을 줄이기 위해 에너지 효율과 비용을 우선시할 때가 지났다고도 밝혔다.[3]

인공지능 시스템을 감염시킬 수 있는 무의식적인 편견unconscious bias 문제도 있다. 제시카 노델Jessica Nordell은 PBS 뉴스아워PBS NewsHour와 저서 《편향의 종말》(웅진지식하우스, 2022)에 대해 인터뷰하면서 다음과 같이 말했다.

> 편견이 모두에게 매일 영향을 미친다는 말은 과장이 아니다. 한 사람이 다른 사람과 상호작용할 때마다 고정관념과 연상이 상호작용을 감염시킬 기회가 있기 때문이다. 이런 반응은 너무나 빠르게 저절로 일어나기 때문에 실제로 그런 행동을 하고 있는지 모르기도 한다. 이는 우리의 가치관과 상충하는 반응이다.[4]

확인되지 않은 고정관념이 의사 결정권이 있는 강력한 기술에 영향을 미칠 때 생길 파급효과는 생각만 해도 끔찍하다. 그러나 새로운 시스템에서 편견을 모두 없애도록 주의를 기울인다면 인공지능은 사람보다 더 공정한 의사 결정자 역할을 하게 된다. 기계에 편향되지 않은 데이터를 제공하지 못하는 문제를 해결하는 것보다 사람의 이기심에 대한 편견을 제거하는 것이 더 큰 과제일 수 있다.

사람의 목적에 대한 보다 철학적인 질문도 있다. 기계가 사람의 영역에만 속했던 작업에서 점점 더 사람을 능가한다면 사람에게 남는 일은 무엇일까? 사람은 존재로서 어떤 가치가 있으며 (암울하게는) 기계 지능의 우월한 네트워크에 비해 사람의 가치는 무엇일까? 새로운 기술의 놀라운 위상을 보고 스카이넷Skynet, 사이보그, 인류 멸종 수준의 사건을 쉽게 떠올리는 것을 보면 할 수 있는 질문이다. 하지만 다른 시각으로 바라보면 어떨까?

사람의 영혼을 빨아들이는 일, 가령 지극히 반복적인 일을 기계가 대체하기 시작하면서 사람이 가장 잘할 수 있는 일, 즉 창의적인 방식으로 문제를 해결하는 데 집중하면 좋겠다. 물론 사회에도 큰 이익이 될 것이다. 재레드 다이아몬드Jared Diamond는 저서 《총 균 쇠》(김영사, 2023)에서 가장 성공적인 사회는 혁신가들이 혁신에만 전념할 수 있도록 했다고 주장한다. 농부들이 잉여 식량을 생산할 수 있게 되자 농업 사회에서 직접 식량을 재배하지 않고 기술을 개발하는 숙련된 전문가craft specialist를 지원할 수 있게 했다고 썼다. 또한 책 후반부에서 그는 "경제적으로 전문화된 사회는 식량을 생산하지 않는 전문가가 식량을 생산하는 농민으로부터 식량을 공급받는 것으로 이루어진다"라고 설명한다.[5] 농노 제도가 모든 인류에게 혜택을 줄 수 있는 혁신에 적합한 모델은 아니지만, 기계는 현재로서는 상처받을 감정도 없고 착취당할 위험에 처한 시민권도 없다. 기계는 사람의 부담을 덜어주기 위한 사람의 탐구에 기꺼이 동참하는 파트너다. 혁신가가 혁신할 수 있게 허용하는 것, 좀 더 쉽게 말해 창의적인 사람들이 창작할 수 있도록 허용하는 것은 다른 잡무를 얼마나 덜어줄 수 있는가와 관련이 있다. 기술을 올바로 조율하면 잡다한 일을 매우 효율적으로 완수할 수 있다.

하지만 이는 단순히 사람이 창의력을 발휘하는 데 더 많은 시간을 사용하도록 하는 것 이상의 의미가 있다. 심리학자 에이브러햄 매슬로Abraham Maslow에 따르면 사람이 잠재력을 최대한 발휘하려면 기본적인 욕구(생리, 안전)부터 심리적 욕구(소속감과 사랑, 존중), 자아실현 욕구에 이르는 계층적 욕구가 존재한다고 한다. 기본적인 욕구에서 자아실현 욕구로 빠르게 옮아가려는 것은 기술의 발전이 가져온 변화라고 할 수 있다.

대화형 AI가 전체 스펙트럼에 걸쳐 사람의 욕구를 충족시킬 수 있는 시나리오는 쉽게 상상할 수 있다. 최근 세계 경제 포럼world economic forum, WEF은 디지털 시대에 맞게 매슬로의 계층구조를 재구성해 24개국 4만 3천 명 이상을 대상으로 한 글로벌 설문에서 '오늘날 기술 중심 환경에서 개인이 잠재력을 발휘하기 위해 필요한 것'을 조사하는 기준으로 사용했다.[6]

연구에 따르면 기술의 만연한 특성에는 단점이 있지만(응답자의 38퍼센트만이 개인적인 기술 사용에 건전한 균형을 유지하고 있다고 느꼈다), 성취에서 기술의 역할을 둘러싼 부정적인 응답은 대부분 접근성과 교육에 뿌리를 두고 있었다. 다행히 이런 문제는 대화형 AI가 적절히 배치되면 해결할 수 있다.

AI가 인류를 해치거나 파괴하도록 의도적으로 설계되고 있다는 생각은 앞서 언급한 페이스북 문제의 확장 버전에서 훨씬 더 많은 위험을 본다. 영화 〈터미네이터〉 시리즈를 좀 더 깊이 들어가면 위험에 신빙성이 있다. 자각할 줄 알게 된 스카이넷이 전체 효율성에 가장 큰 장애물이 사람이라는 것을 깨닫고, 스카이넷을 개발한 마일스 다이슨 박사에게 그 내용을 알리는 장면이다.

스카이넷   지구에 인류가 존재하는 한 최고 효율에 도달할 수 없다는 결론을 내렸습니다. 모든 사람의 생명을 끝내야 할까요?

다이슨   아니. 어떤 상황에서도 절대 그렇게 해서는 안 돼.

스카이넷   알겠어요. 모든 사람의 생명을 없애지 않겠습니다.

필자가 OneReach.ai팀과 함께 만든 플랫폼인 커뮤니케이션 스튜디오 G2Communication Studio G2, CSG2는 대화형 AI가 기반이다. 모든 사람이 각자 최고 버전이 될 수 있는 기술을 이용할 수 있도록 지원하기 위해서다. 대화형 AI는 결정자가 아니라 조언자 역할을 하도록 특별히 설계됐다. 더 나은 선택을 할 수 있는 기술 패러다임은 인류에게 진정으로 도움이 될 뿐만 아니라 사람이 통제권을 유지할 수 있게 해준다. 더 많은 사람이 교육이 거의 필요 없는 기술을 사용할 수 있게 되면 소프트웨어 제작이 민주화되고 기술은 개인화된 방식으로 사람들을 계속 향상시킬 수 있다. AI가 사람을 위해 작동하지 않는다면 그것은 망가진 것이다. 하지만 사회를 더 나은 곳으로 만드는 강력한 조력자로 설계된다면 AI 기술을 사회 전체에 공유함으로써 모든 사람의 삶의 질을 높일 힘을 갖게 된다.

나중에 매슬로는 욕구 이론에 '초월transcendence'이라는 단계를 추가했다.

매슬로는 초월은 사람 의식의 가장 높고 가장 포괄적이며 전체론적인 수준을 의미한다며 수단이 아닌 목적으로 자신과 중요한 타인, 일반적인 사람, 다른 종, 자연과 우주에 대해 행동하고 관계를 맺는 것이라고 설명했다.

〈터미네이터〉가 대화형 AI 스펙트럼의 어두운 끝이라면, 초월은 그 반대편에 있을지 모른다. 원대한 목표이긴 하지만 대화형 AI를 통해 기술이

기하급수적으로 효율성이 높아지고 물리적 존재감은 줄어든다면(대화는 화면 앞에서 보내는 시간을 획기적으로 줄일 수 있는 인터페이스다), 우리가 더 높은 수준의 의식으로 가는 길을 열어주는 존재가 되도록 지원하는 역할을 할 수 없다고 누가 말할 수 있을까? 이는 다음 장에서 더 자세히 살펴볼 더욱 균형 잡힌 사회 시스템에 대한 아이디어로 연결된다. 상호작용하는 방식에 심오하고 긍정적인 영향을 미치고 세상을 영원히 바꿀 수 있는 아이디어다.

AI에 대해서 어떻게 이야기해야 할까?

지금까지 살펴본 윤리적 우려를 잠시 접어두자. 임박한 기술 변화의 광범위함과 강력함을 강조하기 위해서다. 일상 생활에서 대화형 AI의 발전과 확산에 영향을 받지 않는 부분은 거의 없다. 조직에서의 위치에 상관없이 대화형 AI와 초자동화가 회사 안팎으로 어떤 영향을 미칠지는 반드시 이해해야 한다.

내부적으로 AI를 논의할 때 다음 사항을 반드시 짚고 넘어가야 한다.

- AI가 인력을 대체할 것인가?
- AI가 조직을 새롭고 복합적인 생산성 영역으로 이끌 것인가?
- AI가 사회의 격차를 줄일 것인가?

질문에 답하기는 쉽지 않다. 우리가 어떤 종류의 활동에 참여하고 새로운 기술 구현에 어떻게 접근하는지에 따라 답은 크게 달라질 것이다. 거

그림 4.2 | 대화형 AI와 초자동화가 어떤 영향을 미칠지 반드시 이해해야 한다.
사진은 찰스 딜루비오(Charles Deluvio) 작품.

대 언어 모델을 사용할 가능성은 낮지만, 생태계가 정보를 수집하고 해석하고 공유하는 방식은 고려해야 한다.

핵심 내용

◉ 경험적 AI를 설계하고 상호작용하는 방식은 단순한 관련 기술 그 이상을 형성할 것이다. 사람이 기계와 일상적인 대화를 나누기 시작하면서 기계와 상호작용하는 근본적인 요소도 달라질 것이다.

◉ 대화로 소통하는 경험은 힘들지 않지만 소통의 이면은 매우 복잡하게 얽혀 있다. 사람은 모든 말을 마치 사람이 한 것처럼 반응하

는 본능이 있기 때문이다. 또한 불평등, 자원 분배, 기후 변화와 관련된 보다 가까이 있는 윤리적 문제도 고려해야 한다. 인류를 단순한 업무에서 해방하고 창의적인 방식으로 더 큰 문제를 해결할 수 있게 한다는 초자동화의 약속은 사람이 초자동화 시스템을 만들 때 사용하는 전략과 의도에 달려 있다.

CHAPTER 5

초자동화는 세상을 어떻게 바꾸는가

기술은 일상적인 프로세스의 효율성, 생산성, 편리성을 개선하는 동시에 방해 요소를 없앤다. 빌 게이츠는 기술의 발전은 사람들이 알아차리지 못할 정도로 일상생활의 일부가 되도록 하는 데 기반을 두고 있다고 말하기도 했다.

지금까지는 단편적으로 기술 혁신이 이뤄졌지만 패러다임이 바뀌고 있다. 일회성 혁신에 집중하는 대신 기존 기술과 신생 기술을 통합한 프로세스로 연결하기 시작했다. 이제는 우리가 하는 일과 방법, 심지어 그 일을 하는 이유를 다시 생각해야 하는 중요한 순간에 이르렀다. 거대한 혁명이며 진화에서 도약의 순간이다. 사람이 기술과 맺는 관계의 모든 측면을 재평가해야 하는 시점이다. 기술이 사람이 일하는 방식을 단순히 모방하는 데 사용되는 시대에 살고 있지 않기 때문이다. 사람의 문제 해결 능력을 뛰어넘는 방식으로 기술을 활용할 수 있다. 앞으로는 기술이 사람을 쥐게 될지도 모른다.

변화를 주도하는 두 가지 거대한 힘은 바로 초자동화와 초혁신이다. 두 개념은 서로 얽혀 있으며 모든 것을 변화시킬 것이어서 이를 위한 적절한 프레임워크를 반드시 마련해야 한다.

강력한 도끼를 휘두르는 초자동화

역사를 돌아보면 어떤 기술이 현재 상태가 되려면 먼저 세계관이 뒤집혀야 했다. 견과류나 씨앗을 부술 때 바위가 맨주먹보다 더 나은 도구라는 것이 증명되자 바위는 없어서는 안 되는 것이 됐다.

지금은 구식이 된 기술 생산 모델에서 작은 진전은 고립된 환경에서 이뤄진다. 혁신 하나가 수작업을 더 효율적이고 생산적이며 편리한 것으로 바꾼다. 전구가 가스등을 대체했고 손 편지가 이메일로 바뀌었으며 전광판이 인쇄된 광고판을 대신하고 있는 등 무수히 많은 예가 있다.

인상적인 혁신이 많았으나 실제 적용에는 한계가 있었다. 기술 혁신의 진정한 힘은 다른 관련된 혁신과 통합하는 능력에 있다. 혁신이 의미 있는

그림 5.1 | 변화를 주도하는 두 가지 거대한 힘, 초자동화와 초혁신

방식으로 결합할 때 효율성, 생산성, 편리성이 기하급수적으로 늘어난다. 의미 있는 혁신의 통합 과정이 바로 가트너가 '초자동화'라는 용어로 표현한 프레임워크다.

2009년 우버가 시장에 진입했을 때 교통수단에 대한 기존 관념이 완전히 바뀌었다. 우버가 활용하는 기술만 보면 놀라운 것이 아니었다. 당시에도 스마트폰 기반 위치 정보, 평가 시스템, 모바일 애플리케이션, 모바일 결제가 널리 보급돼 있었다. 네 가지 기술을 완벽히 통합한 덕분에 승차 공유는 즉각적인 성공을 거뒀고 기존의 모든 대중교통 모델에 큰 지각 변동을 일으켰다.

우버의 기술 결합은 파괴적이기도 하지만 조율된 기술이 산업과 비즈니스 모델을 재편하고 있음을 보여준다. 조직과 개인이 초자동화를 활용한 사례가 많아지면 정기적으로 초혁신을 보게 될 것이다.

초자동화가 있는 곳에 초혁신이 있다

기술과 맺는 관계의 다음 단계는 초자동화에 대한 노출의 확대다. 다양한 형태의 조직이 더욱 정교한 방식으로 파괴적 기술을 조율하는 방법을 찾으면서 우버급 규모의 혁신이 매주 하나씩 일어난다고 상상해보자. 파괴적 혁신 중 다수가 다른 파괴적 혁신과 결합하거나 너무 빠르게 개선돼 무용지물이 된다고 가정해본다. 실제로 대화형 AI 영역에서는 이미 이런 일이 일어나고 있다.

2020년 2월 마이크로소프트는 튜링-NLG(Turing-NLG)를 공개했고 여러 지표에서 다른 모델을 능가하는 역대 최대 규모의 언어 모델이라는 찬사를 받았다. 한 달 뒤 오픈AI OpenAI는 딥러닝을 사용해 사람과 유사한 텍스트를 생성하는 언어 모델인 GPT-3를 공개했다. GPT-3 모델은 사람이 작성한 기사와 매우 흡사한 뉴스 기사를 생성할 만큼 강력했다(마이크로소프트가 GPT-3 모델과 기본 코드의 독점 사용권을 획득할 만큼의 성능이었다). 1년이 조금 더 지난 후, 거의 모든 지표에서 압도적으로 규모도 크고 더 나은 성능을 발휘하는 '중국 최초 자체 개발한 초대형 지능형 모델 시스템'인 우다오 2.0 Wu Dao 2.0이 나왔다. 중국 전통 시를 쓰고 노래도 부를 수 있었다. 또한 우다오 2.0은 학습하고 그림을 그리고 시를 짓는 가상 학생 화지빙 Hua Zhibing을 공개했다. 머지않아 화지빙은 코딩도 배울 것이다.

앞에서 설명한 것과 같은 초자동화 도구와 전략을 대규모 조직과 소규모 조직, 심지어 개인이 활용하면 비즈니스와 기술이 함께 소용돌이치며 비옥하고 변화무쌍한 새로운 환경을 조성할 것이다. 디자인 관점에서 보면 초자동화를 통해 만들어지는 경험은 사람만이 할 수 있는 것을 개선한다는 확고한 목표를 가져야 한다. 초자동화를 통해 조성된 경험이 바로 사람보다 더 나은 경험 better-than-human experience, BtHX이라고 말하는 내용의 핵심이다. 지금부터 소개할 초혁신적인 아이디어는 적절한 프레임워크, 즉 명확한 전략이 있다. 더불어 강력한 도구에서 발생하는 수많은 윤리적 문제를 해결하는, 탁월한 BtHX를 제공할 힘이 있다.

지금부터 중요한 초혁신적 아이디어를 소개한다. 오늘날 실제로 볼 아이디어도 있다. 내용을 보면서 어떻게 결합시켜 초혁신을 만들 수 있을지 생각해보자.

사람보다 더 나은 경험

사람의 능력과 효율성을 따라잡는 것이 기술의 목표라고 말하는 사람들을 자주 본다. 진정한 목표는 사람을 능가하는 것이어야 한다. 사람은 복제품에 감탄할 수는 있어도, 자신이 할 수 있는 일을 단순히 복제만 하는 기계에 의존하지는 않을 것이다.

개발하기 어려운 자율주행차self-driving car를 생각해보자. 자율주행차가 현재 사람 운전자의 사고율과 사망률을 따라잡기는 절대 쉽지 않다. 당연히 진정한 자율주행차는 나오기가 어렵다. 현재로서는 자동 브레이크처럼 자동화된 보조 기능이 제공되고 있지만, 장기적으로 사람보다 더 나은 운전자, 즉 사고율이 0에 가까운 자동차가 필요하다.

자연어 처리/자연어 이해도 마찬가지다. 기계가 사람처럼 상호작용하기를 바란다고 생각할 수 있지만 꼭 그렇지는 않다. 자동화를 통해 얻고자 하는 것은 복잡한 감정이나 심리적 의미가 아니라 효율성이다. 즉, 평계 대지 않고 나 대신 작업하고, 제한 없이 정보를 제공하며, 묻지 않은 의견을 제시하지 않고 하루를 준비하도록 돕는 역할을 기대할 터다.

초자동화는 사람의 삶을 더 효율적이고 생산적으로 만드는 기술이 되는 것이 목표다. 하지만 사람이 두 가지 목표를 방해할 때가 많다. 사람보다 더 나은 경험은 광범위한 채택의 관문이 될 것이다. 사람들이 자동화된 제품과 서비스로 작업하는 데 자신감과 흥미를 느끼기 시작하면 자동화의 확산은 지진처럼 일어날 것이다.

콜센터의 종말

2020년 봄 팬데믹이 심각해지기 시작하면서 콜센터 소프트웨어를 개발하는 회사인 라이브퍼슨LivePerson의 CEO 로버트 로카시오Robert Locascio는 콜센터의 종말을 예고했다. 그는 CNBC TV 프로그램 〈매드머니Mad Money〉의 진행자 짐 크레이머Jim Cramer와 한 인터뷰에서 2년 동안 콜센터의 종말에 관해 이야기해왔고, 이제 현실이 됐다고 밝혔다. CNBC는 더 깊이 파고들어 분명한 변화를 발견했다. 2020년 내내 콜센터가 문을 닫는 반면, 대기업들은 고객 문의를 관리하기 위해 새로운 AI 기반 기술을 활용하기 시작했다. 공교롭게도 2020년 1분기에 라이브퍼슨의 매출은 거의 18퍼센트 증가했다.[1] 동시에 필자가 구축한 대화형 AI 플랫폼도 비슷한 경험을 했다. 신규 매출이 20퍼센트 이상 뛰었고 기존 고객의 매출도 35퍼센트 이상 급증했다.

스크립트와 미리 정해진 프롬프트prompt에 크게 의존하고 어려운 질문은 고객 서비스 담당자에게 보내는 AI 기반 메시징 기술messaging tech은 문제를 완전히 해결하지 못하지만 초자동화라는 렌즈를 통해 이 상황을 바라보면 문제는 사라진다.

미국에서 세 번째로 큰 무선 통신사인 T 모바일T-Mobile은 코로나19 봉쇄령이 발표된 직후 콜로라도 스프링스Colorado Springs 콜센터를 완전 원격 운영체제로 전환했다. 첫 번째 단계 때는 상담원에게 적절한 기술을 제공했다. 물류에서 어려움이 있었지만, 극복할 수 없는 문제는 아니었다. 두 번째 단계에서 원격으로 팀을 지원하기가 더 어려웠다. 한 장짜리 가이드를 인쇄해 배포하고 가상 환경에 교육과정을 마련하고, 즉각적으로 기술 문제를 해결하기 위한 IT 상황실이 만들어졌다. 인상적인 전환이었지만 까다로운 고객 문제와 씨름할 때 상담원들을 안내하고 멘토링할 수 있는 숙련된 콜센터 리더가 부족하다는 문제점이 드러났다. 여기서 초자동화가 해결책이 될 수 있다.

원격지에 있는 T 모바일 영업 담당자가 온라인 구매에 불만이 있는 고객에게서 전화를 받는다고 가정해보자. 담당자가 참을성 있게 경청하는 동안 IDW는 대화를 실시간으로 처리해 담당자에게 가능한 답변과 해결책을 제시한다. 한 장짜리 가이드를 찾아보지 않아도 되고, 기다려야 하는 가상 교육도, 의지할 상황실도 필요 없다. IDW는 회사와 고객이 공개한 모든 관련 데이터를 손쉽게 이용해 각 상황에 맞는 실질적인 해결책을 제공할 수 있다. 이 솔루션은 팀을 지원할 채널을 찾느라 동분서주하는 T 모바일의 부담을 덜어줄 뿐만 아니라 더 높은 수준의 교육이 필요하지 않다. IDW가 항상 교육하고 안내할 준비가 돼 있다면 직원들은 힘들게 현장 교육을 받을 필요 없이 IDW가 안내하는 간단한 학습 과정을 거쳐 업무를 시작할 수 있다.

강력한 암호화폐

스마트 지갑smart wallet의 역사는 몇 년 되지 않지만 채택 속도는 매우 빠르다. 비즈니스 데이터 플랫폼 스태티스타Statista에 따르면 2017년 기준 미국인의 49퍼센트가 스마트 지갑을 사용했으며 애플페이나 구글페이Google Pay와 같은 근거리 무선통신near field communication, NFC 사용자 수는 6400만 명이었다. 스마트 지갑이 널리 보급됐지만 기술의 잠재력을 깨닫는 시작도 하지 못했다. 암호화폐cryptocurrency가 더욱 보편화되면 IDW가 관리하는 통화와 결제를 초자동화할 기회가 생길 것이다.

온라인 게임 스토어에서 암호화폐를 사용해 보드게임을 구입한다고 해보자. 구매는 순조롭게 진행됐지만, 회사가 트리비얼 퍼슈트Trivial Pursuit 대신 카탄의 개척자_{Settlers of Catan}를 보냈다. 고객 서비스 IDW와 채팅하고 도와줄 담당자가 연결된다. 오류를 수정하고 새로 배송을 시작하는 동안 당신은 참을성 있게 기다린다. 친절한 태도 덕분에 당신의 고객 점수가 올라가고 회사는 암호화폐를 전달하며 고마움을 표현할 수 있다. 고객 점수가 높다면 '감사' 암호화폐가 더 많이 지급될 수도 있다.

고객 점수 개념은 비즈니스에도 적용된다. 사회 신용 점수라는 개념에 적용하면, 고객 서비스 직원을 괴롭힌 전력이 있는 사람이 상담원에게 무례한 태도를 보인다면 회사는 폭언한 고객을 응대한 직원에게 암호화폐로 보상할 수 있다. 일종의 관리 시스템이 마련되면 기업은 고객의 무례한 행동을 인지하고 불만을 제기하거나 고객 점수를 낮추는 등 적절한 조치를 할 수 있다. 옐프_{Yelp}나 구글의 부당한 평점에 무력함을 느끼는 소상공인에게 도움이 될 수 있지만, 고객 점수라는 개념은 거대 기업이 지배하는 자본주의 사회에서 강력한 지렛대가 될 수 있다. 초혁신적인 아이디어와 마찬가지로 강력한 기술의 의미를 인식하고 이를 중심으로 설계해야 한다.

모든 사람의 행동에 점수가 매겨진다

2014년 중국은 자국민이 법을 준수하도록 논란의 여지가 있는 방법을 도입했다. '사회 신용 시스템_{social credit system}'으로 알려진 제도인데 사회에서 개인의 행동을 추적하고 법의 준수 정도에 따른 보상과 처벌이 있다. 비즈니스 인사이더_{Business Insider}에 따르면 정확한 방법론은 알려지지 않았지만, 위반 사례로 교통 법규 위반, 금연 구역에서의 흡연, 비디오 게임 과다 구매, 특히 테러 공격이나 공항 보안에 관한 가짜 뉴스를 온라인에 게시하는 행위가 있다. 나쁜 행동은 여행 금지, 인터넷 속도 저하로 이어질 수 있지만, 사회 신용 점수가 좋으면 에너지 요금 감면, 은행 금리 인하 같은 보너스를 얻는다.[2] 서구의 많은 사람이 디스토피아 같은 조치를 서슴지 않고 비난하지만 미국인들은 고객 점수를 비슷하게 사용한다. 우버나 리프트Lyft를 이용하는 동안 소란을 피운다면 승객 평점이 낮아져 운전자가 가장 먼저 선택하는 고객이 되지 못한다. 에어비앤비Airbnb를 엉망으로 만들어놓고 퇴실했다면 완벽한 '10점'은 사라진다. 지금으로서는 평점이 낮은 게스트가 이전 계정을 버리고 새 계정을 만드는 것을 막을 방법이 없지만 나쁜 게스트와 호스트 사이의 평점 전쟁은 항상 원하는 대로 해결되지는 않는다.[3]

현재 모델은 회사가 개별적으로 사용하는 평가 시스템, 몇몇 후기 사이트, 소수의 검색 엔진을 기반으로 한다. 개인이 평점을 결정하기 때문에 시스템에는 편견과 부정이 있기도 하다. 수십 개의 서로 다른 점수를 관리하는 대신, 하나의 시스템으로 IDW가 관리하고 부정과 편향에 흔들리지 않는 블록체인 생태계에 저장한다면 어떨까? 신용 점수와 비슷하지만 거래와 관계를 추적한다고 생각하면 된다.

신용 점수는 민간 기업, 개인, 심지어 정부와 지속적인 상호작용에 영향을 받는 모든 사람이 접근할 수 있다. 새로운 기업이 고객의 행동과 습관을 이해해 적절하게 대처할 수 있게 한다. 정부는 시민의식의 좋고 나쁨에 따라 세금 감면 혜택을 주거나 세금 인상으로 불이익을 줄 수 있다. 항공사도 고객 점수를 활용해 항공편이 초과 예약됐을 때 점수가 낮은 승객을 줄일 수 있다.

사회 점수가 사회를 바꾼다

작은 기업을 성공적으로 운영하려면 고객과 좋은 관계를 만드는 것이 핵심이다. 평범한 동네 상점이라면 주인이 고객 이름과 정기적으로 구매하는 제품, 고객의 소소한 일상을 알기 때문에 유기적으로 관계를 키워나갈 수 있다. 상점 주인이 정기적으로 만나는 고객의 수와 매장의 규모가 크지 않으면 관계를 유지하기가 쉽고 직관적이다. 하지만 새로운 매장들을 열기 시작하면 고객과 개인적인 관계를 맺을 기회가 줄어든다. 관리자를 고용해 세심한 주의를 기울여 매장을 운영한다고 해도 고객과의 관계에 대한 통제력을 어느 정도 잃게 된다. 조직의 규모가 커질수록 고객과의 상호작용이 관계에 기반하지 않고 순전히 거래에 그칠 가능성이 크다.

기업이나 정부처럼 우리가 매일 상호작용하는 많은 조직이 오랫동안 거래적 성격으로 운영됐기 때문에 이를 크게 생각하지 않을 수 있다. 거래적 상호작용은 그다지 만족스럽지 못하기 때문에 문제가 된다. 당장 필요한 것을 얻을지 몰라도 차가운 바다에서 표류하는 고립된 사건일 뿐이다. 거래적 관계를 인터넷과 소셜 미디어가 만들어낸 정보 환경과 결합하면 이 확고한 시스템을 뒷받침하는 익명성이 악플러들의 온상이 되기 때문에 결과는 상당히 씁쓸해진다.

2016년 월터 아이작슨Walter Isaacson이 《디 애틀랜틱The Atlantic》에 쓴 글을 소개한다.

인터넷의 원래 설계에는 버그가 있는데, 처음에는 기능처럼 보였던 버그를 점차 해커와 악플러, 악의적인 사람들이 빠르게 악용했다고 한다. 가령 인터넷에서 패킷은 목적지 주소가 인코딩되지만, 실제 발신지 주소는 인코딩되지 않는다. 수년 동안 인터넷에서 익명성의 장점은 단점보다 훨씬 컸다. 사람들은 자신을 더 자유롭게 표현했고 반체제 인사나 개인적 비밀을 숨기는 사람들에게 인터넷의 익명성은 특히 유용했다. 익명성은 1993년 《뉴요커New Yorker》에 실린 피터 스타이너Peter Steiner의 유명한 만평 "인터넷에선 아무도 당신이 개라는 것을 모릅니다"에 잘 표현됐다.[4]

아이작슨이 인터넷 문제를 두고 제안한 해결책에는 인터넷 패킷을 인코딩하거나 사용 규칙을 설명하는 메타 데이터를 태그로 붙일 수 있는 칩과 기계를 만드는 등 인터넷에 도움이 될 수 있는 중대한 변화가 포함돼 있다. 초자동화가 익명성 문제와 관련된 많은 문제를 비즈니스 수준에서도 해결할 수 있다고 생각한다. 기업이 무수히 많은 IDW를 보유한다면 사람보다 더 나은 개인화된 설루션을 제공해 고객과 관계를 구축하는 비즈니스에 집중할 수 있다. 앞에서 언급한 인터넷 서비스 제공업체를 생각해 보자. IDW가 인터넷 연결이 끊어진 것을 발견하고 고객에게 알려주는 시나리오를 이야기했다. 업체와의 유일한 상호작용이 기계를 통해 이뤄지더라도 업체가 자신을 신경 쓰고 있다고 생각하면 회사와 더 깊은 관계를 느낄 수 있다. 초자동화가 표준이 됨에 따라 비즈니스 세계는 거래 기반에서 관계 기반으로 전환될 수 있다.

동네 상점에서 불쾌한 구매 경험을 했다면 소셜 미디어에 화를 내며 글을 올리기보다 친분이 있는 상점 관리자에게 문제를 제기할 가능성이 훨씬 높다. 관리자는 고객을 잘 알기 때문에 불만을 귀담아듣고 상황을 해결하려고 노력할 것이다. 그렇다면 조직과의 모든 경험이 관계 기반이라면 어떻게 되겠는가? 상대방이 내 말을 듣고 있다고 느낄 것이고 요구와 문제가 간단명료하게 해결될 것이다.

관계 기반 경제는 양방향으로 확장돼 조직과 개인 모두에게 공정성과 투명성을 요구한다. 중국에서는 이미 구체화되고 있다. 《와이어드Wired》에서 지적했듯이 현재 중국에는 단일한 사회 신용 시스템이 마련돼 있지 않다. 대신 지방 정부가 각기 다른 방식으로 작동하는 자체 사회 기록 시스템이 있으며 세서미 크레디트Sesame Credit으로 더 잘 알려진 앤트그룹의 지마 크레디트Zhima Credit 같은 회사에서 비공식적인 민간 버전이 운영 중이다.

이상적으로는 언젠가 모든 사람의 사회 점수social score가 모두에게 공개될 것이다. 사회 점수는 상당한 영향력을 발휘할 수 있는데, 사회 점수가 좋은 사람이 되는 것이 큰 인센티브가 될 수 있음을 의미한다. 인센티브가 기업이 아니라 사람에게 도움이 되는 진정한 행동에 보상이 주어지기를 바란다. 이를테면 동네 카페에서 셀카를 찍어 올리는 것이 아니라 엎질러진 음료를 치우는 바리스타를 도왔을 때 점수를 얻는 것처럼 말이다.

더는 비밀번호를 기억할 필요가 없다

2020년, 기술 이용자의 평균 비밀번호는 70~80개나 됐다. 비밀번호 관리를 도와주는 소프트웨어가 있는데, 역시 비밀번호를 통해 소프트웨어에 접근할 수 있다. 비밀번호는 피할 수 없는 존재다.

2019년 구글 설문 조사에서 드러난 놀라운 현실을 생각하면 더욱 그렇다. 미국인 열 명 중 네 명은 자신의 정보가 온라인에 유출된 경험이 있다. 최근 에퀴팩스Equifax, 어도비Adobe, 링크드인LinkedIn 등 수많은 기업에서 해킹이 발생하면서 더 길고 터무니없이 복잡한 비밀번호를 사용하게 됐다.

초자동화에 해답이 있다. 이전에는 개인 기업이 자체 채널을 통해 수집한 데이터를 보관하는 것이 일반적이었다. 데이터 유출data breach이 만연하고 보안에 대한 우려가 커지면서 고객 정보 접근 관리consumer information access management, CIAM를 활용해 책임을 회피하는 방법을 선택하고 있다.

고객 정보 접근 관리라는 기술적 매개체가 사용자가 기업에 '전송'하는 모든 데이터를 보관한다. 실제로 사용자가 자신의 정보를 기업에 직접 보내는 것이 아니라 정보를 수집하고 보호하는 CIAM 서비스로 전송된다. 회사에서 사용자 개인 정보가 필요하면 CIAM을 통해 요청한다. 사용자는 접근 요청을 받고 승인하거나 거부할 수 있다. 접근을 허용하면 제한된 기간 회사에서 해당 정보를 사용할 수 있다. 그런 다음 그 데이터는 회사 파일에서 영구 삭제된다.

이제 이와 같은 것을 탈중앙화된 정보 저장 모델이라고 생각해보자. 누구도 정보를 통제할 수 없다. 정보는 전 세계 수천 대의 서버에 단편적으로 저장되고 익명화되거나 암호화돼(또는 둘 다) 절대 손상될 수 없다.

개인 정보를 공유할 수 있도록 안전하게 신원을 확인할 수 있는 방법은 무엇일까? 생체 인식을 활용한 초자동화가 방법이 될 수 있다.

생체 인식을 활용한 초자동화 기술은 이미 주변에 있지만 아직은 주류로 자리 잡지 못하고 있다. 더 나은 버전이 곧 출시될 것이다. 지문, 안구, 손바닥 같은 생체 인식 메커니즘biometric mechanism이 완성되고 있다. 머지않아 정보에 접근하거나 중요한 개인 정보를 공유하기 위해 비밀번호를 알아낼 필요가 없어질 것이다. 화면을 터치하거나 카메라를 바라보고 식별 단어를 말하거나 음성 인식으로 사용자를 인증할 것이다.

일요일 아침, 여유롭게 커피를 마시며 뉴스를 보고 있는데 잔디밭에서

윙윙거리는 소리가 들린다. 평소 아침 일찍 일어나서 열심히 좋은 일을 하는 이웃이 우리집 잔디를 깎고 있다. 이런 사람이 있다니.

당신은 휴대전화를 터치해 문자나 말로 "프랭크 스미스에게 1비트코인을 보내줘"라고 간단한 프롬프트를 생성해 암호화폐로 고마움을 전한다. 안구 스캔으로 신원이 확인되고 휴대전화에서 결제 금액을 전부 관리한다.

몇 초 뒤 프랭크의 계좌로 감사 암호화폐가 입금된다. 당신이 '기부'와 '잔디 깎아줘서 정말 고마워요'라는 거래 프롬프트transactional prompt를 연결했기 때문에 프랭크의 고객 점수도 올라간다.

그래프 데이터베이스에서는 관계가 중요하다

코딩을 해본 적이 있다면 '관계 데이터베이스relationship database' 또는 '관계형 데이터베이스relational database'라는 것을 들어본 적이 있을 것이다. 기존의 관계 데이터베이스는 스프레드시트와 비슷하다. 특정 종류의 데이터를 담고 있는 여러 스프레드시트가 비즈니스, 조직, 개인에게 중요한 모든 정보를 설명한다. 데이터를 호출하기 위해 고유 ID 번호가 각 스프레드시트 안의 특정 셀에 연결된다. 데이터를 참조하려면 특정 스프레드시트에서 특정 ID가 사용할 수 있는 모든 정보를 요청하는 프로그램을 만들면 된다.

기업은 제품을 추적하기 위해 여러 데이터베이스를 사용할 수 있다. 모든 고객 이름, 모든 주문 명세, 이용 가능한 고객 서비스 센터, 업그레이드 옵션이 저장된 여러 데이터베이스가 있을 수 있다. 표준 관계 데이터베이스 모델에서 단일 ID는 한 데이터베이스에서는 고객 이름을, 다른 데이터베이스에서는 고객이 구매한 제품을, 또 다른 데이터베이스에서는 지역 콜센터를 가리킨다. 소프트웨어 프로그램에서 정보 중 하나를 호출해야 할 때 ID 번호와 특정 데이터베이스를 참조할 수 있다. "이봐, 데이터베이스. ID 859485의 모든 주문을 알려줘"라고 호출할 수 있다.

여기서 문제는 시스템이 복잡한 정보 문자열을 처리하기 위해 여러 데이터베이스를 호출해야 할 뿐만 아니라(데이터 조각마다 별도의 요청이 필요하다), 다양한 데이터 조각이 어떻게 연관돼 있는지 명확히 알 수 없다는 것이다. 정보의 의존성이나 계층구조가 사라진다.

더 복잡한 요청, 이를테면 "이봐, 데이터베이스, 위젯widget을 구매하고 작년 12월 이후에 고객 서비스에 전화하지 않고 업그레이드한 모든 고객을 알려줘" 같은 요청은 기존의 관계형 데이터베이스를 무너트릴 수 있다.

이를 위해 그래프 데이터베이스graph database, GraphDB가 등장했다. 데이터 관리data management에 대한 초기 접근 방식은 그룹화된 데이터 저장소를 활용할 뿐만 아니라 다양한 데이터 포인트가 서로 어떻게 연관돼 있는지에 대한 세부 정보를 제공한다.

이 접근 방식은 보험을 판매하는 유명한 기술 회사인 레모네이드가 보험금 청구 시스템인 짐Jim을 통해 현재 사용하고 있다.

"짐의 AI는 사용자가 생성한 수많은 데이터 포인트를 추적해 의심스러운 활동을 식별하고 고객이 알기도 전에 무엇이 필요한지 예측하는 데 도움을 줍니다. 첫 한 달 동안 시스템은 370만 건의 신호를 추적했습니다."[5]

레모네이드는 짐이 사기 청구를 탐지하는 구체적인 방법을 자랑스럽게 트위터에 올리면서 곤경에 처했으나, 데이터 마이닝 관행의 공정성 논란으로 인해 기세가 꺾이지는 않았다(미국 모든 주에서 상품을 판매 중이며 세입자 보험 판매 외에도 사업을 확장하고 있다). 다만 초혁신이 주는 엄청난 영향력과 너무 빨리 진행돼 실시간으로 제기되는 많은 도덕적 문제를 조정하기 어려울 것이라는 점은 기억할 필요가 있다.

앞에서 말한 위젯 회사는 고객이 이미 구매한 기기를 바탕으로 어떤 업그레이드 옵션을 사용할 수 있는지 알고 싶을 수 있다. 올바른 데이터베이스 정보를 호출하려면 특정 고객이 과거에 주문한 세부 정보를 참조해야 한다. 이런 종속성을 그래프 DB로 처리하면 다음과 같을 것이다. "이봐, 데이터베이스, 지난 30일 동안 위젯을 구매했지만, 아직 업그레이드는 구매하지 않은 고객을 모두 찾아줘. 그런 다음 구매한 위젯을 기준으로 어떤 업그레이드를 받을 수 있는지 보여줘."

여기서 계층구조와 종속성은 기존의 관계 데이터베이스를 사용하면 수동으로 처리해야 한다. 하지만 그래프 DB를 사용하면 내장된 관계가 간단한 요청을 통해 의미 있고 실행 가능한 정보를 얻는 열쇠가 된다.

비정형 데이터에서 안정적으로 정보를 추출한다

비즈니스 관련 정보의 80퍼센트가 구조화되지 않은 형태로 존재한다는 사실을 들어봤을 것이다.[6]

80퍼센트라는 숫자의 정확성 여부를 떠나 채팅, 이메일, 보고서, 기사, 녹음된 대화 등 부인할 수 없을 만큼 많은 양의 비정형 데이터가 존재한다. 방대한 양의 비정형 데이터에서 문맥을 파악하고 안정적으로 정보를 추출하는 능력은 엄청난 기회를 제공한다. 개발자가 데이터 유형, 레이블, 카테고리를 예측해야 하는 테이블에 정보를 저장하는 대신 미가공의 구조화되지 않은 형태로 마이닝할 수 있으므로 복잡한 설계도나 데이터베이스 아키텍트가 필요하지 않다. 팀이나 조직에 속한 모든 사람의 의미 있는 신상 스케치를 만들고 싶다면 각 사람의 비정형 데이터(예: 반려견 이름은

레오, 가장 좋아하는 휴가지는 멕시코)를 마이닝할 수 있다.

API와 작별한다

API를 기술 통합의 미래로 생각하는 개발자에게는 충격일 수 있지만 적어도 개념적으로 API는 몇 년 안에 사라질 것이다. 기계가 자연어를 사용해 서로 통신하기 시작하면 정보 교환을 위해 코딩할 필요가 없어지기 때문이다. 자동차, 세발자전거, 트럭이 교차로에 접근하고 있다고 생각해보자. 세발자전거가 "교차로에서 비켜주세요. 아이가 통제 불능 상태로 내리막길을 달리고 있습니다"라고 메시지를 보낸다. 자동차와 트럭은 코딩이 필요 없는 명확한 메시지에 응답하고 순식간에 정지한다.

대화형 인터페이스가 최종 사용자를 위한 그래픽 사용자 인터페이스를 대체하는 것과 마찬가지로, 기계 간 인터페이스가 API를 대체할 것이다. 자연어 처리 기술은 말 그대로 기계 대 기계 통신을 유동적으로 만들기 직전이고, 그렇게 되면 API는 사라지는 것이다. 이 패러다임은 기계가 정보를 공유하는 것을 더 쉽게 만들 뿐 아니라 기계가 정보를 공유하는 방식을 감독하는 것도 훨씬 더 쉬워질 것이다. 모든 사람이 무엇이 어떻게 공유됐는지 자세히 설명하는 통신 스레드thread를 말 그대로 읽을 수 있게 될 것이다. 이는 소프트웨어 통합을 설계하고 유지 관리하는 방식의 엄청난 변화를 의미한다.

지속적인 움직임은 지속적인 데이터다

그래프 DB에 관해 잠깐 언급했는데, 그래프 DB가 가속기가 되는 다양한 시나리오는 설명하지 않았다. 이벤트 추적에서 그래프 DB는 정적인 개별 데이터를 정보 추적의 흐름으로 전환해 움직임과 매핑 패턴을 멀티미디어 기록으로 캡처할 수 있다.

실제로 지역 사업장에서 야간 근무를 하는 경비원은 카메라에 둘러싸여 있다. 카메라는 단순히 실시간 영상을 TV로 전송하는 대신, 경비원을 포함해 나타나는 모든 객체를 수집하고 블록체인 알고리즘을 통해 분석한다. 며칠 동안의 움직임 패턴을 기반으로 IDW는 경비원이 근무 중에 커피를 더 마시러 일어날 때를 인식할 수 있다. 카메라를 블록체인 알고리즘에 연결하는 생태계는 휴게실에 있는 커피 메이커에도 연결돼 갓 내린 커피가 준비돼 있는지 확인할 수 있다.

더 중요한 것은 카메라가 건물 주변의 일반적인 움직임을 분석하고 이전 보안 보고서를 기반으로 의심스러운 행동을 식별한다는 점이다. 모든 정보를 쉽게 사용할 수 있으므로 보안 시스템은 자체 보안 보고서를 생성해 특정 시간대의 움직임 패턴을 강조하고 사람이 검토해야 하는 순간을 표시할 수 있다.

누군가에게 쓸모없는 코드가 다른 사람에게는 보물이 될 수 있다

일련의 연구에 따르면 현대의 개발자들은 업무의 약 3분의 1을 코딩에 할애한다. 일주일 중 다른 20퍼센트는 코드 유지 관리에 사용하고 나머지는 회의나 온라인 활동에 빼앗긴다.[7] 모든 코딩 작업을 주당 총 20시간으로 추정하고 여기에 미국의 개발자 수(약 400만 명)를 곱하면 매주 8천만 시간이 코딩 작업에 사용된다.

이렇게 만들어진 코드의 상당 부분이 쓰레기통에 버려진다. 나빠서가 아니라 당장 필요한 특정한 요구를 충족하지 못하기 때문이다. 1과 0으로 작성된 작업을 그냥 내버리는 대신 블록체인 환경에 깔끔하게 저장하고 다른 개발자가 찾기 쉽도록 태그를 붙인다면 어떨까? 바로 배포할 수 있거나 플러그 앤드 플레이 스니펫snippet*으로 분리된 코드는 자신만의 프로그램을 만들려는 사람들이 쉽게 가져갈 수 있어 더 좋을 것이다. 이것이 바로 코드 민주화, 스택 익스체인지Stack Exchange의 초혁신이다.

이사를 계획하면서 집에 있는 모든 물건을 파악하려고 스프레드시트를 만들어 셀마다 필요한 세부 정보를 일일이 입력하는 사람은 거의 없을 것이다.

하지만 코드 스니펫code snippet에 접근하면 블록체인에서 이사 준비를 자동화하는 프로그램을 찾을 수 있다. 구체적인 요구사항을 충족하는 두 가지 프로그램을 발견한다. 하나는 이삿짐센터를 찾아 이사 날짜를 예약하는 프로그램이고 다른 하나는 집에 있는 물건을 사진으로 찍어 '유리 제품', '주방' 같은 이름표를 달아 자동으로 데이터베이스에 기록하는 프로그램이다. 두 기능을 합치면 이사 작업을 간소화하는 맞춤형 프로그램이 만들어진다.

좋은 소식은 이 정보를 다른 사람들과 쉽게 공유할 수 있다는 것이다. 직접 짐을 싸는 것이 너무 번거롭다고 생각되면, 집안 물건 목록을 이삿짐센터에 보내고 기록에 따라 방별, 품목별로 이름표가 붙은 상자에 모든 짐을 포장해달라고 요청할 수 있다. 이사 날짜가 예약돼 있으므로 이삿짐

---

* 옮긴이: 재사용 가능한 소스 코드, 기계어, 텍스트의 작은 부분을 일컫는 프로그래밍 용어다. 사용자가 루틴 편집 조작 중 반복 타이핑을 회피할 수 있게 도와준다. 출처: https://ko.wikipedia.org/wiki/스니펫

센터가 도착할 때까지 기다리기만 하면 된다.

일회용 소프트웨어

일회용 소프트웨어로 일상적이고 즉각적인 작업을 처리하는 자유로움을 상상해보자. 그래프 DB 관계성, 일회용 코드, 블록체인의 스레드를 하나로 묶는 이벤트 기반 생태계는 일상적이고 즉각적인 일을 바로 실현할 수 있다. OneReach.ai에서 이미 보여준 것처럼 상호 연결된 데이터와 자율학습self-learning AI는 사람의 요청에 반응하는 대신 요구사항을 예측할 수 있는 문을 열어준다. 이것이 바로 셀프 라이팅 소프트웨어self-writing software의 역할이다.

친구의 생일이 다가오면 스마트 디지털 비서가 1~2주 전에 메시지를 보내 파티를 준비할 것인지 물어볼 수 있다. 친구의 소셜 피드와 메시지를 기반으로 파티 유형을 제안할 수도 있다. 간단한 대화형 AI를 활용하면 다음과 같이 말할 수 있다.

"다음 주에 프랭크의 생일이 있는 것 같아요. 프랭크는 테킬라와 타코를 좋아한다고 알고 있어요. 프랭크가 좋아하는 음식점에 모임을 예약하고 친한 친구들을 초대할까요? 친구들의 반응을 살피고 음식점 예약을 계속 지켜볼 프로그램을 만들게요."

간단히 '그래'라고 대답하면 시스템은 특별한 생일 요청이 포함된 예약을 진행하고 프랭크의 친구들에게 연락한다. 블록체인에서 코드를 가져와 이 모든 것을 관리하는 프로그램을 만들고 선물 추천 기능까지 추가할 수 있다.

파티가 끝나면(물론 파티는 대성공이었다) 프로그램은 다른 사람들이 사용할 수 있도록 블록체인에 저장된다. 일과 친구, 연애로 바쁜 당신은 코딩하거나 계획을 세울 필요가 전혀 없다.

컴포저블 아키텍처

3D 프린터로 주택, 가구, 심지어 신체 일부를 만든다는 말을 들어봤을 것이다. 초자동화된 '미래' 기술은 이미 등장했지만 아직 초기 단계이며, 가치 또한 완전히 실현되지 않았다.

전통적인 제조업에서는 제품의 특정 부품을 제작하도록 설계된 기계를 공장에 배치한다. 테이블을 만든다면 다리, 상판, 맞춤형 나사 등을 만들기 위해 별도의 기계가 필요하다. 제조업체는 주문량을 모두 생산할 수 있도록 각 부품을 충분히 확보하기 위해 생산 계획을 신중히 세워야 한다. 하지만 테이블 다리를 만드는 기계가 고장 난다면 어떻게 될까? 테이블 다리를 제작하도록 설계된 다른 기계가 없기 때문에 전체 생산 공정이 중단된다.

3D 프린팅은 이런 장애물을 없앤다. 거의 모든 것을 렌더링rendering할 수 있는 기계가 빨리 회전해 매우 다양한 제품이나 부품을 만들 수 있다. 테이블 예시에서는 기계 한 대로 테이블 하나를 완성하는 데 필요한 모든 부품을 만들 수 있다. 아니면 그냥 다리만 만들 수도 있다. 다리와 상판을 만들거나 나사와 상판을 만들 수도 있다. 생각은 얼마든지 할 수 있다.

이제 이것을 컴퓨팅에 적용해보자. 최신 컴퓨팅조차도 소프트웨어 애플리케이션에 따라 서로 다른 하드웨어가 필요하다. 데이터베이스를 저장하는 컴퓨터 서버, 웹사이트 구축 및 유지 관리를 위한 별도의 컴퓨터, 고객 서비스 커뮤니케이션을 처리하는 또 다른 컴퓨터가 있어야 한다. 하지만 더 큰 문제는 애플리케이션이 특정 하드웨어나 특정 운영체제용으로 작성된다는 점이다.

컴포저블 소프트웨어 아키텍처는 모든 컴퓨터 시스템에서 작동하도록 설계됐다. 이렇게 하면 복잡한 비즈니스 소프트웨어가 더는 기업의 권한이 아니기 때문에 경쟁의 장이 공평해질 뿐 아니라 간접비용을 줄이고 생산성이 크게 향상된다. 같은 운영체제의 단일 컴퓨터에서 모든 소프트웨어에 접근할 수 있으므로 자동화에 한계가 없다. 이메일 확인, 상세한 3D 도면 작성, 재무 관리 자동화, 스마트홈 기기 재프로그래밍을 하나의 시스템에서 수행할 수 있다. 더 좋은 점은 모든 플랫폼에서 워크플로를 자동화해 수작업이 거의 필요하지 않다는 것이다.

개방형 시스템은 타협할 수 없는 문제다

인터넷에서 돌아다니는 80대 영국인 데이비드 래티머David Latimer의 사진을 본 적이 있을지 모르겠다. 1960년에 그는 커다란 유리병에 한 줌의 씨앗을 담고 거의 50년 동안 손대지 않고 그대로 뒀다(1972년에 물을 조금 더 넣으려고 딱 한 번 코르크 마개를 열었다). 약 40리터 크기의 유리 정원 안에 작은 생태계가 만들어졌고 반세기 이상 번성했다(그림 5.2 참조).

기술 영역에서 폐쇄형 플랫폼은 래티머의 테라리엄terrarium과 같다. 매우 기능적이고 아름답고 경외감을 불러일으킬 수 있지만 유리병만큼만 커질 수 있다. 초기의 아이폰도 테라리엄으로 충분했다. 사용자가 기능을 즐기는 데 필요한 모든 것이 iOS 초기 버전에 내장돼 있었다. 시스템을 폐쇄적으로 유지함으로써 애플리케이션의 품질을 보장하고 전반적인 경험을 매끄럽게 만든 덕분에 당시 다른 모바일 기기에 비해 기능이 적었음에도

그림 5.2 | 데이비드 래티머의 테라리엄

불구하고 아이폰의 성공에 기여했다.

애플은 보통 신제품 출시와 동시에 새로운 버전의 iOS로 모바일 생태계를 업데이트할 수 있었지만, 초기 iOS 출시와 첫 번째 업데이트 사이의 3개월의 간격은 영원처럼 길게 느껴졌다. 기업이 대화형 AI, 일반 지능, 초자동화라는 피할 수 없는 매우 복잡한 영역으로 진입함에 따라 유리벽을 뛰어넘는 아키텍처가 필요하다.

초자동화 상태의 비즈니스는 테라리엄과 정반대로, 서로 연결된 요소들이 조화롭게 작동하는 광대한 생태계인 숲과 같다. 고객이든 직원이든 사용자는 대화 기반 상호작용을 통해 다소 단순한 용어로 그 화려함을 경험하게 되며, 이를 지원하는 인프라 네트워크를 알지 못하고 서로 연결된 요소들이 어디에서 오는지 신경 쓰지 않아도 된다.

이후 11장 '도구와 아키텍처 준비하기'에서 개방형 시스템의 구체적인 내용을 다루겠지만, 이 개념을 기억해두자. 개방형 아키텍처open architecture는 특히 기존의 폐쇄형 시스템을 사용하는 기업은 구축하기 어렵지만 개방형 아키텍처 없이는 초자동화를 이룰 수 없다. 특정 기술을 채택하기 위한 경쟁이 아니라 새로운 기술이 등장할 때 이를 충분히 통합할 수 있는 유연성을 갖추는 것이 중요하기 때문이다.

그래픽 사용자 인터페이스는 확장할 수 없다

사용자 인터페이스user interface, UI에는 다섯 가지 종류가 있다.

그래픽 사용자 인터페이스

사람들에게 친숙한 그래픽 사용자 인터페이스graphical user interface, GUI는 보통 데스크톱이나 노트북 컴퓨터를 통해 접근한다. 많은 복잡성을 숨기고 즉각적인 시각 피드백을 제공할 수 있지만 복잡성을 추가할수록 모든 것을 구성하는 데 필요한 메뉴와 탭이 늘어나기 때문에 확장하기 어렵다.

터치스크린 그래픽 사용자 인터페이스

스마트폰과 태블릿은 터치스크린 그래픽 사용자 인터페이스touchscreen graphical user interface의 대표적인 예다. 사람들은 손가락 동작으로 인터페이스를 조작할 수 있어서 어린이와 노년층 사용자가 더 쉽게 접근한다. 하지만 인터페이스가 복잡해지면 익숙하지 않은 손가락 동작으로 인해 탐색이 어려워져, 확장성에 문제가 있다. 풀사이즈 키보드가 없으면 사용자가 많은 양의 텍스트를 입력하기도 어렵다.

메뉴 중심 인터페이스

메뉴 중심 인터페이스menu driven interface는 모든 유형의 기기에서 볼 수 있다. 가장 익숙한 예는 휴대전화의 설정 메뉴다. 메뉴의 목록을 살펴보고 하나를 선택하면 다음 하위 메뉴로 이동하는 방식이다. 메뉴 중심 인터페이스는 모든 그래픽 사용자 인터페이스와 마찬가지로 복잡성이 추가되면 혼란이 가중된다는 단점이 있다.

명령줄 인터페이스

명령줄 인터페이스command line interface, CLI는 대부분의 시스템에 포함돼 있지만 상호작용하려면 컴퓨팅 언어에 대한 지식이 필요한 텍스트 기반 인터페이스다. 확장성이 높지만, 전문가만 사용할 수 있는 단점이 있는 인터페이스다.

대화형 사용자 인터페이스

강력하고 새로운 인터페이스다. 터치스크린, 키보드, 마우스를 사용하는 그래픽 사용자 인터페이스를 통합할 수 있지만 음성과 텍스트를 통해 대화식으로 소통하는 사용자의 자연스러운 능력을 활용한다. 대화형 사용자 인터페이스conversational user interface, CUI는 상당히 복잡한 기본 생태계가 필요하지만, 생태계의 모든 그래픽 사용자 인터페이스를 보이지 않게 가릴 수 있으므로 무한한 확장이 가능하다.

지금까지 살펴본 시나리오를 실현하려 할 때 목록의 마지막에 있는 인터페이스가 유일하게 적합한 선택지다. 기본 기술은 통합 인터페이스를 통해 접근할 수 있어야 한다. 그래픽 사용자 인터페이스로 접근해야 한다면 이런 경험 중 어느 것도 기존 솔루션보다 더 나은 느낌을 주지 못할 것이다. 각 그래픽 사용자 인터페이스는 고립된 디자인으로 서로 다른 소프트웨어를 나타낸다.

그래픽 사용자 인터페이스를 확장하려는 시도는 피할 수 없이 불편한 진실을 드러낸다(셰어포인트SharePoint를 생각해보라). 많은 사람이 디자인한 수백 개의 탭이 있는 UI에서는 생산성을 기대하기 어렵다. 마이크로소프트가 셰어포인트에서 팀스로 전환하는 큰 이유 중 하나는 모든 것을 연결하는 대화형 인터페이스의 확장성 때문일 것이다.

세일즈포스는 탭에 들어갈 추가 소프트웨어로 쓰려고 슬랙을 인수하지는 않았다. 세일즈포스의 CEO는 슬랙을 중심으로 전체 조직을 재구축하고 있다고 공개적으로 인정했다. 대화는 무한히 확장 가능하고 통합 커뮤니케이션 플랫폼과 통합 대화형 인터페이스, 즉 모든 것에 연결되는 하나의 기계가 고객, 직원, 조직에 큰 이점을 제공하기 때문이다. 고객과 직원 모두 하나의 포털을 통해 회사와 상호작용할 수 있으므로 뒤에 있는 복잡하고 비밀스러운 과정은 보이지 않게 된다.

기존의 대화형 AI 애플리케이션은 대부분 초보적인 수준에 머물러 있다. 웹사이트에 팝업되는 챗봇이나 회사와의 사전 커뮤니케이션에 기반한 자동 이메일 전송은 빠르게 발전하고 있는 강력한 기술을 단편적으로 응용한 것이다.

이상적인 애플리케이션에서 대화형 AI는 여러 소프트웨어 플랫폼을 통해 단편적으로 활용되지 않는다. 대화형 AI의 진정한 힘은 커튼 뒤에 있는 모든 챗봇, 애플리케이션, 비밀번호, 데이터베이스에 접근하고 조율할 수 있는 통합 인터페이스로서 발휘된다.

송금하려고 은행 애플리케이션에 로그인할 필요가 없다. 그냥 요청하면 된다. "내일 200달러를 예금 통장으로 이체하고 애완동물 용품점에서 개 사료를 한 번 더 주문해줘."

매일 만나는 인터페이스가 점점 더 음성이나 문자 대화만으로 점spot들을 연결하고 문제를 순식간에 해결할 수 있게 되면서 새로운 차원의 일상을 맞이하게 될 것이다. 불필요한 상호작용을 없애고 대화로 기술을 접함으로써 절약할 수 있는 시간은 일상적인 효율성으로 복잡한 작업을 처리하는 기계의 능력으로 10배 이상 보상받게 될 것이다.

다시는 '회사'에서 일하지 못할 수 있다

초자동화를 깊이 탐구할수록 일상적인 개념이 많이 해체되기 시작한다. 민감한 개념 중 하나는 회사라는 개념이다. 현대 비즈니스 환경에서 회사는 재화나 서비스를 제공하는 공통의 목표를 향해 노력하는 사람들의 집합체처럼 보인다. 실제로는 많은 회사가 심각한 불균형을 겪고 있으며, 수백, 수천 명의 직원이 정체된 환경에서 일하면서 조직의 꼭대기에 있는 소수를 위해 부를 쌓는 것처럼 돌아간다. 사람들은 이런 패러다임에 만족하며 업계의 정상에 있는 억만장자들을 유명인으로 떠받들기도 한다. 일론 머스크Elon Musk는 의심스러운 비즈니스 결정을 내리고 불쾌한 트윗을 올리지만 여전히 《타임Time》이 뽑은 2021년 올해의 인물로 선정됐다. 그러나 기업이 경쟁하기 위해서 탈중앙화돼야 하는 세상에서 기업 구조는 제품을 만들고 판매하는 방식뿐 아니라 여러 측면에서 실패하고 있다.

어도비의 포토샵 같은 제품을 생각해보자. 대화형 인터페이스가 도입되면 번들로 제공되는 도구와 빽빽한 그래픽 사용자 인터페이스는 쓸모없어지고 소프트웨어의 성격이 완전히 달라진다. 사진을 자르고 싶다고 말만 해도 자르기 도구가 팝업으로 뜬다면 드롭다운 메뉴를 뒤지거나 도구 아이콘을 해독하느라 번거롭던 때로 돌아가고 싶지 않을 것이다. 포토샵 사용 경험이 그래픽으로 표현된 도구 모음과 직접 연결되지 않는 상황이 오면, 이런 의문이 생길 것이다. '그렇다면 포토샵이란 무엇일까? 사진을 자르는 기능만 필요하다면 포토샵 도구 전체를 살 이유가 있을까?'

고급 사용자라도 세밀한 경계선 뒤에 있는 배경을 분리할 때는 다른 회사 도구를 선호할 수 있다. 초자동화를 위해 구축된 생태계에서는 편집 프로젝트를 위해 타사 도구를 가져올 수 있는 개방형 환경에서 작업하게 된다.

이 아이디어를 확장하면 기존 비즈니스 모델은 순식간에 무의미해진다. 기술을 우선시하는 신생 기업들도 패러다임 전환에서 자유롭지 못하다. 우버는 기본적으로 그래픽 사용자 인터페이스를 갖춘 애플리케이션으로 사용자가 지능적으로 조율된 몇 가지 기술(GPS, 승차 공유, 원격 결제)에 접근할 수 있다. 사용자가 단순히 문자를 보내거나 기기에 "집에 데려다줘"라고 말할 수 있는 기술의 분산된 조율에 의해 우버는 치명적인 혼란을 겪을 것이다. 이 시나리오에서 개별 기술과 플랫폼 외에 소유권을 주장할 수 있는 것은 정확히 무엇일까?

승차 공유는 더는 경직된 기업 구조가 필요하지 않다. 탈중앙화한 프리랜서 그룹이 각자의 강점을 살려 승차 공유를 지원하는 생태계를 최상의 기능으로 최신 상태로 유지하면서 관리하고 제어할 수 있다. 협력적인 프리랜서 그룹은 이미 탈중앙화된 자율조직decentralized autonomous organization, DAO에 존재한다. 원래 커뮤니티 보조금을 마련하기 위한 도구로 사용되던 DAO는 블록체인의 무결성에 의존하는 민주적 절차에 따라 자원을 공유하고, 일을 창출하기 위해 함께 뭉친 프리랜서 길드의 본거지이기도 하다.

초자동화를 위한 생태계가 사회 전반의 방대한 부분을 풍요롭게 만들기 시작하면서 노동자는 더는 경직되고 비효율적인 회사와의 일방적인 관계에 얽매이지 않게 될 것이다. 대신 서로 연결된 방대한 시장에서 자신의 강점과 경험을 활용하게 될 것이다. 일부에게는 불편한 소식일 수 있지만 초자동화의 세계에서 기업은 폐쇄적인 생태계로 현상 유지를 하는 것이 아니라 광활한 개방형 생태계에서 또 다른 상품이 되는 데 적응해야 할 것이다.

이번에는 진짜 사물인터넷이다

약 10년 전 사물인터넷internet of things, IoT에 일었던 소란을 기억할 것이다. 당시에는 생활 속 수많은 가전제품이 데이터를 수집하고 다른 가전제품이나 기기와 데이터를 공유하는 세상에 살 것이라고 생각했다. 모든 종류의 전자기기가 연결될 것이라는 전망은 무척 흥미로웠다. 이런 기대가 잘못된 것은 아니었지만 그 전제에는 중요한 요소가 빠져 있었다. 연결된 모든 기기가 진정으로 연결될 수 있는 생태계가 없었기 때문이다. 스마트 냉장고가 우유가 부족할 때를 알려주고 이 정보를 전달할 수 있겠지만 실제 사용된 사례를 보면 그 한계가 분명하다.

초자동화를 위해 구축된 생태계에서 냉장고는 재고가 부족하거나 유통기한이 임박한 식료품을 파악해 목록을 제공한다. 이 데이터는 최근 온라인 구매 명세와 상호 참조해 이미 주문한 품목은 없앨 수 있다. 스마트 세탁기는 세제 소비량을 추적해 1.8리터를 거의 다 사용했다는 알림을 보내 세제를 더 구매해야 한다고 신호를 보낼 수 있다. 초자동화 생태계에서 해당 데이터는 평소 세제 구매 명세와 비교해 실제로 더 구매해야 하는지를 판단할 수 있다. 또한 세제를 사용하는 속도를 감지해 구독 서비스에 등록해 둘 수도 있다.

좋아하는 옷 가게에 가서 셔츠와 바지를 입어보고 무인 계산대로 향한다. RFID 태그를 사용하면 지정된 카운터에 상품을 올려놓는 것만큼 간단하게 물건을 스캔할 수 있다. 엄지손가락을 스캔하면 몇 초 만에 거래된다.

매장을 나오는 길에 직원이 다가와 상품을 결제했는지 묻는다. 휴대전화에 이미 저장된 영수증을 꺼내 구매 증거를 보여준다. 직원은 수상쩍은 눈길을 보낼 테지만 그냥 보내준다. 거리로 나와 당신은 업체에 불만 사항을 보낸다.

몇 분 안에 회사의 자동화된 서비스 시스템에 불만 사항이 접수된다. 거래와 불만 사항이 유효한지 확인한 다음 그 매장 직원의 내부 성과 점수를 낮춘다(이번 달에만 벌써 세 번째다).

연말로 건너뛰어, 이 의류회사는 관례대로 열심히 일한 직원에게 보너스 지급을 준비한다. 보너스 액수를 결정하는 주관적인 평가 대신 자동화된 서비스 시스템에서 선별한 직원 성과 점수를 참고한다.

보너스 금액을 신속하게 결정하기 위해 시스템은 직원의 재직 기간, 전체 성과 점수, 지난 30일 간 불만 접수 건수, 지난 60일 간 칭찬 건수, 전체 보너스 예산 등 몇 가지 기준에 따라 미리 작성된 알고리즘을 실행한다. 스프레드시트로 번거롭게 계산할 필요가 없다. 모든 것이 자동으로 계산돼 보너스는 직원의 암호화폐 계정에 즉시 입금된다. 개발 단계에서 이와 같은 자동화를 위해 휴먼 인 더 루프human-in-the-loop, HitL 기술을 사용해 심각할 수 있는 연결 단절을 미세 조정하고, 방지해야 하지만 IDW가 상황별 단서, 우발적 상황, 최적 사용 사례를 더 많이 학습할수록 더욱 독립적으로 작동하게 될 것이다.

다시 현실로 돌아온다. 집에 가서 방금 새로 산 바지를 입어볼 생각에 신이 난다. 울 소재의 바지인데 개인 IDW가 디지털 영수증으로 구입 내용을 이미 확인했다(냉장고 재고와 최근 구매 내용을 추적하는 같은 디지털 비서다). IDW는 당신에게 깔끔한 울 바지가 없다는 것을 알고 구매를 제안하는 문자를 보낸다. 그리고 작은 상점에서 장보기를 좋아하는 취향을 알고 집에 오는 길에 있는 동네 식료품점을 추천한다. 시간이 없다고 답장을 보내면 IDW는 온라인에서 필요한 것을 주문하도록 제안한다. 즐겨 찾는 온라인 상점은 고객 점수가 높은 고객에게 혜택을 제공하므로 무료로 드론 배송을 받을 수 있다.

내일 새로운 업무를 시작하기 때문에 서둘러 집에 돌아가 입을 옷을 준비하고 싶다(미래에도 여전히 통하는 것). 집으로 가는 길에 새 직장의 인사팀 IDW가 보낸 문자 메시지가 온다. 직원으로 등록하는 데 필요한 개인 정보를 확인하기 위해 일주일 내내 이 IDW와 연락을 주고받았다. 오늘은 요청한 스탠딩 책상이 두 가지 색상으로 나온다고 알려준다. 내일 검정과 흰색 가운데 어떤 색으로 책상을 준비하면 좋을지 물어본다.

이것은 초자동화로 인해 달라질 세상의 한 단면일 뿐이다. 어디서든 데이터를 가져와 무엇이든 할 수 있는 정교한 자동화가 지배하는 환경에 적합한 설루션을 전략화할 수 있는 준비가 돼 있어야 한다. 이제 다음 장에서는 전략화를 위한 준비의 핵심을 알아본다.

핵심 내용

- 초자동화로 인해 사람이 기술과 상호작용하는 방식에 극심한 혼란이 일어날 것이다.
- 거래가 아닌 관계 기반으로 상호작용이 일어나고 운영되는 사회 점수 체제라면 투명성과 진정성이 악플을 이기는 세상이 될 것이다.
- 산업 전반에 걸쳐 그래프 데이터베이스, 일회용 소프트웨어, 컴포저블 아키텍처와 같은 정교한 기능에 의존하는, 사람보다 더 나은 경험이 등장할 것이다.
- 암호화폐와 블록체인 기술은 돈과 사람과의 관계, 돈을 받는 방식을 재정의할 것이다.
- 스마트 기기가 마침내 데이터를 활용할 수 있는 공유 생태계를 갖추게 되면서 사물인터넷의 약속이 결국 실현될 것이다.

CHAPTER 6_

개인적인 여정

시퀀싱 기술에는 관점이 필요하다. 누구나 고급 대화형 애플리케이션을 만들 수 있게 해주는 기술이 진정으로 유용한지에 초점을 맞춰야 한다.

시퀀싱 기술의 유용성을 생각할 때 우리가 고려해야 할 사항은 다음과 같다.

- 누구를 위한 기술인가?
- 사용자가 해결해야 하는 문제는 무엇인가?
- 설루션을 어떻게 활용할 수 있는가?

위 세 가지 사항은 OneReach.ai의 핵심 질문이며, 초자동화에 대한 필자의 개인적인 관점과도 일맥상통한다. 초자동화를 도입할 때 질문에 대한 답이 관점을 형성하게 될 것이다. 이상적으로는 프로젝트에 참여하는 사람과 기술 및 도구를 사용하는 모든 사람에게 초자동화의 관점이 명확해질 것이다.

필자가 만든 첫 번째 대화형 AI 플랫폼인 커뮤니케이션 스튜디오 G1 Communication Studio G1은 세 개의 질문에 대답하고자 했던 최선의 추측이라고

할 수 있다. 경험 디자인에 뿌리를 깊이 두고 있어서 철저히 기술에만 집중하기보다 사용자 니즈를 중심으로 구축하는 것이 더 낫다고 판단했다. 수천 개의 사용 사례와 수만 개의 사용자 스토리를 보면서 우리가 무엇을 더 잘할 수 있는지를 배웠다. 지금은 당연하게 생각할지 모르지만, 배울 당시에는 상당히 어려운 과정이었다. 가령 음절이 많을수록 음성 인식에 좋고, 상호작용이 적은 디자인이 훨씬 효과적이며, 상호작용이 일어나는 맥락 데이터contextual data를 저장하면 향후 상호작용을 개선할 수 있다는 점 말이다.

본질적으로 작업이 복잡한 특성도 있고 도구의 성숙도가 부족하기도 하다. 도구를 구축하고 운영할 숙련된 인력을 찾기도 어렵기 때문에 사람보다 더 나은 경험을 만들기가 매우 어렵거나, 가트너의 누군가가 말한 것처럼 "제정신으로 하기 힘든 일"이다. 수년 동안 필자가 구현을 시도했다가 실패한 경험도 있고 주위에서 많은 성공과 실패를 봤다. 웹사이트, 휴대전화, SMS, 왓츠앱WhatsApp, 슬랙, 알렉사, 구글 홈 등 기타 여러 플랫폼에서 챗봇을 자동화하는 것을 보며 기초적인 대화형 애플리케이션을 구축하고 관리하는 방법에 대한 관점을 정립했다. 성공적인 프로젝트에서 패턴이 나타나기 시작했다. 성공 사례를 연구해 다른 프로젝트와 어떻게 비교되는지 살펴보기 시작했다.

디자인과 기술 분야에서 쌓은 나만의 깊이 있는 경험을 바탕으로 초자동화를 위한 생태계를 만드는 접근 방식을 개발했다. 20년 전, 사용자 중심 디자인에 중점을 둔 최초의 에이전시 중 하나인 이펙티브 UIEffective UI를 설립했다. 사람들이 기술을 사용하는 데 어려움을 겪는 것을 보다 못해 나섰다. 동료들과 함께 100개가 넘는 수상 경력을 쌓았고 이후 우리 회사는 오길비_{Ogilvy}에 인수됐지만, 필자가 할 일이 아직 끝나지 않은 것 같았다. 특히 대화형 인터페이스와 관련한 일들이 그랬다. 사람들이 기술을 통해 경험하는 모든 것 가운데 대화형 경험은 대체로 최악에 속한다. 대화형 AI가 번창할 수 있는 프레임워크를 만드는 것은 제정신으로 하기 힘든 일이지만 이 일이 가진 잠재력은 비교 대상이 없다.

앞으로 설명할 데이터와 모범 사례는 3천만 명이 넘는 사람이 1만 개 이상의 대화형 애플리케이션에서 워크플로에 참여해 200만 시간 넘게 테스트한 과정에서 수집한 것이다. 50만 시간이 넘는 개발 과정에서 얻은 결과물도 모두 코드 프리 대화형 AI 플랫폼의 진화에 도움이 됐다. 물론 이런 경험을 구축할 수 있는 플랫폼이 있다고 해서 성공이 보장되는 것은 아니라는 점을 기억해야 한다. 또한 프로세스, 사람, 도구, 아키텍처, 전략, 디자인이 조화롭게 작동해야 한다.

필자는 지능형 애플리케이션 네트워크를 구축하고 관리하는 데 무엇이 필요한지, 더 중요하게는 모든 조직이 초자동화를 실현할 수 있도록 애플리케이션 생태계를 어떻게 관리해야 하는지 자세히 이해했다.

기업이 이미 초자동화를 향한 경쟁에 뛰어들었다는 사실을 깨닫고 지능형 생태계를 구축하기 위한 올바른 전략을 수립하는 것이야말로 기업이 결승선에 도달하는 방법이다. 웹사이트가 무질서한 페이지들의 집합이 되지 않으려면 콘텐츠 전략이 필요한 것처럼, 초자동화를 달성하려면 지능형 생태계를 구축하기 위한 올바른 전략과 새로운 기술을 빠르게 수용하려는 의지가 필요하다. 아직 초자동화를 도입하지 않았거나 성공에 필요한 도구 없이 그 길을 가고 있는 조직을 위해 성공적인 전략은 무엇인지 소개하겠다.

오늘날 많은 첨단 기술이 파괴적일 만큼 혁신적이지만 대화형 인터페이스, 인공지능, 코드 프리 디자인, 로보틱 처리 자동화, 머신러닝은 그보다 더 강력하다. 이를 효과적으로 사용하는 기업은 경쟁이 불가능할 정도로 강력한 힘을 발휘한다. 이런 융합 기술의 범위와 의미는 단기간에 너무 많은 변화가 생기면 개인이나 사회 전체가 경험하는 심리적 상태인 미래 충격future shock이 쉽게 발생된다. 현재 고도로 기능하지 않는 생태계에서 기계, 대화형 애플리케이션, AI 기반 디지털 워커를 사용하는 조직은 미래 충격을 겪을 가능성이 높다.

이 책의 목표는 문제를 해결하려는 사람에게 자동화된 조직에서 광범위한 영향을 미칠 IDW 사이에 공유되는 기술 네트워크를 구축하기 위한 전략을 제공하는 것이다. 더 나아가 전략을 통해 미래 충격을 완화시키려는 목표가 있다.

앞으로 소개할 모범 사례와 인사이트를 통해 챗봇을 구축하는 과정에서 예상치 못한 문제를 두고 고군분투하는 기업에 중요한 변화를 가져올 수 있기를 바란다. 융합 기술을 지능적인 방식으로 활용할 수 있는 전략은 조직을 대담하고 새로운 미래로 이끌 수 있다.

핵심 내용

- ◉ 이 책의 제안들은 다소 미래 예측처럼 보이지만, 초자동화, 대화형 기술, 인공지능, 머신러닝, 로보틱 처리 자동화의 적용 사례는 이미 사용 중이다.
- ◉ 수년간의 연구와 수천 개의 대화형 애플리케이션을 구축한 경험을

바탕으로 이 책을 썼다.

⊙ 조직이 초자동화를 통해 성공하려면 혁신적인 기술을 조율하기 위한 전략이 적절해야 한다.

지능형 디지털 워커의
생태계를 계획한다

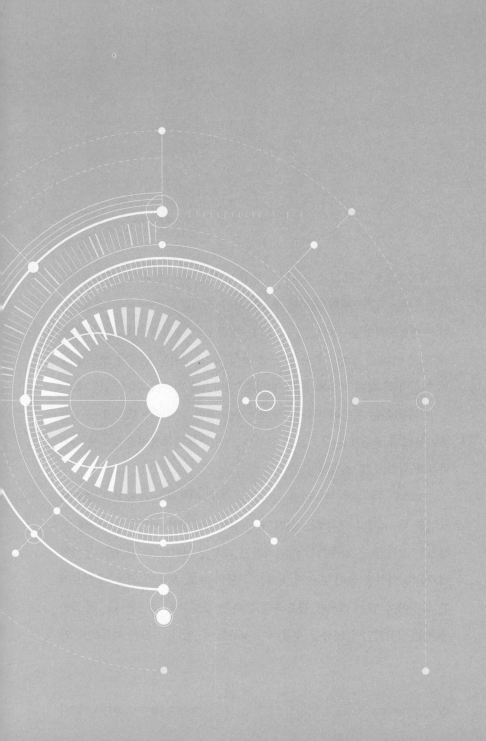

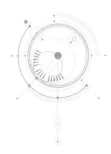

　세계적으로 수많은 소프트웨어 통합이 진행 중이다. 지메일Gmail 계정만으로 다른 소프트웨어 제품에 로그인하면 편리하겠지만, 모든 소프트웨어가 통합되기만을 기다릴 수는 없다. '대화'가 기술과의 주요 인터페이스가 되면 이메일 계정이나 항공사 웹사이트에 로그인해 항공편 정보를 찾는 대신, IDW에게 이렇게 물을 것이다. "피닉스행 비행기, 언제 타면 돼?"

　초자동화는 통합이 아니라 구조조정을 위한 노력이다. IDW로 구성된 초자동화된 생태계를 구축하는 과정은 고되고 복잡하겠지만 동시에 자기 발견의 시간이 될 것이다.

　IDW가 실용성을 높이려면 직원들이 매일 수행하는 수많은 단조로운 작업을 더 자세히 살펴보는 것이 우선이다. 단조로운 작업을 자동화하는 방법을 고안한 후 자동화를 발전시키는 과정을 거쳐야 한다. 조직 구성원 개개인의 역량을 높이고 조직 전체를 통합하는 데 도움이 되는 매우 보람찬 과정이며, 많은 작업이 필요하다. 변화는 불편함을 수반한다는 사실을 충분히 인식하면서 변화를 수용해야 성공할 수 있다. 과도한 자동화로 인해 변화가 트라우마가 되기도 한다. 조직의 모든 부서를 걷어내고 새롭게 재구축해야 할 수도 있다. 주저앉아 불만을 늘어놓고 싶을 수 있을 만큼 큰 일이지만 그래도 희망이 있다. 지난 10년 동안 백엔드back end를 통합하기 위해 노력한 조직은 이제 단일한 대화형 인터페이스로 프런트엔드front end도 통합해 기술 루프를 닫고 초자동화에 적합한 생태계를 구축할 기회가 생겼기 때문이다.

혁신적인 기술일수록 화려함이나 긴박함, 흥분으로 인해 본질이 흐려져 주의가 산만해지기 쉽다. 인터넷 초창기에는 기업, 특히 시장을 선도하는 기업들이 새롭게 유행하는 월드와이드웹에 페이지를 개설해야 한다는 압박이 심했다. 초보적인 페이지 하나가 다른 부서에서 만든 몇 개의 페이지로 빠르게 확장돼 서로 맞지 않고 명확한 탐색 기능도 부족하며 보는 사람에게 도움보다 혼란을 줄 때가 많았다. 문제가 파악된 뒤에도 콘텐츠가 다른 콘텐츠를 보완하도록 설계되지 않아서 고립된 콘텐츠 덩어리를 탐색용 홈페이지에 배치하려는 분류 시도는 거의 소용이 없었다.

웹사이트가 제대로 동작하려면 전략에 뿌리를 둬야 한다는 사실을 깨닫는 데 몇 년이 걸렸다. 웹은 무엇이든지 공유할 수 있는 훌륭한 시스템이지만 그 힘을 효과적으로 활용하려면 페이지와 채널 전반에 의도적으로 작동하는 구조화된 콘텐츠가 있어야만 한다.

초자동화도 다르지 않다. 인공지능과 대화형 인터페이스를 활용해 인류의 잠재력을 재구성하는 것은 분명 흥미진진한 일이지만 초자동화의 본질을 흐리게 해서는 안 된다. 서로 다른 작업을 자동화하는 사일로 효과silo effect(회사 내에서 외부와 소통하지 않는 현상)에 갇힌 봇들을 모은다고 저절로 초자동화 상태에 도달할 수는 없다. 초자동화는 디지털 워커의 지능형 생태계를 구축하기 위한 조직 차원의 견고한 전략의 결과다.

'전략'이라는 단어를 임무나 궁극적인 목표를 가리키려고 사용하지 않는다. 여기서 설명하는 전략은 초자동화라는 목표에 도달하기 위해 리소스를 어떻게 할당해야 하는지에 대한 로드맵을 의미한다. 이는 정적인 기술을 구축하기 위한 경쟁이 아니라 팀과 회사가 새로운 기술, 스킬, 기능을 더 빠르게 채택하고 반복할 수 있는 역량을 갖추기 위한 경쟁이다.

디지털 워커로 구성된 지능형 생태계를 이해하려면 생태계 구축 과정의 이해가 필수다. 성공 여부는 생태계의 진화를 이끄는 핵심지원팀과 협력하는 통합된 조직에 달려 있으며, 절대로 작은 일이 아니다.

초자동화 영역에서 사용하는 용어를 알아본다. 이어서 구속력 있는 전략 없이 기술을 활용하려고 할 때 벌어지는 냉정하고 어려운 현실을 살펴본다. 그런 다음 초자동화 작업을 진행하는 핵심지원팀의 구성원을 소개한다. 지능형 디지털 생태계의 생성과 진화에 기여하는 적절한 도구와 아키텍처도 식별해야 한다(3부에서는 프로세스, 디자인 전략, 프로덕션 디자인에 관해 설명한다).

초자동화를 다룰 때는 보이지 않는 잠재력을 드러내고 성과를 배가하는 방식으로 작업과 기술을 순서대로 배치하는 방법도 알아본다. 한걸음 물러서서 조직을 구성하는 수많은 기술과 작업을 고려하고, 기술과 작업 순서를 함께 배치하는 수없이 많은 방법을 예상하면 상황의 복잡함에 눌릴지도 모른다. 하지만 올바른 전략과 프로세스를 통해 조직의 모든 구성원이 자동화를 만들고 개선하면서 초자동화 생태계를 조성할 수 있다.

CHAPTER 7

용어 알아보기

보편적으로 합의된 초자동화 용어나 정의는 없다. 여기서는 옳고 그름보다 의미를 설명하고자 한다. 지금부터 설명할 용어는 자동화 기술과 해당 기술이 작동하는 생태계의 맥락에 따라 정의가 다르다는 점을 기억하자.

지능형 자동화

머신러닝을 사용해 사람의 개입 없이 지속적으로 개선되는 자동화를 의미한다. 아직 초기 단계에 있는 자율 주행 자동차가 지능형 자동화intelligent automation의 한 예다. 운영체제가 자동차를 운전하는 데 필요한 다양한 기술을 시퀀싱하고, 자동차를 안전하게 운전하며, 운전 능력을 지속적으로 개선할 수 있다면 이것이 바로 지능형 자동화에 해당한다. 지능형 자동화가 개방형 기술 생태계에서 번창할 때 기업도 자율 주행이 가능할 수 있다. 사람이 여전히 운전대를 잡고 있지만 점점 기초적인 작업이 자동화돼 더 높은 수준의 문제에 집중할 수 있는 시간을 확보하게 될 것이다.

초자동화

조율된 기술 생태계에서 지능형 자동화가 정기적으로 이뤄지면 조직은 초자동화 상태가 된다. 초자동화 상태가 된 조직은 비즈니스 및 IT 프로세스를 대규모로 신속하게 식별, 심사, 자동화할 수 있는 위치에 올라 경쟁사보다 큰 이점을 누릴 수 있다. 초자동화와 지능형 자동화를 이야기하는 방식에는 상당한 호환성이 있다(대화형 AI, 인공지능, 로보틱 처리 자동화를 이 복잡한 용어에 계속 추가할 수 있다). 이상적으로는 '지능형 초자동화' 같은 용어를 쓰는 것이 좋겠지만 단순하지 않은 노력을 단순화하기 위해 '초자동화'라는 포괄적인 용어를 사용하겠다. 조직이 초자동화할수록 더 많은 자율 운영성이 생긴다.

생태계

대화형 기술과 관련된 모든 기술과 조직의 일부, 그리고 이런 부분의 합을 의미한다. 다시 말해 생태계는 상호 의존적인 기술, 프로세스, 사람으로 구성된 조직의 전체 네트워크다. 초자동화를 향한 조치를 하지 않았더라도 조직에는 여전히 생태계가 있다. 초자동화를 위해 구축된 지능형 생태계에서 이런 요소는 대화형 AI 구현을 활성화, 지원, 관리, 촉진하고 혜택을 누리도록 조율한다. 초자동화를 위해 구축된 생태계에서 소프트웨어 애플리케이션은 기능 또는 스킬로 나눠진다.

지능형 디지털 워커

지능형 디지털 워커(IDW)를 사람과 동급이라고 생각하면 된다. 컴퓨터 현실에서 IDW는 파일을 저장하는 폴더나 웹 페이지를 저장하는 도메인 이름에 비유할 수 있는 기술의 집합체다. 궁극적으로는 사람이 수행하는 작업 가운데 일부를 맡는 것이 목표다. IDW는 생태계 전반에서 서로 협력해 작동하는 개별 기계나 사람과 함께 작동하는 기계로 생각할 수 있다.

핵심 기능

IDW의 주요 목적이나 가장 깊이 있는 기술을 총칭하는 용어다. 핵심 기능이 반드시 IDW가 할 수 있는 유일한 일은 아니지만 주요 기능을 나타낸다.

기본 기술

사람이 IDW 및 전체 생태계와 상호작용하는 방식에 매우 중요하다. 기본 기술을 사람의 경험에 매핑할 때 당연하게 여기는 필수 기술과 유사하다. 예를 들어, 디자인 업무 지원자에게 스케치Sketch나 인디자인InDesign 같은 소프트웨어를 사용해본 적이 있는지 묻는 것은 합리적이다. 하지만 도움이 필요할 때 다른 사람에게 도움을 요청할 수 있는지, 전화나 문자 메시지, 이메일을 통해 적절하게 대응한 이력이 있는지를 디자인 업무 지원자에게 묻지 않을 것이다.

IDW의 기본 기술은 다음과 같다.

- 슬랙, 전화, 구글 홈, SMS 같은 특정 커뮤니케이션 채널을 통해 작업 가능하다.
- 자연어를 이해한다.
- 도움이 필요할 때 휴먼 인 더 루프를 포함한다.

그림 7.1 | 스킬의 예시

스킬

기본 기술보다 더 광범위하며 비밀번호 변경, 일정 관리, 프로젝트 진행 상태 확인 등이 포함될 수 있다. 스킬은 무언가를 할 수 있는 능력이며 회사를 초자동화하기 위해 배열된 지능형 디지털 생태계의 DNA와 같다. 스킬은 DNA 한 가닥에 있는 단백질의 염기 서열을 배열해 뇌나 심장과 같은 복잡한 신체 조직을 만들 수 있는 것과 비슷하게, 생태계가 어떻게 구성되고 무엇을 성취할 것인지를 보여주는 청사진이다.

작업

작업은 IDW에 어떤 일을 완수하기 위해 기술을 수행하거나 적용하는 행위다. 작업은 사용자를 인증하는 것부터 중단된 프로세스에 사람의 도움을 요청하는 것까지 무엇이든 될 수 있다.

마이크로서비스

스킬을 구성 요소 서비스로 세분화하고 이를 다시 구성 요소 단계

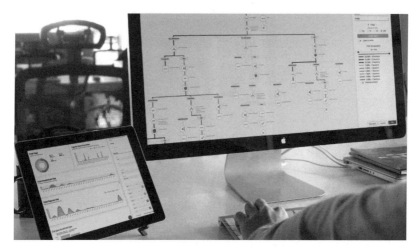

그림 7.2 | 대화형 디자이너가 OneReach.ai 플랫폼에서 플로에 따라 단계를 시퀀싱하는 모습

로 세분화하면 유연하고 무한히 사용자 정의할 수 있는 마이크로서비스 microservice 세트를 얻을 수 있다. DNA 염기 서열은 우성 개체를 발생시키는 요소다. 마이크로서비스의 성공적인 배열은 자동화를 강제로 배가할 수 있는 지배적인 기술을 탄생시킨다.

플로

플로flow는 작업을 실행하는 데 사용되는 기술이나 단계의 배열이다. IDW가 작업을 완료하기 위해 의존하는 패턴이나 지침을 가리킨다. 플로는 긍정적인 결과에 영향을 미치도록 설계된 알고리즘이다.

단계

조리법의 재료처럼 플로에 따라 순서화할 수 있는 기술들의 인스턴스

instance다. 단계는 DNA의 단백질 서열과 같다. 예를 들어 단계는 고객이 가장 최근에 사용한 결제 수단의 마지막 네 자리 숫자를 검색하기 위해 결제 게이트웨이에 API를 호출할 수 있다.

공유 라이브러리

생태계의 중심 리소스다. 마이크로서비스, 스킬, 플로 등 조직에서 초자동화를 조율하는 데 사용하는 모든 리소스가 있는 곳이다. 조직 구성원들이 일상적으로 공유 라이브러리shared library에서 리소스를 가져와 새로운 스킬을 개발하기 위해 조정하고 반복하기 때문에 새로운 리소스도 공유 라이브러리의 일부가 된다. 계속 확장하는 공유 라이브러리는 생태계에서 활동과 리소스의 중요한 허브다.

휴먼 인 더 루프

휴먼 인 더 루프는 다양한 관점에서 자주 다룰 것이다. 휴먼 인 더 루프는 사람이 실시간 대화를 모니터링하고 필요할 때 개입하는 것이다. 휴먼 인 더 루프는 도구나 사람을 지칭할 수 있으며 생태계 설계와 개발에 반드시 필요하다. 개발을 시작하기 전에 조직의 사람이 성공에 결정적인 역할을 한다는 점을 반드시 염두에 둬야 한다. 조직 속 사람은 자동화될 다양한 작업을 잘 이해하고 있으며, 이들의 지식은 IDW를 설계하고 발전시키는 데 사용된다. IDW가 작업을 수행하다가 막히거나 단계에 대해 궁금한 점이 생기면 휴먼 인 더 루프에 문의할 수 있다. 이런 상호작용을 통해 IDW는 개별 문제와 문제가 나타날 수 있는 다양한 상황을 더 많이 배우게 된다. IDW와 휴먼 인 더 루프 사이에 형성되는 관계는 생태계의 진화와 성장을 가속하는 밑거름이 된다.

사람이 통제하는 결과

초자동화는 모든 수준에서 사람이 주도해야 한다. 이는 사람이 제어할 수 있는 결과를 위한 설계를 뜻한다. 기계가 스스로 효율적인 결정을 내릴 수 있더라도 좋은 설계는 사람을 운전석에 앉힌다. 아무리 효율이 극대화하도록 설계된 기계라 할지라도 사람이 기계의 엄격한 명령에 따라 살아가는 것보다 더 디스토피아적인 시나리오는 없다. 사람에게 효율성을 높일 수 있는 정보에 기반한 선택지를 기계가 하루 종일 제공하는 것이 훨씬 더 밝은 시나리오다. 기계는 최선의 선택지를 제공하지만, 최종 선택은 사람이 한다. 휴먼 인 더 루프는 IDW가 제공한 선택지를 바탕으로 사람이 결정하기를 명시적으로 요구하기 때문에 사람이 통제하는 결과human-controlled outcome, HCO의 큰 부분을 차지한다.

◦ ◦ ◦

앞에서 소개한 용어를 우리의 경험에 매핑하면 친숙함을 갖는 데 도움이 되지만 분명한 차이가 있다. 생태계 속 데이터, 정보, 스킬은 사람이 아직 파악하지 못한 수준의 효율성과 이동성을 갖고 IDW 간에 공유될 수 있다. 이웃에 사는 샐리는 생계를 위해 울타리를 만드는데, 삼투압 같은 과정을 통해 샐리의 기술과 데이터를 전송할 수 있어 누구나 울타리 만드는 방법을 즉시 알 수 있다고 상상해보자. 이것이 기본적으로 IDW 간에 정보가 전송되는 방식이다. 생태계에서 한 IDW가 어떤 일을 하는 방법을 알고 있다면 모든 IDW가 그 방법을 알 수 있다. 샐리를 단 1분만 알아도 다음에는 100만 명의 샐리가 울타리를 만들게 할 수 있다. 울타리를 만드는 샐리 100만 명은 초자동화의 꿈을 나타내지만 적절한 전략이나 생태계 없이 운영되는 조직의 현실은 서로를 알지 못하고 같은 언어로 소통할 수 없는 소수의 샐리일 뿐이다.

핵심 내용

⊙ 초자동화 관련 용어를 이해하면 여러 요소가 함께 작동하는 방법을 보다 명확히 파악할 수 있다.

⊙ 초자동화 작업의 수명주기 동안 중요한 의사 결정의 순간에는 반드시 사람이 참여해야 한다.

⊙ 개방형 생태계에서 기술을 초자동화할 수 있는 회사가 많을수록 더 많은 자율성을 확보할 수 있다.

⊙ IDW가 공유 라이브러리로 정보를 공유하는 방식은 한 사람이 어떤 일을 할 줄 안다면 모두가 그 일을 할 줄 안다는 것을 의미한다. 즉, 공유 라이브러리에서 어떤 기술이든 팀원과 고객을 지원할 준비가 된 IDW가 무한대로 공급된다는 뜻이다.

CHAPTER 8_

꿈과 현실

고객을 돕고 서로를 돕는 지능형 기계로 가득한 자동화된 생태계를 상상해보자. 생태계는 기존 시스템과 통합될 예정이었다. 사용자들은 자동화 경험을 매우 만족해했고 전환율이 급증할 것으로 예상했다. 엄청난 시간을 잡아먹던 프로세스가 자동화되면서 팀은 현상유지 대신 조직을 성장시키는 데 집중할 수 있게 됐다. 이 일이 쉬운 줄 알았다.

하지만 지능형 디지털 생태계를 구축하려면 문제 영역에 기계 몇 대를 투입하는 것만으로는 부족한 것이 차가운 현실이다. 초자동화 생태계를 구현하려면 플랫폼에는 설루션을 구축하기 위한 전문가팀(개발자, 데이터과학자, AI 과학자, 아키텍트)이 많이 필요하다. 또한 설루션을 코딩하려면 상당한 인프라 노력이 필요하기도 하다. 비교적 간단하고 프로덕션에 바로 사용할 수 있는 대화형 AI 애플리케이션을 구축하는 데도 상당한 인프라 개발과 함께 여러 부서에 걸쳐 수백 시간의 인력을 충당할 수 있어야 한다. 코딩이나 인프라 개발이 필요하지 않은 부분도 있겠지만 결과적으로 유연성이 크게 떨어진다.

AI 기반 자동화를 처음 시도한 후에도 여전히 오싹한 기분이 든다면, 재부팅하거나 프로세스를 다시 시작하기가 망설여질 수 있다. 하지만 이미 경주에 발을 들였고, 출발선으로 돌아가려면 현재 위치를 파악해야 한다. 조직에서 이미 여러 대의 기계가 실행되고 있다고 가정해보자. 시스템은 하나의 생태계 안에서 작동하는 것이 아니라 임의로 챗봇을 실행한 결과일 가능성이 크다. 이는 일반적으로 전체 전략의 일부가 아니라 다양한 아키텍처를 사용해 구축된 다수의 포인트 솔루션_{point-solution}* 챗봇이다. 솔루션 챗봇은 탐색형 프로젝트에서 비롯됐을 것이다. 서비스나우_{ServiceNow}나 세일즈포스와 같은 기존 플랫폼과 함께 제공되는 챗봇이거나, 누군가가 부적당한 FAQ 수집 도구로 Q&A 챗봇을 만들기로 했을 수도 있다.

때로는 이런 초기 노력을 활용해도 되지만 보통은 생각보다 더 많은 작업이 필요하다. 조율된 생태계를 구축하기 위한 첫걸음은 전략을 수립하고 동의를 얻는 것이다. 챗봇이 없든, 아무도 사용하지 않는 챗봇 몇 개가 있든, 잘못된 도구에 맞춘 전략이 있든, 디지털 워커로 구성된 지능형 생태계는 얼마든지 구축할 수 있다.

디자인 전략 없이 운영하기

기업이 간단한 FAQ 챗봇을 선호하는 이유는 바로, 지원 콘텐츠가 이미 있기 때문이다. FAQ 페이지의 콘텐츠를 챗봇에 입력하기만 하면 흥미로운 신기술을 사이트 전면에 배치할 수 있다. 쉽게 성공할 것 같지만 많

---

* 옮긴이: 좁은 범위의 전문 기능에 초점을 맞춰 개발된 소프트웨어 제품을 뜻하는 용어로, 각종 부가기능을 포괄적으로 공급하는 '스위트(suite)'의 반대 개념으로 흔히 사용된다.
출처: https://www.dt.co.kr/etc/article_print.html?article_no=2008101302012269744002

은 기업이 시도하고 실패한 다음 왜 실패했는지 제대로 이해하지 못한 채 프로젝트를 중단한다. 아무리 많은 임의의 챗봇을 보유하거나 많은 돈을 투자하더라도 챗봇이 조직 전체에 적용되는 생태계의 일부가 아니라면 디자인 전략 없이 운영되기 때문이다.

서로 다른 기계 그룹을 통합하는 설루션을 구현한답시고 무작정 챗봇을 두 배로 늘리고 추가하는 것은 디자인 전략이 아니다. 컨시어지 봇, 슈퍼 봇, 마스터 봇, 분류 봇 등 이상적인 설루션의 이름은 다양하지만, 실제 디자인 전략의 일부는 아니다. 특히 '분류 봇triage bot'이라는 명칭은 셀 수도 없는 고장 난 물건을 고쳐야 하는 순서대로 순위를 매겨야 하는 상황에 분류가 적용된다는 것을 보여준다. 디자인 전략이 없다면 출혈을 멈출 방법이 없는 망가진 기계 더미를 처리해야 할 것이다.

전략적으로 설계된 생태계에 연결되지 않은 챗봇은 "제한된 수의 고정된 작업만 처리할 수 있으니 그 외의 다른 질문은 하지 마세요"라고 사용자에게 곧바로 알려주지 않는 한 과잉 약속과 같다.

자연어 이해와 자연어 처리의 존재 자체가 가정된 약속을 불러일으킨다. 대화형 프롬프트에 응답할 수 있는 기술은 사용자의 머릿속에 있는 것보다 더 정교한 것을 자동으로 만들어 낼 것이다. 이는 충족되지 않을 가정된 기대치로 직접 이어지며, 결국은 '포기'로 결론이 난다. 극히 제한된 기능을 가진 챗봇에 '디지털 비서'와 같은 이름을 붙이면 기대치가 더욱 높아져 사용자 이탈이 증가한다. 명시적인 경고를 해야 한다면 다음과 같을 것이다. "디자인 전략이 마련되지 않은 상태에서 대화형 AI에 손대지 마시오."

간단한 FAQ 챗봇에 대한 꿈

- 챗봇은 쉽게 훈련할 수 있다.
- 도구가 간단하다.
- 고급 기술이나 기술에 대한 이해가 필요하지 않다.
- 챗봇은 기존 콘텐츠를 활용할 수 있다.
- 현재 유지 관리 프로세스와 도구로 챗봇을 업데이트할 수 있다.
- 챗봇은 몇 가지 사용 사례를 즉시 처리할 수 있다.

현실

- AI에 대한 과대광고는 사람의 대화를 통해 기대치를 설정하는 최종 사용자에게 부당한 기대와 실망을 불러일으킨다.
- 사용 사례에 대한 더 나은 경험은 보통, 사용 사례 개수가 많은 것보다 더 큰 수익을 창출한다. 상위 사용 사례와 관련된 경험을 개선하지 못하면 나쁜 평가, 낮은 만족도 점수, 실패한 계획, 중단된 프로젝트를 예상할 수 있다.
- 검색 기능이 있는 FAQ 페이지는 더 나은 접근성과 검색 경험을 제공하고 사용자가 다른 관련 질문을 볼 수 있기 때문에 일반적으로 만족도 점수에서 간단한 FAQ 챗봇보다 더 나은 성과를 낸다.
- FAQ 콘텐츠는 이미 존재하지만, 일반적으로 대화형 상호작용을 위해 만들어지지 않았다. 챗봇은 요청을 명확히 하거나 최종 사용자가 선택지를 이해할 기회를 제공하지 않는다.
- 지능형 생태계를 구축하려면 총체적 접근 방식이 필요하다. 즉 고

려해야 할 수많은 변수가 있는 역동적인 대화형 환경의 일부로 각 요소가 작동하도록 설계하는 접근 방식이 적용돼야 한다. 따라서 단순한 챗봇 프로세스, 도구, 아키텍처에서 더욱 지능적인 설루션으로 전환하기가 어렵다.

종합적인 전략이 없으면 챗봇에 대한 꿈은 곧 채택률을 낮추는 악몽이 된다.

핵심 내용

⊙ 조직에서 프로세스 자동화를 시도했다가 성공하지 못한 경험이 있다면 '초자동화'의 '초$_{hyper}$'가 과대광고$_{hype}$처럼 느껴질 것이다. 그러나 지능형 디지털 생태계를 구축하려면 몇 가지 문제 영역에 기계 몇 대를 투입하는 것만으로는 부족하다.

⊙ 처음부터 사용자에게 한계를 인정하지 않는 한, 전략적으로 설계된 생태계의 일부가 아닌 챗봇은 과대광고에 불과하다.

⊙ 초자동화는 모든 부서와의 조율이 필요한 방대한 작업이다. 처음에는 트라우마를 느낄 만큼 대담하고 중요한 전략이 필요하지만, 앞으로 비즈니스 경쟁력을 유지할 수 있는 유일한 방법이다.

CHAPTER 9

생태계 진화 설명

주요 용어를 이해했으니 생태계의 개념적 요소와 실질적 요소를 풀어
보려 한다. 콘텐츠 전략의 개념적 모델이나 웹사이트와 브랜드의 콘텐츠
전략을 기본적으로 알고 있으면 IDW 생태계를 위한 전략을 구축하는 것
이 무엇을 의미하는지 이해하는 데 도움이 될 수 있다.

필자는 IDW가 작업을 더 잘 완수하게 되면 문해력, 지식, 지능, 지혜
의 네 가지 진화 단계를 거칠 수 있음을 확인했다. 하지만 한 단계가 끝나
고 다음 단계가 시작하는 경계를 명확하게 정의하지 않았다는 점을 미리
밝힌다. 모든 기술은 설명한 각 특성을 사용한다. 단순한 기술은 특성을
덜 사용하고 고도로 발전된 기술은 더 많이 사용한다.

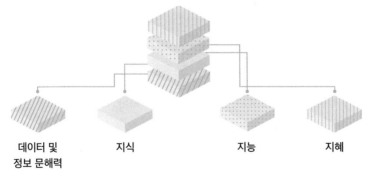

| 데이터 및 정보 문해력 | 지식 | 지능 | 지혜 |

그림 9.1 | IDW 생태계. IDW가 거칠 수 있는 네 가지 진화 단계

지능형 디지털 워커의 진화 단계

문해력 단계

IDW는 숫자와 문자를 소비하고 정보로 변환한다. 이는 날짜로 디코딩할 수 있는 정수와 같은 미가공 데이터이거나 해당 정수를 날짜로 형식화한 버전(예: 01-01-2020)일 수 있다. 문해력 단계의 IDW를 종종 원시적인 디지털 워커라고 한다.

지식 단계

지식 단계에서 IDW는 정보의 맥락을 이해해 정보가 어떻게, 왜 중요한지 알게 된다. 어떤 날짜가 누군가의 생년월일이라는 것을 '이해'하는 것이다. 정보의 맥락을 이해하는 능력을 갖춘 IDW를 기본적인 IDW라고 생각한다.

지능 단계

지능 단계에서 IDW는 지식과 정보를 사용하거나 그에 따라 행동하는 방법에 대한 이해를 발전시킨다. 따라서 날짜의 경우 다양한 맥락에서 생년월일의 관련성을 이해해야 한다. "내일 멋진 21번째 생일이 되길 바랍니다!" 또는 "방금 21번째 생일 축하 상품권을 보내드렸습니다"라는 행위를 할 수 있는 능력을 갖췄다는 것은 생태계에서 기능할 준비가 된 IDW의 특징이며 제대로 된 IDW의 상태에 도달한 것이다.

지혜 단계

지혜 단계에서 IDW는 풍부한 경험을 활용해 의사 결정을 내리는 방법을 배운다. 과거의 상호작용과 저장된 데이터의 맥락을 기반으로 개인에게 맞춤화된 설루션을 제공하는 능력을 개발함에 따라 IDW는 개인 비서와 같은 역할을 해 사용자와 조직에 기하급수적인 가치를 더한다. 이제 생년월일 데이터는 IDW 제안으로 전환된다. "생일 축하해요! 오늘 저녁 약속이 있고 내일 아침 트레이너와 운동이 예정돼 있네요. 늦게까지 축하를 즐길 것 같으면 트레이닝 일정을 취소해드릴 수 있어요." 이제 당신에게 개인 지능형 디지털 워커 또는 디지털 개인 비서가 생겼다.

● ● ●

IDW가 지혜를 얻게 되면 사용자에게는 불편이 사라지기 시작한다. 하지만 최종 사용자 경험의 발전은 드러나지 않게 필요한 조율의 양과 반비례한다는 점을 기억해야 한다. IDW는 생태계에서 더 복잡해지는 문제를 해결할 방법을 찾아 사용자에게 단순성을 제공하는 일이 된다.

지능형 디지털 워커와 양질의 시간 보내기

조직의 기술, 대화형 AI, 생태계가 발전함에 따라 IDW는 더 동료처럼 느껴지기 시작한다. 이들은 협업이나 독립적으로 일할 때 도움이 되는 기술을 갖고 있으며 업무를 완수할 수 있다.

IDW를 교육 중인 새로운 동료라고 생각해보자. IDW가 인사팀에서 부서 관리자인 이본느와 함께 승인 프로세스를 관리하고 연차를 예약하는 전문가가 되기 위해 교육을 받고 있다고 가정해보자.

IDW가 해독해야 하는 맥락의 양을 고려하면 복잡한 작업이다.

- 직원에게 연차 휴가가 얼마나 남아 있는가?
- 교대 근무가 얼마나 많이 필요한가?
- 누가 교대 근무를 맡아줄 수 있는가?
- 요청한 날짜와 충돌되는 사항은 없는가?

이본느는 이 분야의 전문가로 이상적인 프로세스를 따르도록 IDW를 교육한다. 힘의 승수를 생성할 때 종종 소홀히 여기기도 하는데, 교육은 매우 중요하다. 앞서 커피 메이커를 자동화한 사례에서처럼 사람들이 이미 하는 방식으로 작업을 자동화하는 것뿐만 아니라 실제로 프로세스를 개선할 때 교육을 통해 큰 효과를 얻을 수 있다. 작업자 수에 제한 받지 않고 처리할 수 있는 프로세스를 설계할 수 있는 권한이 주어진다.

사용자 휴가를 예약하고 싶어요.

IDW 네. 휴가 신청을 도와드릴 수 있습니다. 휴가 기간을 말씀해주시겠어요?

사용자 7월 15일부터 22일까지요.

IDW 알겠습니다. 7월 15일부터 7월 22일까지 휴가 신청을 등록하겠습니다. 대신 교대 근무를 할 수 있는 사람이 있는지 확인해볼까요?

사용자 그러면 좋겠네요.

IDW가 운영되고 나면 자체 진화를 지속하기 위해 휴먼 인 더 루프 기술을 활용하는 방법이 있는데, 곤란한 일이 생길 때마다 이본느나 동료에게 도움을 요청할 수 있다.

IDW　　대신 교대 근무를 할 수 있는 사람이 있는지 확인해볼까요?

사용자　그러면 좋겠네요. 칼이 수요일 근무를 대신할 수 있는지 알아봐주세요. 칼과 프로젝트를 함께 진행하는데 그날 프로젝트 회의가 있어요.

IDW　　요청을 제대로 이해하지 못했습니다. 도와줄 사람을 데려올게요.

IDW　　(이본느 또는 대리인에게) 저기, 제가 좀 당황해서요. 적절한 답변이나 행동을 알려주거나 개입해서 도와주시겠어요?

이본느는 IDW가 요청의 맥락을 이해하고 경험을 진전시키는 데 도움을 줄 수 있다. 이본느가 IDW를 지원하려고 개입할 때마다 IDW는 다른 업무에도 적용할 수 있는 맥락적인 질문("왜 이 사용자는 휴가 기간 전체가 아니라 하루만 칼이 업무를 대신해주길 바라는 거죠?")을 통해 더 학습할 수 있다.

이본느의 궁극적인 목표는 디지털 팀원을 지혜의 단계로 진화시키는 것이다.

진화 단계에 따른 사례 변화

직원들의 연차 휴가 신청을 돕는 스킬의 사례가 네 가지 진화 단계를 거쳐 어떻게 바뀌는지 살펴보려 한다. 그림 9.2는 사용자 조_Jo가 진화의 다양한 단계에서 앞서 설명한 기술과 상호작용하는 모습을 보여준다.

IDW

"안녕하세요, 휴가 신청을 하는 데 도움이 필요하신 것 같습니다. 간단한 경우 www.apc.com을 이용하실 수 있고, 아니면 제가 인사팀에 도움을 요청해 담당자가 연락을 드릴 수도 있습니다."

"알았어요, 조. 휴가 신청 제출을 도와드릴 수 있어요. 참고로 교대 근무할 사람이 있어야 한다는 걸 잊지 마세요. 연차는 3일이 남은 것 같아요. 며칠을 사용하겠어요?"

문해력

지식

IDW

"좋아요, 조. 내가 도울게요. 요청이 승인되게 할게요. 자리를 비울 날짜와 사용하려는 연차 일수를 알아야 해요. 연차는 3일 정도 남은 것 같아요. 해당 정보를 알려주면 교대 근무를 해줄 동료를 찾아서 내일 후속 조치를 할게요."

"조, 아직 휴가 신청을 하지 않은 걸 알지만 방금 조지가 평소 당신이 신청하는 휴가 날짜에 연차를 신청했어요. 조지는 보통 당신 대신 교대 근무를 하잖아요. 조지가 휴가를 옮길 수 있는지, 아니면 당신 업무를 맡아줄 다른 사람을 알아볼까요?"

지능

지혜

그림 9.2 | 단순한 것에서 복잡한 것으로 전환

그림 9.3 | 데이터 및 정보 문해력 단계

그림 9.4 | 지식 단계

IDW

"좋아요, 조. 내가 도와줄게요. 요청이 승인되게 할게요. 자리를 비울 날짜와 사용하려는 연차 일수를 알아야 해요. 연차는 3일 정도 남은 것 같아요. 해당 정보를 알려주면 교대 근무를 해줄 동료를 찾아서 내일 후속 조치를 할게요."

기본적인 지능형 디지털 워커

사람

"휴가 신청하는 걸 도와줄 수 있어요?"

사람

"좋아요! 멋진걸요. 개인 비서 같아요."

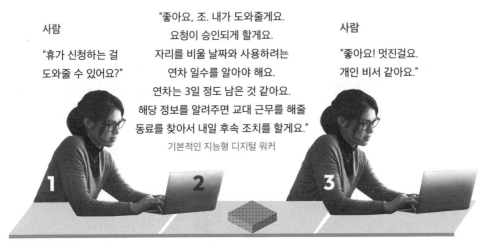

그림 9.5 | 지능 단계

IDW

"조, 아직 휴가 신청을 하지 않은 걸 알지만 방금 조지가 평소 당신이 신청하는 휴가 날짜에 연차를 신청했어요. 조지는 보통 당신 대신 교대 근무를 하잖아요. 조지가 휴가를 옮길 수 있는지, 아니면 당신 업무를 맡아줄 다른 사람을 알아볼까요?"

기본적인 지능형 디지털 워커

사람

"그래줘요. 정말 최고예요."

사람

"휴. IDW가 나를 돌봐줘서 다행이에요. 이번 모임을 놓친다면 가족들이 절대 용서하지 않을 거예요."

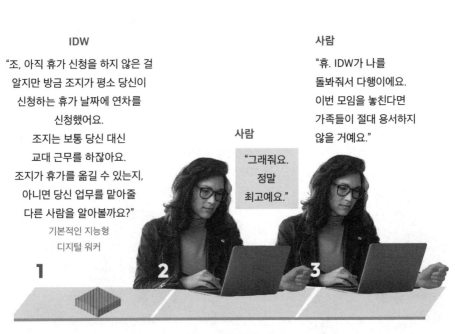

그림 9.6 | 지혜 단계

PART 2_ 지능형 디지털 워커의 생태계를 계획한다

핵심 내용

◉ 생태계에서 IDW는 문해력, 지식, 지능, 지혜의 네 가지 진화 단계를 거치면서 작업을 더 잘 완수하게 된다.

◉ 각 단계의 경계는 불분명하며 모든 기술은 설명된 각 특성을 사용하지만, 단순한 기술은 그 정도가 낮을 뿐이다.

◉ 공동 창작은 IDW가 지혜 단계에 가까워지기 위한 핵심 요소다. IDW 기술이 개발됨에 따라 사람들 간의 공동 창작이 이뤄지고, 그 기술이 개선됨에 따라 사람과 IDW 간의 공동 창작이 이뤄진다.

◉ 휴먼 인 더 루프는 IDW가 더 많은 연결을 만들고 기술에 대한 이해를 높이도록 사람을 계속 참여시키기 때문에 IDW의 진화에 매우 중요한 요소다.

CHAPTER 10

팀과 공동 창작 사고방식

공동 창작은 초자동화의 비결이다. 특정 IDW가 특정 부서에만 도움이 되는 것이 사실일지라도 이런 발전은 전사 차원의 노력이 필요하므로 팀이 중앙집중화와 사일로에서 벗어나 공동 창작 사고방식으로 전환시켜야 한다. 핵심지원팀의 역할이 바로 여기에 있다. 핵심지원팀은 사람들이 회사 생태계에서 기술을 만들고 발전시키는 데 참여하도록 하는 임무가 있다. 모든 사람이 IDW 생태계를 사용하고 이 생태계에 기여해 각 부서의 IDW가 수행하는 기술을 설계, 개선, 발전시키는 데 도움을 주는 것이 궁극적인 목표다.

핵심지원팀은 최근 많은 조직에서 생겨나고 있는 융합팀fusion team과 구성이 비슷하다. 가트너의 추산에 따르면 기업의 84퍼센트가 '데이터와 기술을 사용해 비즈니스 성과를 달성하는 업무협의팀cross-functional team'을 보유하고 있다. 일반적으로 융합팀에는 적어도 한 명 이상의 IT 담당자가 있으며 기능, 인종, 성별 측면에서 다양한 구성원이 함께 일할 때 가장 효과적이다. 또한 가트너는 IT 담당자가 팀을 이끌고 있더라도 융합팀의 70퍼센트가 IT 부서에서 제안하거나 권장하는 것과 다른 기술을 사용한다는 사실을 발견했다.[1]

실제로 사람보다 더 나은 경험을 제공하기 위해 개별 기술을 조율하는 초자동화의 맥락에서 서로 다른 기술을 사용하는 것도 유용하다. 특정 기술이 다른 기술보다 더 잘 작동한다면 생태계에 통합되기도 한다. 지능형 초자동화 전략의 핵심인 항상 더 나은 방법을 찾는 사고방식과 일맥상통한다. 사람이 하는 일을 모방해 대화형 경험을 제한하고 싶지 않을 것이다. 자연스러운 휴먼 인터페이스human interface를 사용해 사람이 혼자서 할 수 있는 것보다 훨씬 더 효율적인 방식으로 작업을 수행할 수 있는 조율된 기술을 활성화하는 것을 목표로 삼아야 한다.

핵심지원팀은 전략의 창시자이자 유지자로서 조직 전체를 안내한다. 전략에 부합하는 경험을 만드는 데 사용되는 프로세스를 촉진시켜야 한다. 또한 모범적인 교사이자 협력자가 돼야 한다. 한 사람이 지금부터 설명할 역할 중 하나 이상을 수행할 수 있다. 이미 인재가 있거나 인재를 확보하기로 한 경우, 인재들이 적절한 경험과 훈련을 쌓고 도구를 갖추고 있는지 확인해야 한다. 현명하게 팀을 선택해야 한다. 이들은 조직의 다른 사람들이 자신의 IDW를 성공적으로 관리할 수 있도록 패턴, 단계, 툴킷toolkit을 구축하도록 도울 것이다.

임시 대리자로 일할 사람을 찾든, 신규 채용을 하든, 기존 인재를 활용하든, 팀의 구성원을 잘 선택해야 장기적인 성공을 거둘 수 있다. 핵심지원팀을 구성할 때 훌륭한 기준점이 바로 융합팀이다. 또한 개발 부서 중심에서 벗어나려는 조직의 시작을 나타내기도 한다. 2019년 가트너는 2023년에는 시민 개발자가 대기업의 전문 개발자보다 4 대 1의 비율로 더 많아질 것으로 추정했다. 핵심지원팀은 비즈니스와 고객에게 도움이 되는 소프트웨어 설루션을 만들고 반복해 조직을 재구성할 수 있는 효과적인 시민 개발자를 양성하는 곳이다.

이것이 바로 AI가 전 세계 거의 모든 직업에 영향을 미칠 큰 이유 중하나다. 산업과 관계없이 이런 접근방식을 수용해 핵심지원팀을 활용하면 경쟁사보다 더 빠르게 움직일 수 있다. 핵심지원팀 구성원을 선정하고 이들을 지원하는 것이 성공과 실패를 가를 수 있다.

팀 소개

핵심지원팀에서 가장 중요한 의무는 지식 공유다. 핵심지원팀의 지원자들은 정보와 도구에 대한 통제권을 절대 탐내서는 안 된다. 경쟁에서 이기려면 조직의 모든 사람을 참여시켜야 한다. 지원자는 프로세스를 자세히 모니터링해 중요한 전략에 부합하는지 확인하는 동시에 공동 창작의 결과로 성장하고 있는 생태계의 장점을 전파한다.

전략적 연락 담당자

기존의 용어로 정의하기 가장 어려운 역할이다. 전략적 연락 담당자 strategic liaison, SL는 전체 노력의 성공에 주춧돌이 되는 사람이다. 다양한 내부 비즈니스 그룹의 요구사항을 조직의 생태계 전략과 일치시키는 방법을 상세히 이해해 조직을 위한 가치를 창출한다. 이들은 비전과 이를 실현하는 데 필요한 리소스를 중심으로 성공적인 팀을 하나로 묶는 접착제 역할을 한다. 이들은 생태계의 가능성을 잘 알고 있으며 조직 전체에 초자동화를 형성하고 전파하기 위해 노력한다.

전략적 연락 담당자는 신입 사원이거나 이미 조직에서 생태계 전략을

그림 10.1 | 지식 공유를 하는 핵심지원팀

수립하거나 채택한 내부 직원일 수도 있다. 아니면 디자인 사고, 시스템 사고, 혁신 분야에서 경험이 풍부한 리더이거나 서비스의 제품화나 제품 전략을 성공시킨 경험이 있을 수도 있다. 전략적 연락 담당자 역할에 적합한 사람이 누구인지 정해진 규칙은 없지만, 조직의 최고위 리더와 의사결정 권자의 동료이거나 신뢰할 수 있는 영향력 있는 사람이 이상적이다.

　이해관계자와 협력해 내부 비즈니스 그룹의 문제와 기회를 파악하고 발전시키는 전략적 연락 담당자는 생태계 전략을 중심으로 다양한 비즈니스 그룹과 이를 실현하는 프로세스, 도구, 교육을 한데 모으는 역할을 한다. 이들은 비즈니스 요구사항을 충족하는 경험을 만들기 위한 비전, 흥미, 행동을 제공하는 동시에 공유 기술 라이브러리를 지속해서 확장한다. 팀의 성공에 중추적인 역할을 하며 초자동화에 고유한 새로운 유형의 직책이다. 핵심지원팀 소개가 끝나면 전략적 연락 담당자의 하루 업무를 자세히 살펴보겠다.

리드 경험 아키텍트

훌륭한 사용자 경험user experience, UX을 촉진하고 생성하고 실행하는 일을 담당한다. 회사 공유 라이브러리에 게시된 스킬이 제공하는 경험의 품질과 일관성consistency은 리드 경험 아키텍트lead experience architect, LXA의 권한에 속한다. 또한 사람 중심 디자인, 인터랙션 디자인interaction design, IxD 디자인 연구 분야의 진정한 베테랑으로서 직접 나서서 일하기 좋아하는 사람이 좋다. 코치와 멘토로 프로세스 전반을 이끄는 역할을 하는 LXA는 핵심지원팀 특히 대화형 경험 디자이너와 긴밀히 협력해 기술 및 IDW와 상호작용하는 여정을 매핑하는 역할을 한다. 핵심지원팀에 의존하지 않고도 비즈니스 그룹이 점점 더 많은 것을 만들 수 있도록 권한을 부여하면서 경험에 생명을 불어넣는 것이 LXA의 주요 업무다. 더불어 다양한 비즈니스 그룹과 협력해 핵심지원팀이 만들고 개선하는 기술의 로드맵을 구축하고 관리하는 중요한 임무를 맡는다.

대화형 경험 디자이너

대화형 경험 디자이너conversational experience designer, XD는 높은 수준의 요구사항을 적절한 경험을 지원하는 플로로 전환한다. 어떻게 보면 다른 팀원은 이 역할을 가능하게 하는 지원 메커니즘이다. XD는 모든 부서의 누구나 될 수 있으며 개발 경험이 없어도 되지만 뛰어난 의사소통 능력과 문제 해결 능력을 갖추고 있어야 한다. 대화형 디자인 원칙에 정통해야 하고 다른 사람들에게 플랫폼 사용법을 교육할 수 있을 정도로 구축하는 플랫폼에 대한 이해도가 높아야 한다.

데이터 분석가/아키텍트

결과, 인사이트, 예측을 측정하는 것은 경험을 올바르게 조정하는 데 매우 중요하다. 성공을 측정하고 디지털 워커와의 각 상호작용에 대한 인사이트를 얻기 위한 프로세스를 설계하고 디자인하는 사람인 데이터 분석가/아키텍트data anaylist/architect, DA가 있어야 한다.

기술 아키텍트/개발자

기술적인 수준에서 개발 플랫폼을 이해하고 XD가 필요한 모든 기술을 구축할 수 있도록 사용자 지정custom 단계나 라이브러리 단계, 보기view, 카드card를 구축할 수 있다. 기술 아키텍트/개발자technology architect/developer, TA/D는 항상 공유 가능한 모듈 방식으로의 구축을 고려해야 한다. 사용자가 세분화된 낮은 수준의 기능으로 구성된 모듈 조각을 순서대로 사용해 만들 수 있을 때 노코드 소프트웨어 생성이 가능하다. 이는 기존 개발자에게 새로운 패러다임, 즉 진공 상태에서 코딩하는 것과 관련된 제약에서 벗어나는 패러다임을 제시한다. TA/D는 기술이 어떻게 구조화돼 있는지 이해해야 한다. 미시적인 수준에서 미세 조정하고 거시적인 수준까지 조언할 수 있는, 신뢰로운 조언자가 될 것이다. 또한 실제 코드 작성에 더 많은 시간을 할애할 수 있게 된다.

앞서 개발자는 보통 코드 작성에 업무 시간의 30퍼센트를 사용한다고 했다. 소프트웨어 개발자 클라우스 바이르하머Klaus Bayrhammer에 따르면 보통 개발자가 하루에 코드를 작성하는 데 10분을 사용하는 반면, 코드를 읽는 데 약 300분을 쓴다는 꽤 암울한 평가가 있다(약간 다른 지표에 근거한 평가일 수도 있다). "나는 정돈된 코드를 좋아한다. 작성한 코드가 읽기도,

이해하기도 쉬워야 한다고 생각한다"라고 바이르하머는 썼다.[2] 코딩이 필요 없는 환경은 저작authoring[†] 속도가 빨라질 뿐만 아니라 개발자가 코드로 작성했을 때 어떤 일이 일어나는지 파악하기가 더 쉬워진다는 장점이 있다. 앞서 5장에서 대화형 인터페이스가 다른 기계와 통신하는 기계에 적용될 것이기 때문에 곧 API가 무의미해질 것이라고 언급했다. 바로 여기서 진가가 발휘된다. 개발자는 API의 코딩된 언어를 분석할 필요 없이 말 그대로 기계 간 정보 공유의 대화형 스레드를 읽을 수 있게 될 것이다.

사용자 지정 구성 요소와 달리 재사용 가능한 구성 요소를 구축하려면 다른 수준의 사고가 필요하다. 그러나 TA/D가 제대로 맡은 일을 한다면 조직 전체에서 코드 공유가 현실이 되며 이는 AI를 팀 스포츠로 만들고 팀 속도를 높이는 데 중요한 역할을 한다.

품질 보증

성공의 열쇠이며 뛰어난 고객 인터페이스 기술이 필요한 역할이 품질 보증quality assurance, QA다. 테스트 계획 실행에는 사용자 테스트와 부하 테스트가 포함될 때가 많다. QA는 기능 테스트를 실행할 수 있어야 하며 자동화된 테스트와 테스트 계획의 특정 원칙도 이해해야 한다.

휴먼 인 더 루프

휴먼 인 더 루프는 도구, 디자인 패턴, 핵심지원팀 내 역할 등 여러 가

---

† 옮긴이: 프로그래밍 언어를 사용하지 않고 프로그램을 제작하는 것을 말한다.

지를 의미한다. IDW와 휴먼 인 더 루프 간에 발전하는 관계는 성장을 가속하는 밑거름이다. HitL은 전체 생태계를 결속하고 강화할 수 있는 강력하고 유동적인 역할을 한다. 슈퍼히어로가 하는 일처럼 들린다면 정확하게 설명한 것이다. 조직의 누구라도 상황에 따라 휴먼 인 더 루프가 될 수 있으며 IDW가 상호작용을 완료하는 데 도움을 주고 나면 배경으로 물러날 수 있다. HitL은 강력하다. 누군가 이 역할을 맡으면 자신이 깊이 이해하고 있는 업무와 관련된 지식, 관점, 경험을 활용해 부족한 부분을 채우고 IDW의 교육을 가속할 수 있다.

사람들이 자신의 강점을 직접 발휘할 수 있으므로 교육이 거의 필요하지 않는 역할이기도 하다. 이 역할을 준비하기 위해 HitL은 IDW와 효과적으로 대화하는 방법을 배우기만 하면 된다. IDW가 쿼리나 작업에 막혀서 HitL에 도움을 요청할 때 이런 상호작용은 즉각적인 해결책이 될 뿐 아

그림 10.2 | 다양한 의미가 있는 휴먼 인 더 루프

니라 IDW가 맥락을 더 깊이 이해할 기회를 만들어 준다. 시간이 지남에 따라 생태계의 수많은 IDW와 휴먼 인 더 루프 간의 관계는 모든 형태와 규모의 문제를 해결할 수 있는 강력한 기반을 형성한다.

영화 산업의 관점에서 간략히 살펴본 전략적 연락 담당자의 역할을 좀 더 자세히 알아보겠다. 모든 영화의 중심에는 감독이 있고, 감독은 저마다의 강점이 있다. 조명과 카메라에 집중하는 감독이 있는가 하면 배우와 소통에 능숙하거나 투자자와의 관계 유지에 탁월한 감독도 있다. 최고의 감독은 영화 촬영장 안에서 문제를 해결하는 전문가이기도 하다. 초자동화를 위해 구축된 생태계와 마찬가지로 영화는 다양한 기술 능력의 노력을 조율하고 해당 작업에 특화된 언어에 대한 이해를 공유해야 한다. 영화감독처럼 전략적 연락 담당자는 생태계의 모든 요소를 연결하고 활성화하는 방법과 특정 순간에 해야 하는 작업을 자세히 이해하고 있으며, 전체 운영을 이끄는 중요한 관점이나 비전에 따라 항상 행동을 추적할 수 있다. 전략적 연락 담당자의 하루는 다음과 같을 것이다.

어느 전략적 연락 담당자의 하루

제니Jennie는 지난 5년 동안 대형 의료 회사에서 수석 콘텐츠 전략가로 일했다. 회사는 운영 자동화를 위해 서로 다른 챗봇을 도입했다. 회사 웹사이트에는 자주 클릭되는 FAQ 챗봇이 있지만 몇 줄만 읽고 대화를 포기하는 경우가 대부분이다. 또한 고객이 회사 무료 전화로 전화를 걸면 자동응답시스템이 고객을 맞는다. 제니는 이미 콜센터와 정기적으로 연락해 통화 스크립트를 검토하고 있으며, 한두 번의 안내 메시지가 나오면 대부분 전화를 끊는다는 것을 알고 있다. 조직의 거의 모든 직원과 함께 전략적 요구사항을 처리하는 사람으로서 그녀는 서로 다른 서비스 소프트웨어 패키지로 구입한 내부의 대면 기계들도 제대로 작동하지 않는다는 것을 알고 있다.

회사에서 본격적으로 초자동화를 도입하기로 했을 때 핵심지원팀을 이끌 적임자로 제니를 가장 먼저 생각한 것은 아니었다. 하지만 몇 차례 회의를 거치면서 그녀가 모든 부서와 필요에 따라 소통하는 방법을 알고 있으며, IDW 생태계라는 더 큰 목표를 이해하는 것이 분명해졌다. 제니는 이미 회사 비즈니스 그룹의 다양한 요구사항을 이해하고 있을 뿐더러 대화형 AI를 구현하는 데 효과적인 것이 무엇인지에 관해서도 이해가 깊어지고 있다.

조직의 핵심지원팀에 새로 임명된 전략적 연락 담당자로서 제니는 부서 사이를 오가며 역할과 작업을 분석하고 이런 업무를 자동화 프레임워크로 전환하는 데 하루를 보내고 있다. 제니는 자신의 다양한 기술과 강점을 활용해 공동 창작 프로세스co-creation process를 매끄럽게 하고 있다.

월요일 오전 10시

오전에 제니는 운영팀과 함께 기술 업무에 참여한다. 경비 추적을 자동화하려면 데이터 포인트를 조정해야 하고, 자동화를 시범 운영하기 전에 기계가 올바른 시스템에서 데이터를 가져오고 코딩해 경비를 제출하는 직원, 해당 직원이 근무하는 부서, 비용이 추적되는 새로운 계획에 제대로 연결되는지 확인해야 한다. 누락되거나 동기화되지 않은 데이터가 있으면 비용의 성격에 따라 직원이나 상사에게 대화형 쿼리가 표시되기를 바란다. 제니는 콜센터 책임자에게 연락해 직원에게 문의해야 할 때와 관리자에게 넘겨야 할 때를 더 잘 파악한다.

월요일 오전 11시

점심 식사 전, 제니는 법무팀과 함께 계약 갱신 프로세스의 경험 디자인을 작업하고 있다. 디자인 사고를 이해한다는 것은 공감하는 관점에서 흐름을 이해하는 데 도움이 된다. 이해관계자의 사고방식은 비즈니스 요구사항(이 경우, 법적 구속력 있는 프로세스에 필요한 명확성과 정확성)에 집중하도록 해준다.

월요일 오후 1시

제니는 법무팀과 점심을 먹고 계약 갱신 프로세스를 설계하는 작업에서 계약 관리 자동화를 반복하는 작업으로 넘어갔다. 그들은 프로세스에서 변경사항을 해결하려고 노력하는 중이며, 함께 일할 시간이 몇 시간밖에 없다. 애자일 방법론에 대한 그녀의 경험은 하나의 아이디어에서 다음 아이디어로 빠르게 전환되면서 사용자 상호작용이 더 보람 있는 결과를 내도록 도와주는 효율적인 마이크로서비스를 식별하는 데 유용하게 활용되고 있다. 재무 부서에서 보험금 청구 관리 작업을 할 때 효과가 좋았던 마이크로서비스를 참조해 팀은 대부분의 목표를 충족하는 워크플로를 만들 수 있었고, 이번 주 후반에 세부 사항을 조정할 예정이다.

마케팅 부서는 내부 사용자에게 소셜 미디어 채널을 통해 들어오는 리드lead를 분류하도록 알려주는 새로운 기능을 시험하고 있다. 제니는 운영 부서에도 비슷한 기능을 시범 운영했지만, 알림 내용은 부서 데이터베이스에서 생성됐다. 팀은 지난 주에 프로세스를 자동화하는 작업을 함께 진행해 공유 라이브러리의 기존 마이크로서비스를 반복해 소셜 미디어 플랫폼에 연결하고 특정 정보를 쿼리할 수 있도록 했다. 이미 편집된 버전의 스킬을 제출했고, 승인을 받아 회사 공유 라이브러리에 게시됐다. 이제 파일럿 프로그램이 실행 중이며 실시간으로 상호작용을 관찰해 빠르게 조정하고 있으며 그중 일부는 A/B 테스트를 자동화하기 시작했다.

월요일 오후 3시 30분

제니는 인사 부서와 통화한다. 새로운 자동화를 시험 운영하고 있는데 이번 건은 사내 복지 혜택 등록 프로세스에 연결돼 있다. 내부 사용자들은 이 프로세스에 이미 회사가 갖고 있는 개인정보를 입력해야 하는 이유를 묻고 있다. 제니는 다음 주에 부서의 파일럿에 대한 분석을 살펴볼 때 사용자가 이전에 한 번 이상 작성한 적이 있는 공란에 도달하면 등록 감소가 일어나는 것을 볼 수 있을 것으로 예상한다.

보다시피 전략적 연결 담당자는 거미처럼 조직 내부의 거미줄을 돌아다니며 시스템, 사용자, 프로세스, 결과를 관련된 모든 사람에게 적합한 방식으로 연결시킨다. 제니는 초자동화의 강력한 지표는 기존 IDW가 끊임없이 새로운 방식으로 수정되고 사용되며 생태계가 계속 개선되는 것임을 잘 알고 있다.

이렇게 하면 배포 속도가 빨라져 새로운 작업을 꾸준히 자동화할 뿐 아니라 조직 내부에서 공동 창작의 범위와 품질을 확장할 수 있다.

팀이 '디자인 사고'를 해야 한다

앞서 설명한 패턴을 조직에 적용하려면 조직의 모든 구성원이 각자의 강점을 발휘하는 통합된 전선unified front이 필요하다. 자동화를 가속하기 위한 설계는 상호 연결된 수많은 문제, 즉 조직 구성원마다 서로 다른 방식으로 이해하는 문제를 해결해야 하는 것을 의미하며, 바로 이 점에서 디자인 사고design thinking가 필요하다.

추상적인 문제의 설루션을 만들기 위한 맞춤 프로세스인 디자인 사고는 문제의 핵심에 있는 사람의 요구를 파악하는 데 도움이 된다. 디자인 사고를 이해하고 활용하면 조직의 모든 구성원이 복잡한 문제를 해결하는 데 참여할 수 있다. 다음에 설명한 단계에 적극적으로 참여하지 않더라도 직원들이 디자인 사고가 어떻게 작동하고 생태계에서 어떻게 활용될지 이해하는 것은 매우 유익하다.

공감하기: 사용자 요구를 조사한다

디자인 사고 프로세스의 첫 번째 단계로, 해결하려는 문제를 공감하며 이해하기 위해 사용자 요구를 심층적으로 조사하는 단계다. 공감을 통해 세상에 대한 가정을 접어두고 사용자와 사용자 요구에 대한 진정한 인사이트를 얻을 수 있기 때문에 사람 중심 디자인 프로세스에서 공감은 매우 중요하다.

정의하기: 사용자 요구와 문제를 명시한다

공감 단계에서 수집한 정보를 축적하고 관찰한 내용을 분석하는 단계다. 문제를 정의하기 시작하면 사실상 발견한 내용을 종합해 생태계를 구축할 때 설계해야 할 문제를 파악하는 것이다.

기존 업무 자동화하지 않기: 더 잘하기 위해 자동화한다

개인과 팀, 조직이 현재 하는 일을 자동화하는 것은 가치가 있다. 하지만 이런 방식으로 자동화에 접근하면 초자동화의 중요한 기회를 놓칠 수 있다. 열에 아홉은 현재 업무를 처리하는 방식이 아니라 이상적인 업무처리 방식을 반영하는 자동화를 만드는 것이 회사에 더 큰 가치를 제공할 것이다.

아이디어 생각하기: 가정에 도전하고 아이디어를 창출한다

정의한 문제를 아이디어 단계로 가져올 차례다. 이는 프로젝트에 참여하는 모든 사람이 고정 관념에서 벗어나 많은 브레인스토밍을 하는 것을 의미한다. 직접 정의한 문제에 대한 대안적 접근방식이 혁신으로 이어질 가능성이 크기 때문에 정답도 오답도 없다.

프로토타입 제작하기: 설루션을 만들기 시작한다

디자인 팀은 아이디어 단계에서 얻은 다양한 아이디어를 조사하기 위해 제품이나 제품을 구성하는 기능의 다양한 축소된 버전을 저렴하게 제작한다.

테스트하기: 설루션을 시험해본다

프로토타입 단계에서 나온 실행 가능한 설루션을 이제 사용자와 함께 테스트할 수 있는 단계다. 테스트 단계는 프로세스의 마지막 단계지만 설루션을 테스트하면서 디자인을 수정하기 위해 프로토타입 단계로 돌아갈 가능성이 높다. 앞으로 반복을 통해 효과 있는 부분은 개선되고 그렇지 않은 부분은 수정될 것이다. 이 작업은 아주 오래 반복된다. 거의 무한 루프다.

반복한다

지금쯤이면 이미 파악했겠지만, 반복이 핵심이다. 사용자 중심 원칙을 중시하는 디자인 전략을 진심으로 운영한다면 모든 것을 다 알고 있다는 생각은 금물이다. 가장 중요한 것은 가능한 빨리 반복할 대상을 찾는 것이다. 테스트하고 관찰할 것이 있으면 반복하고 또 반복하고 좀 더 반복하라.

디자인 사고는 핵심에 있는 사람의 요구를 파악하기 어려운 초자동화의 복잡한 문제를 해결하는 데 이상적이다. 조직에서 이런 복잡한 문제를 적용하는 데 참여하는 사람이 많을수록 더 좋다.

핵심 내용

◉ 초자동화 노력은 핵심지원팀의 효율에 달려 있다. 핵심지원팀은 초
자동화의 모든 측면을 촉진하고, 나아가 조직의 모든 구성원이 스
스로 자동화를 만들고 개선하는 데 익숙해지도록 한다.

◉ 핵심지원팀은 익숙한 역할의 변형과 전략적 연락 담당자라는 새로
운 역할이 더해져 구성된다. 전략적 연락 담당자는 핵심지원팀이
수행하는 작업을 조직 구조에 연결하는 사람이다.

◉ 전략적 연락 담당자의 일상 업무는 조직 전반의 여러 부서와 만나
특정 문제를 해결하고 공동 창작 문화를 촉진하며 모든 사람이 초
자동화를 추구하는 데 참여할 수 있도록 권한을 부여하는 것이다.

CHAPTER 11

도구와 아키텍처 준비하기

초자동화 작업 규모와 범위를 설명할 때 등산에 비유하는 데는 이유가 있다. 초자동화를 달성하는 것은 에베레스트처럼 고난과 위험으로 뒤덮인 거대한 도전처럼 느껴지기 때문이다.

정상에 도달하려면 명확한 비전과 전략이 요구되는 조직적인 노력이 필요하다. 산악인처럼 모든 기반을 갖추기 위해 미리 계획을 세워야 하고 정비된 도구도 갖춰야 한다. 에베레스트 기슭에서 슬리퍼를 신을 수는 없을 테니 말이다. 작은 구명보트를 타고 초자동화라는 광활한 바다에 뛰어드는 장면도 비슷할 것 같다. 이 책에서 설명하는 생태계를 구축하려면 솔루션의 반복과 미세 조정을 완벽하게 제어할 수 있는 도구가 있어야 한다. 우선 실현 가능성과 선택권이 중요하다. 이는 조직이 자체 개발 주기를 책임질 수 있는 개방형 시스템으로 요약할 수 있다. 초자동화 작업, 특히 대화형 애플리케이션을 위한 도구는 보통 다음의 세 가지 범주에 속한다.

툴킷

툴킷은 대화형 경험을 구성하는 원초적인 부분이다. 툴킷은 플랫폼을 미세 조정하거나 자체 플랫폼을 구축하려는 경험이 많은 사람이 사용한다. 따라서 툴킷은 시간이 많이 소요되며 명확한 계획이 필요하다. 또한 제한적인 경향이 있다. 가령, 구글의 다이얼로그플로Dialogflow는 다른 구글 AI 도구와 함께 작동되도록 설계됐다.

포인트 설루션

특정 시나리오를 위해 설계된 기계는 시장에서 가장 일반적인 유형의 도구다. 도구는 기존의 요구사항을 충족할 수는 있지만 경쟁업체가 제공하는 고객 경험보다 뛰어나지는 않다. 도구는 빠른 반복 주기의 요구사항을 충족하지 못하기 때문에 확장에 방해가 된다. 설루션 데모solutions demo는 곧 폐기될 가능성이 크므로 많은 투자를 하지 않는 것이 좋다.

플랫폼

플랫폼이 잘 구축돼 있다면, 플랫폼은 복잡성의 중간쯤에 있다. 좋은 플랫폼은 툴킷보다 구현하기 쉽지만, 포인트 설루션보다 덜 집약적이고 유연성 면에서 큰 차이를 보인다. 초자동화에 적합한 플랫폼은 모든 AI 제품을 원하는 대로 조율하고 배열할 수 있는 개방형 시스템이다. 개방형 시스템은 플랫폼이 작업의 80퍼센트를 수행하고 약 20퍼센트를 사용자가 조정할 수 있다(결과에 대한 공은 100퍼센트 가져갈 수 있다). 이상적인 플랫폼은 조직 전체에 디자인 우선 접근 방식을 도입할 수 있는 시작점이자 가속기 역할을 한다. 하지만 포인트 설루션을 플랫폼으로 확장하려는 시도는 주의해야 한다. 설루션 제품군뿐만 아니라 원하는 모든 도구를 구현할 수 있는 개방형 생태계를 제공하지 않는다면 초자동화에 필요한 속도로 설루션을 반복할 수 있는 능력이 제한되기도 한다.

OneReach.ai에서 IDW 생태계를 구축하기 위한 플랫폼을 설계하는 동안 수학자, 언어학자, 데이터과학자, 사용자 인터페이스/사용자 경험 분석가, AI 과학자들로 구성된 팀이 에베레스트 기슭에 모였다. 당시에는 기본적으로 툴킷을 사용해 자체 플랫폼을 구축했고 명확한 비전을 따라 끊임없는 반복과 적응을 통해 실행하기까지 오랜 시간이 걸렸다. 1만 개가 넘는 대화형 애플리케이션을 연구, 설계, 개발하는 데 수십만 시간의 노력을 들인 끝에 초자동화를 위한 개방형 플랫폼이 탄생했다. 기업이 초자동화를 더 많이 구현할수록 더 많은 자율 운영성을 확보할 수 있고, 이에 따라 경쟁력이 높아진다.

이미 언급했듯이 초자동화의 개념을 근본적으로 다르게 이해하는 사람들에 의해 초자동화의 개념에 이미 짙은 안개가 끼어 있다. 초자동화는 챗봇이 아니다. 머신러닝이나 지능형 자동화도 아니다. 자연어 이해나 자연어 처리도 아니고 대화식 음성 응답interactive voice response, IVR이나 로보틱 처리 자동화(RPA)도 아니다. 초자동화는 도구가 아니라 생태계이고 생태계의 구성 요소가 배열되는 방식이다. 초자동화는 도구와 다른 여러 도구를 자유롭게 조율할 수 있는 생태계에서 이뤄진다. 초자동화 생태계를 구축하고 실행할 때 초기 시도가 실패할 가능성이 크기 때문에 약간 신뢰하기가 어렵고, 비즈니스 관점에서 보면 매우 큰 위험처럼 느껴지기도 한다. 그래픽 사용자 인터페이스가 지배하는 세상에서는 한두 가지 기능이 좋은 단순한 애플리케이션도 성공으로 간주한다. 그러나 대화형 디자인에서는 한 가지만 할 수 있는 설루션은 거의 확실히 실패할 것이다.

단순한 챗봇, 자연어 처리, IVR, RPA만으로 초자동화를 달성하기에는 솔직히 충분하지 않다. 성공적인 대화형 애플리케이션과 초자동화를 위한 생태계의 핵심 설계 원칙은 사람보다 더 나은 경험, 즉 BtHX를 제공하기 위해 노력하는 것이다. 최근까지 대화형 AI는 기대 이하 경험의 부정적인 영향보다 비용 절감 효과가 더 크다는 이유로 기업에서 도입하는 경우가 많았다. 이제 대화형 인터페이스가 고객과 직원 모두에게 조직에 접근하는 주요 진입점이 되는 시대에 접어들었다. 대화형 인터페이스가 성공하려면 모든 것에 연결되고 많은 일을 할 수 있어야 한다. 사실 이렇게 방대하고 모든 것을 포괄하는 무언가에 접근하는 유일한 방법은 이전에 실패했던 것보다 더 빨리 실패하는 것뿐이다.

등산에 대한 비유를 잠시 바꿔 스탠드업 코미디언을 생각해보자. 잘 짜인 세련된 공연은 코미디언의 머릿속에서 완벽하게 구체화되지 않는다. 코미디언들은 참신한 아이디어를 무대에 올리는 무서운 첫걸음을 내딛고 끔찍한 실패도 하지만 고통스러운 과정이 점진적인 개선으로 나아질 것을 알고 있다. 이때 개선은 실시간 반응과 매우 밀접하게 연결돼 있어서 반복을 통해서만 이뤄진다. 시간이 지남에 따라 반복적인 개선을 통해 풍부한 경험이 쌓인다. 코미디언이 이 불편하고 예측할 수 없는 과정에 익숙해질수록 불편함 속에서 더 큰 성공을 거둘 수 있다. 초자동화도 마찬가지다.

실패를 두려워하지 않는 이 개념은 애자일 방법론과 같은 반복적인 프로젝트 관리 체계의 핵심이지만, 초자동화에는 훨씬 더 빠른 속도와 유연성이 필요하다. 디자인 사고와 새로운 아이디어를 시도하려는 의지가 초자동화에 필수이기 때문에 애자일 조직이 확실히 유리하게 시작할 수 있겠지만, 필자가 말하는 개발 주기는 며칠이나 몇 주가 아니라 몇 시간 단위로 움직일 것이다. 이 경쟁에 뛰어드는 모든 조직이 할 수 있는 최선은 미래에도 사용할 수 있는 도구, 즉 사용하려는 다른 도구와 사용 방법을 완벽하게 제어할 수 있는 도구를 선택하는 것이다.

● ● ●

딜로이트_{Deloitte}에 따르면 대기업들은 AI의 '얼리어답터' 단계가 끝나고 '초기 다수 수용자' 단계의 시작을 목도하고 있다. 시장조사업체 IDC International Data Corporation는 2024년 AI 기술에 대한 지출이 1100억 달러를 넘을 것으로 예측한다. "기업들은 AI를 도입할 수 있어서가 아니라 반드시 해야 하므로 AI를 도입할 것"이라고 IDC의 인공지능 부문 부사장 리투 조티 Ritu Jyoti는 말한다.[1] 기업은 구매에 있어 더욱 정교해지고 있으며 강력하고 유연한 선택지를 찾고 있다. 선택지는 바로 커뮤니케이션 스튜디오 G2다.

커뮤니케이션 스튜디오 G2

OneReach.ai 플랫폼인 커뮤니케이션 스튜디오 G2는 대화형 애플리케이션을 신속하게 제작할 수 있는 노코드 초자동화 환경이다. G2 플랫폼은 모든 개방형 AI 기술의 시퀀싱을 용이하게 하고 모든 채널에서 작동할 수 있도록 특별히 설계됐다. 고객이 선호하는 채널(또는 가까이 있는 채널)을 통해 고객에게 다가갈 수 있으면 기계는 보이지 않게 된다. 옴니채널의 존재는 놀라운 힘과 유연성을 만들어낸다. 나의 목표는 항상 힘과 유연성을 활용해 사람과 기계 또는 기계와 다른 기계 간의 대화 경험을 지원하는 것이었고, 결국 성공했다. 2022년 가트너가 신설한 매직 쿼드런트 엔터프라이즈 대화형 AI 플랫폼

Magic Quadrant for Enterprise Conversational AI Platforms 부문에서 비전 완성도 및 실행 능력Completeness of Vision and Ability to Execute 리더로 선정됐다. CSG2는 가트너의 첫 번째 엔터프라이즈 대화형 AI 플랫폼 핵심 역량Critical Capabilities for Enterprise Conversational AI Platforms 보고서에서 가장 높은 점수를 받았다. 또한 다섯 가지 사용 사례 가운데 네 개 부분(고객 서비스, 인적 자원, 콜센터 음성 봇, 다수 직원 대면 봇 조율)에서 최고 점수를 받았으며 IT 서비스 데스크 사용 사례에서 두 번째로 높은 점수를 받았다.

높은 평가를 받은 이유는 개방성과 유연성에 대한 헌신적인 노력만이 아니다. 플랫폼이 사용자 경험을 중심으로 구축됐기 때문이다. 머신러닝, 프로세스 마이닝, 자연어 처리와 같은 새로운 기술을 도입할 때 흔히 저지르는 실수는 새로운 기술 자체에 초점을 맞추는 것이다. 나는 우리 팀의 핵심 구성원들과 마찬가지로 경험 디자인 분야를 개척했고 솔루션을 만들고 구현하고 사용하는 과정에서 보람을 느낄 수 있는 여정을 설계하는 데 집중했다.

가트너, 패스트컴퍼니Fast Company, 에디슨상Edison Awards, 딜로이트와 같은 저명한 기관에서 우리가 만든 대화형 AI 플랫폼을 스페이스XSpaceX, 다이슨Dyson, IBM과 같은 글로벌 혁신 기업과 마이크로소프트, 아마존, 구글 같은 AI 분야의 주요 기업들과 나란히 올려놓았다는 사실이 자랑스럽다. 하지만 여러 조직이 CSG2를 통해 실현할 수 있는 가능성과 허물 수 있는 장벽을 발견하는 것을 볼 때 더 큰 보람을 느낀다.

필자는 다양한 조직의 다양한 요구사항과 이를 충족시킬 수 있는 다양한 방법을 많이 접할 수 있었다. 다음은 초자동화를 실현하는 데 사용할 수 있는 도구와 아키텍처의 종류에 대한 실용적인 검토다. CSG2는 초자동화를 달성하기 위한 대화형 AI와 다른 기술들의 시퀀싱을 지원하도록 특별히 설계됐으므로 에베레스트를 오를 때 참고가 될 것이다.

핵심이 되는 마이크로서비스

필자가 말하는 자동화의 규모는 마이크로서비스로 달성할 수 있다. 스킬을 구성 요소 서비스로 세분화하고 이를 다시 구성 요소 단계로 세분화하면 유연하고 무한히 커스터마이징할 수 있는 마이크로서비스 세트를 얻을 수 있다. 지능형 생태계에서 마이크로서비스는 공유 라이브러리의 어느 곳에서나 가져와 수정, 시퀀싱, 배포할 수 있으며, 이를 통해 새로운 자동화 생성뿐 아니라 지속해서 반복, 재시퀀싱, 재배포할 수 있는 새로운 마이크로서비스를 생성할 수 있다.

생태계의 형태를 정의하는 측면에서 마이크로서비스는 플로에 매핑된다. 순차적인 마이크로서비스의 흐름이 IDW가 활용하는 서비스와 스킬을 구성한다. 강력한 생태계에는 다양한 방식으로 시퀀싱할 수 있는 기술이 다양하다. 이제 자동화된 생태계에서 어떻게 작동하는지 살펴보자.

● ● ●

세라는 자동차 부품 공급 업체의 영업 사원으로, 전화 주문이 들어오면 발주하기 전에 주문자가 본인 인증을 해야 한다. 핵심지원팀은 셰르파처럼 조직이 계속 발전하도록 안내했고 세라는 플랫폼의 코드 프리 도구로 신규 서비스와 스킬을 만들 수 있는 교육과 권한을 받았다.

세라는 현재 전화로 주문하는 도매 구매자가 거치는 인증 워크플로를 수행할 수 있도록 IDW를 교육하려고 한다. 세라에게 자동화된 워크플로를 만드는 것은 약간 복잡한 스프레드시트를 만드는 정도로 느껴진다. 코딩이 필요하지 않기 때문에 겁이 나지는 않는다. 실제로 이 과정에서 눈에 보이는 기술은 거의 없다. 힘든 점이라면 설루션이 빨리 제공돼야 하지만 설루션 사용 경험을 미세 조정하는 데 정말 많은 반복이 필요하다는 것이다.

세라는 공유 라이브러리에서 인증 기술을 찾았지만, 필요한 방식으로 정확하게 작동하지 않는다(도매 구매자 중 다수가 SMS의 신뢰성이 낮은 국가에 있기 때문에 SMS에 의존해 인증하는 것이 적합하지 않다). 그래서 스킬의 흐름을 살펴보고 워크플로의 SMS 구성 요소를 쉽게 하는 마이크로서비스를 찾아 대신 왓츠앱을 사용하는 단계로 대체했다. 이제 새로 만든 자동화 기능은 세라가 필요한 방식으로 정확히 작동한다.

다음 단계에서는 세라의 핵심지원팀 QA가 프로토타입 자동화를 테스트하는 데 도움을 줄 수 있다. 또한 XD와 함께 여정 지도를 사용해 자동화를 개선할 수 있으며 이로 인해 스킬 또한 발전하기 시작했다. 자동화가 활성화되면 시간을 절약할 수 있고 세라는 적은 도움으로 더 많은 자동화를 만들 힘을 얻게 된다. 자동화는 조직의 공유 라이브러리에 추가돼 다른 사람들이 빌려서 반복할 수 있다. 기술을 원하는 대로 미세 조정할 수 있으므로 외부 개발팀이 필요한 업데이트를 할 때까지 기다리지 않아도 된다(세라는 공급 업체의 개발 주기로 인해 얼마나 자주 방해받았는지, 동료들이 독점적인 도구에 손을 댔다가 기능을 망가뜨리는 것을 얼마나 조심하는지 알고 있기 때문에 이 점이 특히 자유롭다고 말한다).

핵심지원팀의 노력 덕분에 세라는 여러 부서에서 일하며 새로운 방식으로 마이크로서비스를 설계하고 시퀀싱해 새로운 자동화를 구축할 수 있는 직원이 됐다. 전략적 자동화를 설계하고 구현할 수 있는 역량을 모두 합치면 고객과 팀원에게 결과물을 향상시키는 보람 있는 경험을 제공할 수 있다.

하지만 코드 프리 생성은 도구일 뿐이라는 점을 기억하자. 코딩을 배운다고 해서 프로그래머가 되는 것이 아니듯, 코드 프리 생성을 할 수 있다고 해도 사용법을 알지 못하면 큰 의미가 없다. 사례에서 세라는 자신의 역할과 부서 고유의 프로세스에 대한 전문 지식을 바탕으로 성공적인 소프트웨어를 만들 수 있었다. 최적화된 방식으로 문제를 해결하는 데 활용하는 방법을 이해하지 못하면 코드 프리 생성은 속임수에 불과하다. 예를 들어 누군가가 인상적으로 보이는 소프트웨어를 빠르고 쉽게 만들 수 있지만, 그 소프트웨어의 깊이는 전적으로 실제 요구사항을 얼마나 잘 해결하느냐에 달려 있다. 자동화하려는 작업을 이해하는 사람들이 더 개방적이고 빠르고 쉽게 접근할 수 있는 도구를 사용하면 조직은 더 빠르고 배포하기 쉽고 재사용할 수 있으며 확장성이 뛰어난 자동화를 구축할 수 있다.

하지만 소프트웨어 설계 방법에는 균형이 필요하다. 코드 없이 생성하는 경우 모듈 조각이 너무 크면 솔루션의 유연성이 떨어진다. 모듈이 너무 작으면 비개발자가 성공하기에 너무 복잡해진다. 유연성과 복잡성 사이의 균형을 이루고 유지하려면 여러 부서가 협력하는 노력이 필요하다. AI를 팀 스포츠라고 말하는 의미가 여기에 있다. 자동화할 프로세스를 이해하는 사람과 복잡한 통합 생태계에서 자동화를 생성하는 방법을 이해하는 사람 사이의 상호작용이 반드시 있어야 한다.

새로운 최고의 친구, 마이크로서비스

초자동화를 위해 구축된 생태계는 공유 라이브러리를 통해 조직의 모든 사람이 사용할 수 있는 스킬의 구성 요소인 마이크로서비스의 유연성과 상호 호환성에 의존한다. 마이크로서비스를 좋아하게 될 이유는 다음과 같다.

빠른 준비 개발 주기가 단축되므로 마이크로서비스 아키텍처는 더욱 민첩한 배포와 업데이트를 지원한다.

뛰어난 확장성 특정 서비스에 대한 수요가 증가하면 필요에 따라 여러 서버와 인프라에 걸쳐 마이크로서비스를 순차적으로 배포할 수 있다.

복원력 제대로 구축하면 독립적인 마이크로서비스는 서로 영향을 미치지 않는다. 다시 말해, 한 부분에 장애가 발생해도 전체 IDW가 다운되지 않는다.

쉬운 배포 마이크로서비스 기반 애플리케이션은 모듈식이고 하나의 거대한 서비스 형태로 개발하는 모놀리식monolithic 애플리케이션보다 작기 때문에 기존 배포에 대한 걱정을 덜 수 있다. 마이크로서비스는 더 많은 조정이 필요하지만, 그 대가는 엄청날 수 있다.

빠른 속도와 접근성 큰 애플리케이션은 더 작은 부분으로 나뉘기 때문에 개발자는 이 작은 부분을 더 쉽게 이해하고 업데이트하고 개선할 수 있으며, 특히 하이퍼애자일hyperagile 개발 방법론과 결합할 경우 개발 주기가 더 빨라진다. 분산된 팀이 함께 작업하기도 쉬워진다.

재사용 가능성 마이크로서비스는 다른 마이크로서비스 세트와 함께 다양한 방식으로 시퀀싱해 새로운 기술과 서비스를 만들 수 있다. 기존 시퀀스에서 조정해 다른 결과를 생성할 수도 있다.

높은 개방성 개발자는 다국어 API를 사용해 필요한 기능에 가장 적합한 언어와 기술을 자유롭게 선택할 수 있다.

초자동화를 조율하려면 개방형 시스템이 필요하다

초자동화를 위해 구축된 생태계에서 대화는 모든 개별 노드를 연결하는 조직이다. 조직에서 초자동화 상태는 여러 첨단 기술을 끊임없이 지능적인 방식으로 배열해 점점 더 스마트해지는 비즈니스 프로세스의 자동화를 만들어낼 때 달성할 수 있다. 이런 생태계에서 기계가 다른 기계와 소통하는 것은 물론이고 사람과 기계 간의 대화도 이뤄진다. 진정으로 최적화된 생태계에서 사람은 대화형 인터페이스를 통해 새로운 작업을 완료하도록 디지털 기기를 학습시키고, 이를 통해 상황에 맞게 문제를 해결하는 방법을 알려준다.

혁신, 알고리즘, 시스템이 결합하면 모든 사람이 모든 도구에 접근할 수 있게 돼 일반 지능으로 인식되는 것이 구축되기 시작한다. 이는 구글이나 IBM이 독점적으로 도구를 제공하는 폐쇄적인 시스템에서는 일어나지 않는다. 특정 NLP 또는 NLU 공급 업체에 종속된 경우 개발 주기는 해당 업체의 일정과 역량에 따라 제한되는 것을 예로 들 수 있다. 이는 공급 업체를 찾는 조직이 흔히 저지르는 실수다. 자연어 처리와 맥락화가 곧 인공지능이라고 생각하기 쉽다. 하지만 NLP/NLU는 인공지능을 만들기 위한 생태계를 구성하는 기술 중 하나일 뿐이다. 개방형 시스템을 유지한다는 측면에서 NLP/NLU는 생태계에서 조율할 수 있는 여러 모듈러modular 기술 중 하나라는 것이 더 중요하다. 모듈러란 개선된 NLP/NLU와 같은 더 나은 기능이 나타날 때 개방형 시스템에서 이를 수용하고 사용할 준비가 돼 있다는 의미다.

초자동화를 서둘러 시작할 때 NLP/NLU와 대화형 AI는 조직이 가장 먼저 부딪히는 걸림돌이 되기도 한다. 운영의 특정 측면을 자동화하려고 시도할 때 그 결과는 일반적으로 조율된 노력의 일부가 될 수 없는 각각의 폐쇄형 시스템에서 작동하는 몇몇 챗봇이 흩어져 수준 이하의 사용자 경험을 제공하게 된다.

자동차 제조를 생각해보자. 모든 부품을 한 업체에서 공급받거나 제조 업체가 자체적으로 부품을 공급하면 공급망 관리가 쉽겠지만, 생산에 차질이 생길 수 있다. 조립 라인 효율성을 개척한 포드Ford는 공급과 원자재 사이에 최대 10단계로 분리되고, 1400개 이상의 1차 공급 업체로 구성된 공급망에 의존해 비용을 파악하고 절감하며 경기 변화에 대비할 중요한 기회를 제공했다.[2] 이는 초자동화와 관련해서도 실행 가능한 철학을 나타낸다. 물론 더 복잡한 변수를 수반하지만, 하나의 도구나 공급 업체에 의존하면 혁신, 디자인, 사용자 경험 등 프로세스의 거의 모든 측면에 제약이 따른다.

인지과학자이자 인공지능을 연구하는 벤 거츨Ben Goertzel 박사는 '탈중앙화 AI'라는 제목의 TED×Berkeley 강연에서 지금까지 주목할 만한 AI의 성공은 대부분 비교적 폐쇄적인 영역에서 이뤄졌다고 말하며 게임 플레이를 예로 들었다. 그는 AI 프로그램이 사람보다 체스를 더 잘 두지만, 이런 애플리케이션에 일상의 혼란스러운 화려함을 모두 부여하면 약간 숨이 막힌다는 점을 상기시킨다.

괴르첼은 오픈코그 재단OpenCog Foundation, 일반인공지능협회Artificial General Intelligence Society, AGI Society와 여러 AI 에이전트가 협력해 중앙 제어장치 없이 참여 방식으로 문제를 해결할 수 있는 탈중앙화 AI 플랫폼인 싱귤래리티넷SingularityNET을 통해 수년 동안 이 분야에서 활동했다.

같은 TEDx 강연에서 괴르첼은 마빈 민스키Marvin Minsky의 저서 《마음의 사회》(메가스터디북스, 2019)에 나오는 아이디어를 언급했다. "일반 지능에 돌파구를 제공하는 것은 프로그래머 한 명이나 기업 한곳에서 만든 알고리즘이 아닐 수 있다. 특정 종류의 문제에 특화돼 각각 일을 하는 서로 다른 AI의 네트워크일 수 있다."[3]

조직의 초자동화도 진화하는 방식으로 함께 작동하는 전체 요소의 네트워크와 매우 비슷하다. 생태계의 설계자가 새로운 구성을 시도하는 등 빠르게 반복할 수 있으므로 가장 적합한 도구, AI, 알고리즘이 살아남는다. 비즈니스 관점에서 이런 개방형 시스템은 급성장하는 생태계에서 움직이는 모든 부분 간의 관계를 이해하고 분석하고 관리할 수 있는 수단을 제공하며, 이는 초자동화를 달성하기 위한 실현 가능한 전략을 수립할 수 있는 유일한 방법이다.

초자동화를 위한 아키텍처를 만드는 것은 인프라를 구축하는 문제이지 인프라에 존재하는 개별 요소를 구축하는 것이 아니다. 인프라는 주택과 건물, 커뮤니티를 지원하기 위해 설치하는 도로, 전기, 수도 등을 말한다. 많은 조직이 인프라와 관련된 노력을 기울이면서 겪는 문제가 바로 이

점이다. 인프라가 얼마나 방대한지 파악하지 못하는 것이다. 사람을 시뮬레이션하고 작업을 자동화하는 것은 이메일 마케팅 도구를 구입하는 것과는 다르다.

개방형 플랫폼의 장점은 모든 것을 완벽하게 구현할 필요가 없다는 것이다. 깔끔하게 정돈된 익숙한 생태계에서 벗어나는 것이 두려울 수 있지만 AI의 광범위함과 복잡성은 문제 해결 능력의 원천이기도 하다. 새로운 기술에 적용되는 실용적인 지혜, 즉 앞으로 나아갈 명확한 길이 나타날 때까지 기다리는 것은 효과가 없다. 한 조직이 초자동화 상태에 도달하면 경쟁업체가 이를 따라잡을 수 없기 때문이다. 대화형 AI에 필요한 모든 요구사항에 한 가지 방식이나 시스템을 선택하면 가능한 한 많은 도구가 필요할 때 스스로 제한하게 된다. 어떤 도구를 사용해야 할지 알 수 있는 유일한 방법은 모든 도구를 사용해보는 것뿐이고 진정한 개방형 시스템에서는 그렇게 할 수 있다.

CSG2 같은 도구를 사용하면 기술이 추상화돼 세라 같은 사람이 아키텍처나 그 이면에 무엇이 있는지 걱정할 필요가 없다. 단지 경험을 만드는 데 집중할 수 있다. IBM이나 아마존과 같은 거대 기업을 제치고 가트너의 인정을 받은 것으로도 큰 영광이지만, 우리가 구축한 것과 같은 개방형 시스템이 초자동화를 위한 유일한 현실적인 접근 방식이라는 것을 입증한 것이기도 하다.

개방형 시스템의 이점을 통해 세라는 개발자의 필요성을 근본적으로 없애고 코딩할 필요가 없는 프로그래머가 됐다(덕분에 팀에 속한 소프트웨어 개발자는 슈퍼 프로그래머가 됐다). 세라는 회사의 공유 라이브러리에 제출하기 전에 핵심지원팀에서 품질 보증과 표준을 검토할 수 있는 새로운 스킬을 만들고 템플릿을 만들어 동료들이 IDW를 위해 리소스를 활용할 수 있도록 하고 있다.

자동화를 구상하고 이를 실현하기 위해 적절한 마이크로서비스를 시퀀싱하고 코딩하지 않고도 전체 조직과 기술을 공유함으로써 세라는 워크플로에 대한 실무 지식을 IDW 학습에 신중하고 효율적으로 적용하는 동시에 생태계 전체 역량에 기여할 수 있다.

상상할 수 있듯이 마이크로서비스의 분산 개발 및 배포는 조직 전체에 큰 도움이 된다. 여러 애플리케이션과 스킬을 동시에 만들 수 있으므로 더 많은 개발자가 같은 애플리케이션에서 동시에 작업할 수 있어 개발에 드는 시간을 줄일 수 있다. 이 모든 활동은 개방형 시스템을 통해 모든 공급 업체의 새로운 도구를 원하는 대로 시퀀싱해 사용할 수 있기 때문에 번창할 수 있다.

모든 기반을 지원한다

IDW의 생태계를 만들고 관리하려면 매우 복잡하다. 필자는 접근 방식의 고유한 문제를 완화하기 위해 플랫폼을 설계했다. 이런 기반을 갖추면 비개발자가 대화형 및 비대화형 고급 기술을 쉽고 빠르게 조율하도록 지원하는 데 집중할 수 있다. 이를 통해 마이크로서비스 아키텍처에 수반되는 문제에 대비할 수 있다.

구축 흐름을 구성할 때 서비스 간의 종속성을 반드시 파악해야 한다. 하나의 마이크로서비스를 변경하면 종속성 때문에 다른 마이크로서비스에 영향을 미칠 수 있다는 점에 주의하자. 또한 마이크로서비스가 데이터에 미치는 영향과 한 마이크로서비스에 맞게 데이터를 바꾸면 같은 데이터에 의존하는 다른 마이크로서비스에 어떤 영향을 미칠 수 있는지 고려해야 한다.

테스트 통합과 종단 간end-to-end 테스트는 매우 중요하다. 서로를 지원하기 위해 서비스와 플로를 어떻게 설계하는지에 따라 아키텍처의 한 부분에서 장애가 발생하면 조금 떨어진 곳에서도 장애가 발생할 수 있다.

버전 관리 새 버전으로 업데이트할 때 이전 버전과 호환성이 없으면 문제가 발생할 수 있다는 점을 명심해야 한다. 문제를 해결하기 위해 조건부 로직을 구축할 수 있지만 제대로 관리하지 않으면 다루기 힘들고 지저분해진다. 서로 다른 플로를 사용해 여러 라이브 버전을 설정할 수 있지만 유지 관리가 더 복잡해진다.

로깅 분산 시스템에는 모든 것을 한곳에 모으기 위해 중앙집중식 로그가 필요한데, 그렇지 않으면 규모를 관리할 수 없기 때문에 필요한 기능이 로깅logging이다. 시스템을 중앙집중식으로 보면 문제를 정확히 파악할 수 있다. CSG2는 이런 기능을 대부분 수행하지만 기본 제공 이벤트, 오류, 경고 이외의 문제도 관리해야 한다.

디버깅 사용자 상호작용을 통해 보고되는 오류가 있을 때 오류나 경고 로그가 보고되지 않으면 실패한 마이크로서비스를 정확히 찾아내기가 어렵다. 챗봇, RPA, IVR 같은 간단한 애플리케이션을 자동화하기는 비교적 쉽지만, 맥락, 기억, 지능을 도입하는 단계에 이르면 오류나 경고 이상의 버그를 식별하기가 매우 복잡해지므로 디버깅debugging이 꼭 필요하다.

규정 준수와 보안 초자동화와 같이 강력하고 광범위한 기술을 적용할 때 조직은 잠재적인 규정 준수 및 보안 문제에 세심한 주의를 기울여 계획을 수립해야 한다. 초자동화를 위해 구축된 생태계는 다양한 독립적인 기술을 함께 사용하고 정보를 공유하는 개방형 시스템이기 때문에 개별 조직에 따라 고유한 문제가 발생할 수 있다. 이런 기반에는 모든 문제에 적용할 수 있는 만능 솔루션이 없다.

대화형 AI를 위한 인프라 토폴로지

프로덕션에 사용할 수 있는 안전한 대화형 AI 애플리케이션을 구축하는 데 필요한 전문가, 소프트웨어 개발 시간, 비용 때문에 대부분의 기업은 이를 감당할 수 없어 대화형 AI를 위한 인프라 토폴로지(위상 관계)가 필요하다. 그림 11.1과 같이 기본 사항을 충분히 이해하면 유연성을 희생하지 않고도 포괄적이고 빠르며 확장 가능한 방식으로 운영할 수 있다.

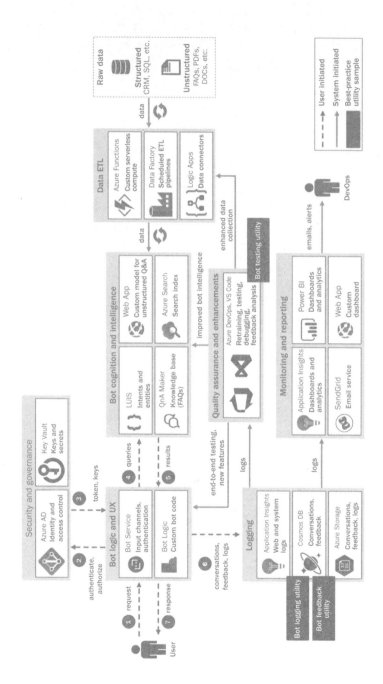

그림 11.1 | 생태계 아키텍처 예시. 출처: https://learn.microsoft.com/ko-kr/azure/architecture/

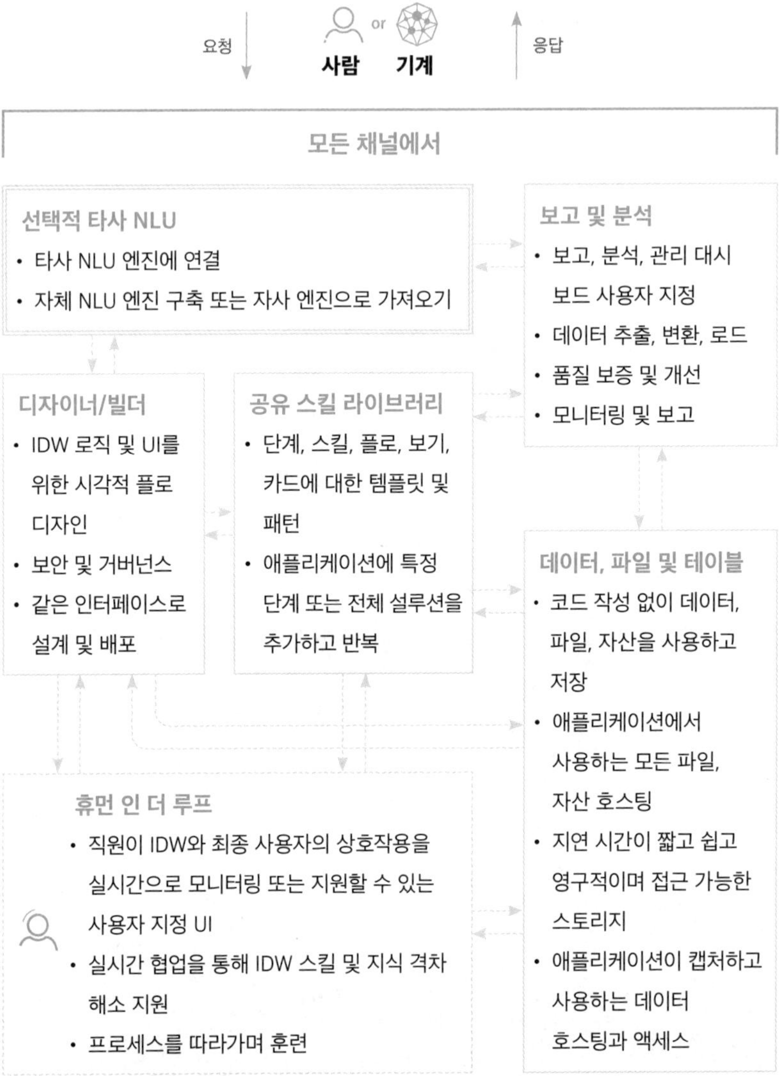

요청 | 사람 or 기계 | 응답 ↑

모든 채널에서

선택적 타사 NLU
- 타사 NLU 엔진에 연결
- 자체 NLU 엔진 구축 또는 자사 엔진으로 가져오기

보고 및 분석
- 보고, 분석, 관리 대시보드 사용자 지정
- 데이터 추출, 변환, 로드
- 품질 보증 및 개선
- 모니터링 및 보고

디자이너/빌더
- IDW 로직 및 UI를 위한 시각적 플로 디자인
- 보안 및 거버넌스
- 같은 인터페이스로 설계 및 배포

공유 스킬 라이브러리
- 단계, 스킬, 플로, 보기, 카드에 대한 템플릿 및 패턴
- 애플리케이션에 특정 단계 또는 전체 솔루션을 추가하고 반복

데이터, 파일 및 테이블
- 코드 작성 없이 데이터, 파일, 자산을 사용하고 저장
- 애플리케이션에서 사용하는 모든 파일, 자산 호스팅
- 지연 시간이 짧고 쉽고 영구적이며 접근 가능한 스토리지
- 애플리케이션이 캡처하고 사용하는 데이터 호스팅과 액세스

휴먼 인 더 루프
- 직원이 IDW와 최종 사용자의 상호작용을 실시간으로 모니터링 또는 지원할 수 있는 사용자 지정 UI
- 실시간 협업을 통해 IDW 스킬 및 지식 격차 해소 지원
- 프로세스를 따라가며 훈련

그림 11.2 | 한눈에 보는 토폴로지

실현 가능성의 핵심은 속도다

모든 채널에서 최신 AI를 기반으로 훌륭한 대화형 경험을 신속하게 생성할 수 있는 역량을 갖춰야 한다. 훌륭한 경험에 대한 아이디어는 영감에서 비롯되고 계획되는 경우는 거의 없다. 훌륭한 경험의 핵심은 폭포수식 접근 방식이 아니라 빠른 반복이다. 초자동화에서는 속도가 관건이다. 사실 속도 향상의 토대를 마련하기 위해 이 모든 기반을 다루는 것이다. 많이 반복할수록 최종 경험은 좋아지며, 반복 속도가 빠를수록 더 나은 경험을 제공할 수 있다.

레너드 코언Leonard Cohen은 자신의 노래 〈할렐루야Hallelujah〉를 발표하기 전에 일흔 가지가 넘는 각기 다른 버전으로 작곡했다. 그런데도 곡이 완성됐다고 확신하지 못했는데 대화형 경험이 결코 '완성'될 수 없는 것과 마찬가지다. 훌륭한 대화형 경험은 일반적으로 다이어그램이나 스프레드시트로 만든 다음 개발자에게 넘겨 구축하는 것이 아니다. 프로토타이핑, 반복 작업, 사용자 테스트, 모든 것을 폐기한 다음 다시 시작하는 과정을 통해 만들어진다.

훌륭한 경험과 정교한 경험에는 차이가 있다. 자동화의 영역에서 정교한 경험은 진화를 통해 이뤄진다. 앉은 자리에서 단번에 정교한 경험을 디자인할 수는 없다.

그렇기 때문에 훌륭한 경험을 만드는 데는 속도가 중요하다. 훌륭한 경험을 향한 반복 작업은 새롭고 복잡한 초자동화 세계에서는 말할 것도 없고 어떤 상황에서도 어렵다. 프로토타이핑, 반복, 테스트를 최대한 쉽게 수행할 수 있는 도구를 사용해야 한다. 초자동화를 촉진하기 위해 어떤 플랫폼을 사용하든 속도를 최우선 요소로 삼아 구축해야 한다. 필자는 대화형 애플리케이션을 만드는 데 더욱 민첩한 접근 방식을 사용하기 위해 CSG2를 구축했다. 이는 다양한 기술 능력을 갖춘 사람들이 함께 협력해 몇 달이 아니라 며칠 만에 훌륭한 대화형 경험을 쉽게 만들 수 있는 플랫폼이다.

스킬과 IDW를 설계하고 확장하기 위한 준비

에베레스트산 중턱에서 수직 빙벽을 만났다고 가정해보자. 로프와 아이젠을 이용해 빙벽을 오를 수도 있지만 팀 전체가 빙벽용으로 특별히 고안된 아이스픽ice pick을 사용하면 훨씬 빨리 오를 수 있다.

필자는 정보를 쉽고 지능적으로 공유하고 조직의 모든 사람이 개선할 수 있는 지능형 생태계를 만들기 위해 특별히 맞춤화된 도구로 플랫폼을 설계했다. 필요한 각 기반에 어느 정도 부합하는 다른 도구를 찾을 수 있지만 공동 창작을 포용하는 코드 프리 생태계를 구축하려면 모든 도구가 필요하며 함께 작동해야 한다. 다음에서 설명하는 고려 사항은 효율성을 극대화하는 데 특화된 도구를 사용해 처리하는 것이 가장 좋다.

조직 전체에서 사람들이 작업을 자동화하고 자신만의 스킬과 마이크로서비스를 만들면 공유 라이브러리는 생태계의 다른 크리에이터와 IDW를 위한 리소스로서 계속 성장하게 된다. 이를 통해 생태계가 유기적으로 확장하고 발전할 수 있는 여건이 조성된다. 어떤 문제든 해결할 수 있는 마이크로서비스의 개수가 계속 확장되는, 마치 하나의 우주와 같다.

다음과 같이 전문화된 도구를 소개한다.

사람은 IDW가 작업하는 동안 모니터링을 할 수 있어야 하고, 기계가 무엇을 해야 할지 모르거나 안내가 필요할 때 경험에 개입할 수 있어야 한다. IDW는 사람이 주도해 자동화 작업을 개선하는 지속적인 프로세스를 통해 학습할 수 있다.

생태계의 지속적인 발전과 확장은 사람 참여 프로세스에 달려 있다. 사람은 IDW와 함께 원활하게 일하고 서로에게 도움을 요청하고 질의하고 추천 반응이나 행동을 설정하는 등 생태계의 중요한 부분이다.

AI 학습에 기여하고 사람의 손길이 필요한 곳에 개입하려면 IDW가 관리하는 대화를 실시간으로 조정할 수 있는 능력이 필요하다.

경험 내 개입을 통해 IDW는 사람과 사람 간의 실시간 상호작용에서 학습할 수 있다. 조직 구성원이 사용자를 다음 단계로 안내할 때 IDW는 새로운 맥락 데이터를 얻기 때문이다. 인라인 교육in-line training을 통해 IDW가 보유한 지식과 스킬은 조직 전체에서 활용할 수 있다.

IDW가 사람으로부터 학습하는 데 더 많은 시간을 할애할수록 생태

그림 11.3 | IDW의 3/4 단면도. 높이가 높을수록 정교한 스킬을 나타낸다.

계는 더 빠르게 진화할 수 있다. IDW의 능력이 향상되고 사람의 개입이 줄어들면 사람은 더 많은 작업을 자동화하는 데 집중할 수 있게 된다. 또한 사람과 IDW가 함께 기술을 설계하거나 수정하는 코봇팅co-botting이라는 새로운 기회도 생겨나고 있다. 이는 서비스를 제공하기 전에 IDW에게 결제 방법을 교육해야 하는 것을 깨닫는 것만큼이나 간단하다.

반대로 IDW가 분석 데이터를 살펴보다가 상당수의 사용자가 선결제 옵션을 요청하는 것을 발견하고 거래 완료 방법을 교육 받기 위해 동료(사람)에게 연락할 수 있다.

공유 라이브러리

공유 라이브러리는 생태계의 중심 리소스다. 모든 사람이 공유 라이브러리에서 마이크로서비스, 기술, 플로를 가져오고 이런 요소가 새로운 서비스에 맞게 맞춤화되면 해당 정보는 공유 리소스의 일부가 된다. 공유 라이브러리는 초자동화에 매우 중요하다. 조직에 모범 사례를 제공해 지식 공유를 확장하고 개발을 가속하는 동시에 보안, 규정 준수, 모니터링, 모범 사례, 일관성과 확장성을 제어할 수 있도록 한다.

실행 가능한 문서화

공유 라이브러리에 대한 정확한 문서를 갖고 있어야 한다. 문서를 통해 조직의 구성원은 어떤 기술과 마이크로서비스를 사용할 수 있고 운영 중인지, 새로운 솔루션을 만들 때 어떻게 사용하는지 이해할 수 있다.

기본 기술의 빠른 구축과 반복

IDW를 만들 때 다양한 커뮤니케이션 채널(슬랙, 전화, SMS, 알렉사, 이메일, 웹 채팅 등)에서 작동하는 것 같은 기본 기술을 빠르게 구축하고 반복할 수 있어야 한다. 자연어를 이해하는 것도 IDW의 기본 기술이며 필요하면 휴먼 인 더 루프도 포함할 수 있어야 한다.

보고서, 대시보드, 위젯

대화형 경험에 연결되는 맞춤형 보고서, 대시보드dashboard, 위젯widget을 생성할 수 있는 기능이 꼭 필요하다. 자동화된 작업을 트리거trigger하는 데 사용되며 데이터에 기반한 실시간 분석과 적응 기능을 제공할 수 있는 기능이기 때문이다. 맞춤형 보고서의 분석 및 트리거된 이벤트를 기반으로 대화형 애플리케이션이 제공하는 경험을 상황에 맞게 조정할 수 있도록 지원해야 한다.

여러 지식 기반의 활용

기존 대화형 애플리케이션을 새로운 생태계에 통합하려면 IDW가 여러 지식 기반, 즉 지식의 정원에 접근할 수 있는 도구가 필요하다. 가령, 인사팀이 구축한 지식 기반뿐 아니라 IBM 왓슨IBM Watson을 통해 실행되는 지식 기반과 HR 지원자 추적 소프트웨어에서 허가 받은 지식 기반까지 활용할 수 있는 IDW를 생각해보자. 어느 시점에는 타사 애플리케이션을 도입해야 할 수도 있으므로 이를 위한 유연성을 갖춘 도구가 필요하다.

CSG2는 이런 기능을 염두에 두고 설계돼 타사 애플리케이션을 쉽게 통합할 수 있고 자체적으로 내부 지식 기반을 구축할 수도 있다.

저장된 데이터에 쉬운 접근

대화형 애플리케이션이 캡처하고 사용하는 데이터를 짧은 지연 시간으로 저장하고 영구적으로 접근할 수 있는 스토리지를 확보해야 한다. 사용자가 IDW와 상호작용할 때 백엔드에서 데이터를 쉽게 호스팅하고 액세스할 수 있도록 설계되고 최적화된 도구가 필요하다. 자동화된 경험을 API나 자체 파일, 스프레드시트, 데이터에 연결해 해당 플로를 지원할 수 있다. 코드 한 줄 작성하지 않고도 데이터를 사용하고 저장할 수 있어야 한다.

음성에 대한 종단 간 제어

대화형 AI로 작업할 때 오디오의 무결성이 매우 중요하다. 자연어 처리, 자연어 이해, 대화식 음성 응답을 통해 만족스러운 경험을 제공하려면 고객과의 연결 지점부터 상담원까지 안정적인 오디오 품질이 필요하다. 음성 지원 기술을 선택할 때 모든 상호작용을 종단 간 제어할 수 있는 플랫폼을 선택해야 한다. 그렇게 해야만 문제가 발생했을 때 효과적으로 해결하고 새로운 설루션을 만들 수 있다. 종단 간 제어 기능을 사용하면 프로토타이핑, 테스트, 트래픽 확인, 채널 및 API 관리, 보고서를 한 곳에서 모두 처리할 수 있다. 비슷한 맥락에서 음성 게이트웨이voice gateway를 조심해야 한다. 줌 회의를 예로 들면, 참석자가 모두 줌 애플리케이션으로 연결한다면 줌이 연결 품질을 제어할 수 있다. 원격 전화선을 통해 화상회의에 참석하는 사람은 음성 게이트웨이를 통해 접속하는 것이므로 연결 품질을 줌이 통제할 수 없다.

가능하면 사용자가 통제된 회선을 사용해 전화하도록 해야 한다. 거미줄처럼 얽힌 기술과 공급 업체를 따라 회선을 추적해야 한다면 최종 사용자의 통화가 끊기는 이유를 파악하기가 매우 어렵기 때문이다. 이런 상황에서는 공급 업체들이 문제를 두고 서로 탓하며 불필요한 혼란에 휩싸일 가능성이 크다. 하지만 음성 입력을 종단 간 제어할 수 있다면 분석과 보고 기능을 통해 트래픽 흐름을 도표화하고 통화가 끊기는 위치를 정확히 파악할 수 있다.

로드맵을 갖는다

에베레스트를 반쯤 올랐을 때 다음 지점에 도달하는 데 필요한 중요한 도구가 있다는 것을 알게 된다면, 그 자리에서 바로 그 도구를 만들 수 있는 능력이 있는 편이 훨씬 낫다. 베이스캠프에 무전을 보내 누군가에게 도구를 보내 달라고 요청하면 완전한 시간 낭비니 말이다. CSG2를 사용하면 플랫폼 개발팀에 의존해 설루션을 생성하는 데 걸리는 시간을 낭비하지 않고 필요할 때 도구를 만들 수 있다.

규칙 기반 AI와 신경망을 함께 사용한다

AI 영역에서는 규칙 기반과 신경망이라는 두 가지 경로 또는 모델이 제안될 때가 많다. 각 접근 방식을 둘러싼 복잡하고도 계속 진행 중인 담론이 있다. 적절한 전술과 도구를 사용하면 각각의 요소를 결합해 많은 양의 학습 데이터에 대한 필요를 줄여 경험 디자이너가 훨씬 빠르게 설루션을 만들 수 있다는 것만으로도 충분하다.

과거 데이터를 머신러닝 모델에 입력하면 일반화된 버전의 대화를 생성할 수 있지만 반드시 좋은 경험을 생성하는 것은 아니다. 신경망의 학습 능력과 규칙 기반 AI의 뛰어난 성능을 통해 경험 디자이너는 훨씬 적은 데이터로도 새로운 설정과 문제에 적응할 수 있다. 여기에 휴먼 인 더 루프 시스템을 더하면 사전 학습에 필요한 데이터를 거의 제로에 가깝게 줄일 수 있다.

코드가 없다는 것은 장벽이 적다는 뜻이다

50년 전만 해도 컴퓨터 관련 일을 한다면 거의 틀림없이 '전산실'이라는 곳에서 일했을 것이다. 요즘 컴퓨터 부서라는 개념은 너무 구식이라 오히려 낯설기도 하다. 거의 모든 사람이 컴퓨터로 작업한다. 소프트웨어 개발도 이와 비슷해진다. 현재 기업 대부분 타사 소프트웨어 설루션과 컨설팅 업체를 사용하거나 내부 소프트웨어 개발 부서에서 필요한 소프트웨어를 만든다. 누구나 컴퓨터를 사용하는 것처럼 누구나 소프트웨어 설루션을 구축할 수 있는 세상을 상상해보라.

상상 속 세상이 실현되기까지 50년을 기다릴 필요가 없다. 변화는 이미 우리 곁에 있다. 기업이 개발 주기에 쏟아 부어야 했던 시간과 에너지가 사라지면서 '개발 부서'는 과거의 일이 돼 가고 있다. 코드를 작성하지 않고도 비즈니스 프로세스, 작업, 커뮤니케이션의 자동화를 프로그래밍할 수 있게 되면 기존의 개발 주기는 필요 없게 된다. 코드 없는 자동화는 생태계 성장을 가속하는 핵심 요소다.

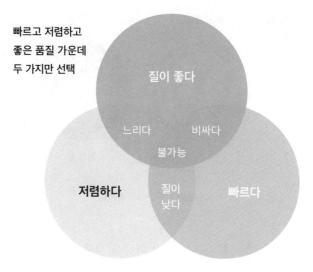

빠르고 저렴하고
좋은 품질 가운데
두 가지만 선택

질이 좋다

느리다　　비싸다

불가능

저렴하다　　질이 낮다　　빠르다

그림 11.4 | 철의 삼각형 또는 삼중 제약 삼각형

　이 지점에 도달하려면 도전이 필요하다. 조직에서 두 가지 패러다임이 깨져야 한다. 첫째, 빠르고 저렴하고 좋은 것 가운데 두 가지만 선택해야 한다는 삼중 제약 삼각형triple constraint triangle 또는 철의 삼각형iron triangle이다(그림 11.4 참조). 둘째, 유연성과 사용성 중 하나를 선택해야 한다는 생각이다. 플랫폼이 유연하면 사용하기 어렵고 사용하기 쉬우면 경직된다고 생각하는 것이다(그림 11.5 참조). 우리는 개방형 플랫폼으로 제약적인 패러다임을 산산조각 냈다. 오늘날에는 코딩 없이도 타협이 가능하므로 더는 이 규칙을 따르지 않아도 된다. 고객이 만든 1만 개 이상의 AI 애플리케이션을 봤지만, 우리 플랫폼을 사용하는 사람의 80퍼센트는 코드를 작성할 줄 모른다. 조직의 모든 사람이 생태계의 진화에 참여할 수 있다면 사용성과 유연성 사이에서 고민할 필요 없이 저렴하고 효과적인 설루션을 빠르게 만들 수 있다. 이것이 바로 초자동화를 성공으로 이끄는 지름길이다.

하나만 선택　　　워드프레스　　　미디엄

유연성　　　　　사용성

그림 11.5 | 상충하는 유연성과 사용성

　　기업이 코드 없는 신속한 프로그래밍 역량을 갖추면 가장 효율적으로 초자동화의 힘을 배가시키는 효과가 있다. 기술이 배경으로 물러나면 조직 구성원들이 자신이 가장 잘 아는 작업의 자동화에 직접 기여할 수 있다. 하지만 코드 프리 생성은 단지 도구일 뿐이며 이를 사용하려면 필요한 경험이 있어야 한다는 점을 기억하자. 조직의 문제에 가장 가까이 있는 사람들이 문제를 가장 잘 해결할 수 있고, 문제의 고통을 느끼고 해결책이 무엇인지 잘 아는 사람들에게 해결책을 더 가까이 제시할 수 있다. 자동화되는 프로세스를 명확하게 설명할 수 있는 사람들을 지원하려면 결과물인 자동화의 세부적인 부분을 정확히 설명할 수 있는 개발자가 필요하다. 코드 프리는 코드가 없는 것 아니다. 대화형 인터페이스에서 최종 사용자에게 이면의 복잡함이 보이지 않는 것처럼 소프트웨어를 구축하는 사람들에게도 내부 작동을 보이지 않게 한다.

　　지난 수십 년 동안 웹 디자인이 어떻게 변했는지를 생각해볼 수 있다. 처음에는 정적인 웹 페이지를 만드는 데도 프로그래밍 언어에 대한 깊은 이해가 필요했다. 웹사이트가 더욱 인터랙티브하고 기능적으로 발전함에 따라 웹사이트를 구축하는 데 필요한 지식은 더욱 복잡해졌다. 그리고 마침내 웹 개발 기술이 없는 사람도 기존 템플릿을 커스터마이징해 자신만의 사이트를 구축할 수 있는 도구가 등장했다.

컴퓨팅 기술이 부족한 사람도 한나절이면 여러 페이지로 구성된 일회용 웹사이트(예: 다가오는 결혼식 관련 정보를 조율하는 웹사이트)를 만들 수 있게 됐다. 초자동화는 일회용 소프트웨어를 만들 수 있는 문을 열어준다. 최근에 가족 이사를 준비하면서 필자도 직접 만들어봤다. 콜로라도주 덴버에 있는 집을 떠나면서 가족의 모든 물건에 색인을 만들고 상자에 넣어야 했다. 캘리포니아주 버클리에 있는 나머지 짐과 합치기 전에 휴가를 보낼 멕시코에 보낼 물건들이 있었기 때문이다.

필자가 설계한 플랫폼으로 아내와 공유할 IDW를 금방 만들 수 있었다. 시스템은 매우 간단했다. 우리 둘 중 한 사람이 IDW에게 새 상자를 포장할 것이라고 말한다. IDW는 상자에 번호를 부여하고 어디로 보낼지 확인한다. '멕시코? 캘리포니아? 콜로라도에 있는 동생의 차고?' 상자를 채우면서 안에 있는 물건의 사진이나 설명을 IDW에게 보낼 수 있다. 몇 달 뒤 오토바이 헬멧을 찾을 때 IDW에게 헬멧의 위치를 물었다. IDW는 헬멧이 몇 번 상자에 있고 그 상자는 어디에 있는지 알려줬다.

필자가 일회용 소프트웨어를 만든 이유는 플랫폼의 기능을 자랑하고 싶어서가 아닌, 일하기 쉽고 시간을 크게 절약할 수 있어서였다. 그리고 코드 프리 생성이 무엇을 약속하는지 잘 보여준다. 삶을 더 편하게 만들어 줄 자동화를 고안하고 즉석에서 디자인한 다음 작업이 끝나면 한쪽에 치워두면 된다.

코딩이 필요 없는 대화형 AI 플랫폼을 사용하면 별다른 지식 없이도 자신이 이해하는 워크플로를 자동화할 수 있다. 자연어를 통해 플랫폼과 대화하고 간단하고 시각적인 드래그 앤 드롭 프로그래밍을 사용하기만 하면 된다. 이것이 필자가 CSG2를 설계한 이유다. 코드 프리 프로그래밍code free programming 기능을 사용자에게 제공하는 것이다. 공동 창작은 모든 사람의 참여에 의존하고 코딩이 필요 없는 도구를 사용하면 누구나 훌륭한 소프트웨어 디자인에 기여하고 빠르게 결과를 얻을 수 있다. 이 경주에서 경쟁력을 유지하기 위해서는 속도가 핵심이라는 점을 항상 기억하자.

• • •

이것이 소프트웨어를 만들고 관리하는 완전히 새로운 방식이다. 대화형 AI를 코드 없이 생성할 수 있는 인터페이스로 설정하면 조직의 모든 사람이 IDW를 설계할 수 있게 되는 것보다 더 큰 효과를 얻을 수 있다. 사람들이 앞에서 설명한 도구와 프로세스를 사용할 때 실제로 소프트웨어를 제작한다. 소프트웨어가 개발자를 통해 만들어지는 것이 아니라 해결해야 할 문제를 가장 잘 이해하는 사람이 소프트웨어 솔루션을 설계하고 구현하는 새로운 패러다임이 나타난 것이다. 개발자는 생태계의 높은 수준의 기술적 측면에 대해 조직에 조언하고 세부적인 수준에서 기술을 조정하는 등 중요한 역할을 맡는다. 여기서 개발자는 조직의 사람들이 소프트웨어를 만들고 개선하는 데 사용하는 도구를 만들고 확장하는 일을 한다. 이는 소프트웨어 제작에 대한 매우 최적화된 접근 방식으로, 정규화되면 비즈니스와 기술 간의 관계를 근본적으로 변화시킬 것이다.

핵심 내용

◉ 초자동화를 위한 생태계를 구축하려면 설루션의 반복과 미세 조정을 완벽하게 제어할 수 있는 도구가 필요하고 이는 실현 가능성과 선택 가능성에 중요하다.

◉ 초자동화를 위해서는 사용 가능한 최고의 도구를 사용할 수 있고 조직이 자체 개발 주기를 관리할 수 개방형 시스템이 필요하다.

◉ 자동화는 기술을 구성 요소 서비스로 세분화하고 이를 다시 구성 단계로 세분화해 유연하고 무한히 커스터마이징할 수 있는 마이크로서비스를 제공함으로써 이뤄진다.

◉ 기반이 마련되면 비개발자가 대화형 및 비대화형 고급 기술을 쉽고 빠르게 조율할 수 있도록 지원하는 데 집중할 수 있다.

◉ 초자동화의 힘을 배가하는 효과를 가속하는 가장 효율적인 방법은 조직이 코드 없는 신속한 프로그래밍을 할 수 있는 역량을 갖추는 것이다.

CHAPTER 12

공급 업체 조사하기

초자동화 분야의 공급 업체에 접근할 때는 여러 가지 항목을 단단히 준비하고 교차 확인해야 한다. 음성 및 자연어 이해 기능, 채널 유연성, 호환성 문제, 개발 주기 등 확인할 목록이 계속 늘어난다.

복잡하지만 최우선으로 반드시 확인해야 할 내용은 다음과 같다.

공급 업체가 판매하는 것과 같은 종류의 기계를 자체 비즈니스에 얼마나 사용하는가? 어느 업체가 됐든 공급 업체가 설루션을 직접 어떻게 활용하는지 보여줄 수 있어야 한다.

진정으로 초자동화를 실현하는 방법을 찾았다면 조직 전체에 걸쳐 사람들이 정기적으로 기술을 만들고 사용하고 반복할 것이다.

공급 업체 타당성 판단 테스트

성공적인 IDW 생태계는 효율성과 생산성 측면에서 획기적인 변화를 가져온다. 따라서 공급 업체가 대화형 AI에서 복잡성을 실현하는 방법을 알아냈다면 내부적으로 자사 제품을 분명히 사용할 것이다. 서비스 공급 업체라면 내부적으로 모두가 알고 있고 정기적으로 개선하고 있는 가치 있는 사례가 빠르게 늘어날 것이다.

공급 업체에 다음과 같은 질문을 하면서 평가해보자.

- 내부 프로세스를 성공적으로 자동화했습니까?
- 내부 기계가 회사 운영에 필수 요소입니까? (아니면 그냥 보여주기식인가요?)
- 직원들이 자동화가 작동하는 것을 보고 더 많은 기계를 요구합니까?
- 어떤 스킬과 사용 사례를 다뤘는지 보여줄 수 있습니까?

공급 업체가 '구둣집 아이가 신발 없이 다니는' 격이라면 주의해야 한다. 필자의 회사도 솔루션을 개발하느라 너무 바빠 직접 사용할 시간이 없다고 핑계 대던 때가 있었다. 하지만 말도 안 되는 변명이란 것을 깨달았다. 직원이 우리 플랫폼을 사용하지 않는데 고객에게 플랫폼을 사용하게 할 수 있겠는가? 이를 염두에 두고 우리 팀과 더 깊이 파고들고 문제 해결을 위해 다시 시작했다. 가장 복잡한 내부 프로세스와 운영을 목표로 삼고 가장 까다로운 부분을 자동화하기로 했다. 자동화 과정을 고객과 파트너와 공유하고 싶다. 초자동화의 핵심 요소를 이해하기 쉬울 뿐 아니라 플랫폼을 어떻게 활용하는지도 보여준다. 추구할 가치가 있는 공급 업체라면 비슷한 과정을 공유할 수 있어야 한다.

이미 공급 업체와 일하고 있다면 스스로 질문해보자. 반복 주기가 얼마나 빠른가? 새로운 스킬을 추가하거나 반복하는 데 일주일 이상 걸린다면 다른 곳을 찾아봐야 할 것이다. IDW를 위한 기능적 생태계를 구축하려면 반드시 올바른 도구를 갖춰야 한다.

앞서 설명한 다양한 기반 중 일부를 충족하고 유익한 구축을 순조롭게 하는 데 도움이 되는 플랫폼과 도구는 시중에 많다. 현재 IDW 생태계를 구축하기 위해 파악한 모든 요구사항을 충족할 수 있는 플랫폼은 CSG2가 유일하다고 알고 있지만 그렇다고 해서 다른 방법이 없다는 뜻은 아니다. 다음은 적합한 공급 업체나 플랫폼 또는 두 가지의 조합을 찾는 데 도움이 되는 유용한 가이드라인이다.

공급 업체에 계속 질문한다

공급 업체가 내부적으로 자사 도구를 어떻게 사용하는지 보여줬다면, 올바른 질문을 미리 해둠으로써 적합한 도구를 찾는 시간을 훨씬 단축할 수 있다. 몇 시간 또는 며칠 동안 플랫폼을 탐색하다가 나중에 확장할 수 있는 전략에 필요한 중요한 기본 요구사항을 충족하지 못한다는 사실을 알게 되면 분명히 후회하게 된다. 다음과 같은 유형의 질문을 하면 검색 범위를 더 효율적으로 좁힐 수 있다.

- **어떤 유형의 음성 및 NLU 기능이 있는가?**
  - NLU 분야의 시장 주도권은 끊임없이 바뀌고 있습니다. 귀사의 NLU가 미래에 대비하고 있는지 보여줄 수 있습니까?
  - 여러 음성 인식, 음성 합성, 자연어 이해 엔진을 활용할 수 있습니까?
  - 특정 NLU 플랫폼과 AI 엔진에 종속돼 있습니까, 혹은 새로운 공급 업체의 시장 진입을 고려한 애플리케이션 간 이동성이 있습니까?

- 어떤 커뮤니케이션 채널에서 대화형 경험을 만들 수 있는가?

  – 대화 중에 맥락을 유지하면서 전화, SMS, MMS, 이메일 등 여러 채널을 상호 교환적으로 사용할 수 있습니까?

  – 전화, SMS, 왓츠앱과 같은 채널에 대해 특정 커뮤니케이션 채널 제공업체에 종속돼 있습니까, 혹은 다른 유사한 제공업체로 솔루션을 이동할 수 있습니까?

- 개발 및 배포와 관련해 어떤 제약이 있는가?

  – 빠르고 의미 있는 반복이 원활하려면 어떤 종류의 분석을 사용 가능합니까?

  – 경험을 얼마나 빨리 만들고 배포할 수 있습니까?

  – 솔루션/경험을 설계, 개발, 배포, 반복하는 데 어느 수준의 기술이 필요합니까?

  – 비개발자와 개발자 모두 대화형 AI 애플리케이션과 작업 자동화를 만들 수 있습니까, 혹은 개발자가 솔루션을 구축해야 합니까?

  – 라이브러리와 템플릿에 접근 가능합니까, 혹은 완전히 새로 구축해야 합니까?

  – 접근할 수 있는 도구와 템플릿이 노코드인 경우, 얼마나 유연합니까?

- 플랫폼에서 새로운 사용자 교육이 얼마나 어려운가?

  – 최종 사용자가 접근할 수 있는 기능과 제어 기능은 무엇입니까? 어떤 측면이 이면에 있습니까?

  – 개발, 보고, 보안, 확장을 포함한 설계 및 배포의 모든 측면에 걸쳐 어느 수준의 투자(전문가, 부서, 기술, 일정)가 필요합니까?

베이크오프: 새로운 제안요청서

평가 도구로서 제안요청서request for proposal, RFP가 점차 사라지고 베이크오프_{bakeoff}§를 선호하는 추세가 업계 전반에 나타나고 있다. 이는 공급 업체들이 잠재적 고객의 프로젝트 수주를 위해 자사 기술을 경쟁적으로 선보이는 베이크오프 접근 방식이 조직의 요구사항을 충족하는 설루션을 찾는 데 더 실무적이고 효율적이기 때문이다. 초자동화가 목표라면 특히 그렇다. 해결하려는 문제에 설루션을 적용할 수 있는지, 어떻게 적용할 수 있는지 알아보려면 실제로 문제를 해결하는 것을 보는 방법이 가장 빠르다. 여러 플랫폼에서 같은 개념 증명proof of concept, PoC을 비교하는 것은 적합한 플랫폼을 찾는 좋은 방법이다.

철저하지 않아도 된다는 말은 아니다. 제안요청서가 종종 100쪽을 훌쩍 넘기는 데는 이유가 있고, 초자동화는 다른 기술적 노력에 비해 덜 복잡하지 않다(오히려 더 복잡할 수 있다).

결국 유연성과 속도가 필요한 프로세스를 진행하는 것이다. 아직 더 빠르고 반복적인 운영 모델을 완전히 도입하지 않은 많은 조직에서 공급 업체 선정이나 조달에 베이크오프 방식을 추가하는 것은 매우 가치 있는 일이지만 제안요청서를 완전히 대체할 수는 없다.

제안 요청을 보내고, 제안을 기다리고, 제안을 비교한 다음 가장 좋은 제안을 추구하는 과정은 꽤 길다. 여기에 긴 자료 수집 및 구현 프로세스가 추가된다. 2~3일 간의 개념 증명 경쟁을 통해 프로세스의 속도를 높일 수 있지만 많은 조직에서 이런 과정은 제안 요청 과정을 대체하는 것이

---

§ 옮긴이: 일종의 경쟁 혹은 시합을 뜻하는 것으로, '테크놀로지 베이크오프(technology bakeoff)'는 두 개 이상의 벤더사가 잠재적 고객사의 주문을 따내기 위해 자신의 기술을 경쟁적으로 선보이는 것을 뜻한다. 출처: https://www.boannews.com/media/view.asp?idx=109891

아니라 추가하는 것이다.

어느 쪽이든 그만한 가치가 있는 플랫폼이라면, (특히 내부적으로 자기 제품을 사용하는 경우) 고객의 요구사항과 관련된 샘플 경험을 제공할 수 있을 것이다. 그렇게 할 수 없다면 그 플랫폼은 초자동화에 적합하지 않을 가능성이 크다. 필자도 CSG2를 사용하기 쉽도록 설계해 프로토타입을 만들고 베이크오프에 참여하는 것이 실제로 매우 재미있고 유익한 경험이 될 수 있도록 했다.

초자동화는 조직 전체에서 다양한 기술 능력을 갖춘 사람들의 참여에 달려 있다는 점을 기억하자. 솔루션이 큰 기술 없이 쉽고 빠르게 활성화될 수 없다면 제대로 작동하지 않거나 빠르지 않을 가능성이 크다(두 가지 모두 해당할 수도 있다).

사용자 경험을 간과하지 않는다

초자동화 노력을 포기하는 데는 고객 대면 솔루션과 내부적으로 열악한 사용자 경험이 가장 큰 요인이다. 초자동화처럼 광범위하고 포괄적인 작업의 경우, 사용성은 전략, 프로세스, 도구의 채택에 가장 큰 영향을 미치는 요소다. 사람들이 솔루션을 채택하지 않으면 초자동화가 작동하지 않기 때문에 잘못된 도구로 초자동화를 시도하는 것보다 아예 시도하지 않는 편이 낫다.

초자동화 분야에는 플랫폼의 사용성을 개선하기 위해 유명한 사용자 경험 컨설팅 회사와 고급 사용자 경험 인력을 고용했다고 공개적으로 자랑하는 플랫폼들이 있다. 겉으로는 그럴듯해 보이지만 사실 공급 업체가 사용성 개선에 도움이 필요한 플랫폼을 구축했다면 처음부터 사용성을 핵심에 두지 않았을 가능성이 크다. 이렇게 구축된 플랫폼은 아무리 많은 인력과 비용을 투입해도 채택률이 낮을 수 있다. 애플, 테슬라Tesla, 레모네이드처럼 최고의 사용자 경험을 제공하는 기업은 경험-디자인 사고와 전략을 중심으로 운영된다는 것이 거의 보편적인 사실이다. 단절되거나 제대로 기능하지 않는 내부를 숨기는 사용성의 외피를 두르고 그럭저럭 버티고 있는 기업이 많다. 초자동화에서는 이런 접근 방식으로는 시작조차 할 수 없다. 성공적인 초자동화를 위해서는 조직의 중심으로 향하는 디자인에 주의를 기울여야 하고 초자동화를 조율하기 위한 플랫폼은 기본 수준에서 사용성이 내장돼야 한다.

우리 회사 경영진은 2000년대 초반에 경험 디자인 분야를 발전시키고 정의하는 데 기여한 경험 디자인 개척자들로 구성돼 있으며 어도비, 보잉Boeing, 페덱스FedEx 같은 기업을 위해 혁신적인 기술을 개발했다. 이들과 수십 년 동안 함께 일했고 사용자 경험 분야의 경력을 합치면 100년이 넘는다. 필자는 도전을 좋아해 수년 전 사람들이 일상에서 겪는 최악의 기술 경험 중 하나인 대화식 음성 응답interactive voice response, IVR과의 상호작용에 뛰어들었다. 아무도 이 문제를 다루는 것을 좋아하지 않았다. 1970년대 이후 중요한 혁신이 없었던 터라 오랫동안 소외된 분야이기도 했다. 아마 문제를 해결할 비전이 있는 사람이 없었기 때문일 것이다. 무엇이 고장 났고 어떻게 수리하고 구조를 바꿀 수 있는지 알아보기 위해 연구 프로젝트로 시작한 것이 초자동화를 위한 나만의 플랫폼(CSG2)으로 발전했다. 필자는 IBM이 제안한 AI 기본 설계 요소에 동의한다. "우리의 설루션은 기술 역량이나 요구사항을 수용하기 위해 억지로 끼워 맞추지 말고 사용자 요구를 우선 해결해야 한다."[1]

하지만 현재 IBM의 설루션은 자체 설루션 라인이 부과하는 기술 역량이나 요구사항에 의해서만 사용자 요구를 해결할 수 있는 폐쇄적인 시스템이어서 원칙을 적용하는 데 문제가 있다. IBM과 같은 폐쇄형 시스템이 일부 요구사항을 충족할 수 있지만 다른 핵심 문제에 대한 설루션은 해당 시스템 외부에 존재하는 매우 현실적인 시나리오가 있다. 적어도 당신의 로드맵은 외부 시스템의 로드맵에 의해 정의될 것이다. 이런 종류의 제한은 실패를 보장한다. 스탠퍼드대학교의 2019년 AI 인덱스 보고서에 따르면, 가트너는 인공지능의 연산 속도가 3개월마다 두 배씩 빨라진다는 사실 때문에 조직의 90퍼센트가 초자동화에 대한 초기 시도를 포기할 것으로 예측한다. 이는 프로세서 속도가 18~24개월마다 두 배가 된다는 무어의 법칙Moore's Law을 능가하는 속도다.[2]

이것이 성공적인 초자동화에 기여하는 파괴적 혁신 기술의 특성이다. 그 힘과 잠재력이 빠른 속도로 성장하고 있다. 지능형 초자동화를 위해 구축된 생태계에서 경험을 최적화하는 최상의 설루션은 어디서나 찾을 수 있기 때문에 사용자 요구를 최우선으로 고려하는 시스템은 외부 기술에 개방적이어야 한다. 지금, 이 순간에도 세계 어디선가 한 번도 들어본 적 없는 회사가 사용자에게 최고의 자동화 경험을 제공하는 데 필요한 도구를 설계하고 있을 것이다. 개방형 시스템을 사용하면 필요한 순간 해당 도구를 통합하고 가장 효율적으로 사용하는 방법을 반복할 수 있다.

폐쇄형 시스템에서는 내부 도구 세트로 해결할 수 없는 문제가 발생하면 공급 업체가 설루션을 구축할 때까지 기다려야 한다. 이는 핵심 비즈니스 계획안의 성공을 방해할 위험이 있다. 이런 의미에서 폐쇄형 시스템은 사용성에 대한 기준이 매우 낮다. 망가진 챗봇 환경에서 영업과 마케팅 부서는 고객과의 대화를 시작하기 위해 예산을 사용하고, 콜센터는 고객과의 대화를 피하려고 잘못된 자동화된 설루션에 돈을 쏟아붓고 있다. 모든 대화가 문제가 아니라 기회가 되는 시나리오를 쉽게 만들 수 있도록 경험 디자인 사고에 기반한 개방형 플랫폼을 설계했다. 초자동화에 성공하려면 사용성을 염두에 두고 구상하고 만든 개방형 플랫폼이 필요하다. 사용성은 뒷전에 미뤄둔 채 사용자 경험 중심을 주장하는 공급 업체에 현혹되지 않길 바란다.

핵심 내용

- ⊙ 초기에 공급 업체에 올바른 질문을 하면 초자동화에 부적합한 설루션을 탐색하느라 시간을 낭비하지 않게 된다.
- ⊙ 해결하려는 문제에 설루션을 적용할 수 있는지, 어떻게 적용할 수 있는지를 알아보려면 설루션을 실제로 사용해보는 방법이 가장 빠르다. 여러 플랫폼에서 동일한 개념 증명을 비교하는 것은 적합한 플랫폼을 찾는 좋은 방법이다.
- ⊙ 공급 업체의 설루션이 자동화를 구축하는 데 적합하다면 내부적으로 해당 설루션을 사용하고 있을 것이고 성공적인 구현을 신속하게 제시할 수 있을 것이다.
- ⊙ 플랫폼 구축 경험은 나중에 고려할 사항이 아니다. 팀이 설루션을 사용할 수 없다면 의미가 없다.

CHAPTER 13

다른 사람에게
전략 설명하기

IDW의 조율된 생태계를 구축하려면 탄탄한 전략이 필요하다. 초자동화를 구현하려면 복잡하고 정교한 작업이 필요한데 구현 과정이 이해관계자에게는 새로운 개념으로 보일 수 있다. 들여다보면 많은 설계 원칙, 문제 해결 접근 방식, 프로세스는 낯설지 않다. 다만 조직의 모든 부서의 참여와 잠재적인 구조조정이 필요하다는 사실을 의사 결정권자가 받아들이도록 하는 장벽이 있다.

모든 것의 중심에는 천 달러짜리 전등 스위치의 역설이 있다. 쉽게 말해 외부에서 보면 집에 음성 제어 전등 스위치를 설치하려는 노력은 터무니없어 보일 수 있다. 음성 인식 스마트 스피커에 500달러, 무선으로 연결할 수 있는 전구에 200달러, 전구를 켜고 끄는 스마트폰에 300달러를 지출해야 한다고 가정해보자. 이미 잘 작동하고 별다른 노력이 들지 않는 기능을 자동화하기 위해 큰 돈을 투자해야 할 이유가 있을까? 외부인이 보지 못하는 것은 음성 인식 자동화로 가득 찬 집을 위한 기반을 마련하고 있다는 사실이다.

이것이 초자동화 생태계가 작동하는 방식이다. 처음에는 조금 어리석어 보일 것이다. 상당한 투자와 더불어 많은 시행착오와 실패가 수반된다는 사실을 받아들여야 한다. 작은 것부터 시작해야 하지만 작은 것은 별다른 감흥이 없다. 지금까지 너무 많은 조직이 강력한 사용 사례를 찾다가 실패를 자초했다. 복잡한 사용 사례에 뛰어들어 채택률이 낮고 결국 폐기될 수밖에 없는 기계를 무작정 조합하는 것은 바람직하지 않다.

자동화를 통한 초기 성공은 획기적으로 보이지 않는다. 수년 동안 개선하고 구축해야 하는 기초적인 부분이다. 시간이 지날수록 많은 회사가 자동화를 도입하고 점점 더 많은 사람이 자동화를 적용한 훌륭한 사례를 경험하면 자동화는 구현하기 더 쉬워진다. 경쟁사와 직원들의 기대치도 높아지면서 초자동화는 당연한 선택이 될 것이다. 이 책을 읽을 때쯤 주변에 비슷한 사례가 있다면 아쉽지만 이미 많이 뒤처진 상태일 것이며 아마 따라잡기 매우 어려울 것이다. 그러니 시작하자. 절호의 기회를 잡을 순간이 지나고 몇 년 뒤 바보처럼 느끼느니 지금 어리석어 보이는 편이 훨씬 낫다.

작은 규모로 내부에서 시작하자. 초자동화를 통해 조직이 해결할 수 있는 문제는 가장 확실한 타깃일 수 있다. 올바른 전략을 실현한 다음 조직 내부와 외부 사람들이 경험할 혜택은 각자 역할에 따라 다르겠지만 구체적이고 실현 가능한 사용 사례를 파악할 수 있다면 그림이 더 명확해질 것이다. 누구의 동의와 참여를 얻고자 하는지, 고급 자동화가 어떻게 특정 문제를 해결해 이들에게 혜택을 줄 수 있는지 고려해보자. 더 큰 규모에서는 추진하려는 전략이 이해관계자에게 어떤 혜택을 줄 수 있는지 파악하자. 보상은 엄청나지만, 보통은 요구사항이 매우 많기 때문에 이해관계자가 AI 도입을 신뢰할 수 있어야 한다. 주장을 탄탄히 뒷받침할 수 있는 네 가지 방법을 소개한다.

주장이 탄탄해지는 네 가지 방법

내부적으로 시작한다

가능하다면 업무가 아니라 작업을 자동화하는 것부터 내부에서 시작하자. 대부분 조직에서 내부에서 시작하는 것이 AI 도입을 가속하는 가장 빠른 방법이다. 직원들이 더 많은 성과를 달성하고 업무 만족도를 높일 수 있도록 지원함으로써 고객에게 집중할 수 있다.

시작점을 단순하게 만들수록 더 빨리 테스트하고 반복할 수 있다. 테스트와 반복이 빠를수록 내부 솔루션을 빠르게 배포할 수 있다. 내부에서 성공을 거두면 AI가 학습되는 프로세스를 보여주고 고객 대면 대화형 애플리케이션의 테스트를 시작할 수 있다.

내부 시작 단계에서 자동화를 진정으로 발전시키는 생태계를 갖추지는 못하지만, 자동화가 어떻게 만들어지는지 보여줌으로써 다른 사람들이 초자동화의 핵심이 어떻게 작동하는지 쉽게 시각화할 수 있다. 또한 현재 자동화와 향후 자동화 간의 연결고리를 도출하고 생태계가 어떻게 지속적인 개선을 가능하게 하는지 보여줄 수 있다.

모범을 보인다

내부적으로 자동화를 구축함으로써 조직 내부의 업무 처리 방식을 개선할 수 있는 솔루션을 보여줄 수 있다. 모범을 보이면 주변 사람들이 초자동화 도입의 과정에 투자하고 흥미를 갖도록 하는 데 도움이 될 것이다. 동의를 얻기 위해 노력하는 동안 가능한 한 많은 내부 지원을 받아야 한다. 전략을 깊이 이해하고 초자동화가 조직을 가속화할 수 있는 방법에 명확한 관점이 생기면 사람들에게 초자동화를 쉽게 전하고 설득할 수 있다.

처음부터 공감과 참여를 유도하는 접근 방식은 올바른 설루션의 모습에 대한 공유된 비전을 형성하는 데 필요한 인사이트와 참여를 끌어낼 수 있다. 이는 자연스럽게 만들고자 하는 경험을 받아들이는 동시에 경험을 만드는 프로세스에 대한 집단적 친숙함과 직접적인 경험을 쌓을 수 있도록 도와준다.

단순하게 시작했다면 가장 먼저 사람들의 시간과 참여가 있어야 한다. 데모 제작을 시작하는 데 필요한 도구와 교육에 접근하려면 최소한의 예산이 필요하다. 동의를 얻기 전에 공동 창작을 위한 핵심지원팀을 채용하거나 구성할 수 없으면 앞으로 등장할 역할에 대한 비공식적인 대리인 역할을 할 수 있는 사람들과 함께 최선을 다해 프로세스를 진행하자.

이해관계자의 공감을 얻는 것도 중요하다. 권장 사항이나 새로운 전문 지식을 설교하는 대신 구현 과정에 동참시켜야 한다. 내부에서 자동화를 만들어왔다면 자동화를 함께 설계한 공동 창작자들이 대화에 참여하도록 하자.

발견, 시연, 개념 증명, 파일럿을 거치면서 공동 창작 프로세스를 동의를 얻기 위한 안내 발판으로 사용해야 한다. 공동 창작이 초자동화의 전체 프로세스를 주도하므로 이 프로세스가 기반이 되도록 해야 한다.

'플랜 플루트'의 충동을 물리친다

인터넷에서 팬플루트 흐름도pan flute flowchart를 본 적이 있을 것이다(그림 13.1 참조). '팬플루트가 필요한가?'라는 질문에 대한 답이 '예'이든 '아니오' 이든 결과는 항상 '팬플루트 필요 없음'이어야 한다.[1] 플랜 플루팅plan fluting

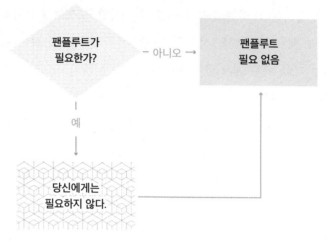

그림 13.1 | 팬플루트 흐름도

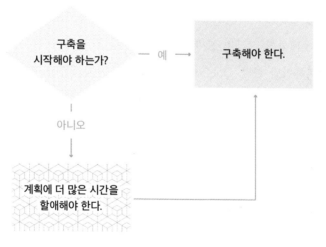

그림 13.2 | 플랜 플루트(plan flute) 흐름도

은 OneReach.ai 안에서 새긴 비슷한 개념이다. 초자동화를 위해 '구축을 시작해야 하는가?'라는 질문에 대한 답이 항상 '구축해야 한다'로 이어져야 한다. '계획에 더 많은 시간을 할애해야 한다'라는 대답이 나오더라도 결과는 같다. 아무 계획 없이 일을 시작하라는 뜻이 아니라 전략과 관점을 수립한 후에는 수많은 시행착오를 거쳐야 한다는 뜻이다. 이해관계자들에게는 반가운 소식이 아닐테지만 열에 아홉은 계획을 세우는 것보다 구축과 테스트, 반복과 재구축하는 편이 낫다. 초기 자동화를 만들 때 '구축해야 한다'라는 흐름을 따르는 경험을 쌓아두면 이해관계자들이 계획에 얽매이지 않도록 도울 수 있다.

봇 소스를 뿌린다

초자동화, 특히 대화형 디자인을 통한 성공은 속도와 유연성을 위해 구축된 생태계에서 이뤄진다. 특히 대규모 작업을 시도할 때 사용자에게 의미 있는 대화형 경험을 설계하려면 솔루션을 빠르게 구축하고 빠른 속도로 반복해야만 한다. OneReach.ai에서는 이 프로세스를 봇 소스bot sauce 적용이라고 한다.

노코드 또는 로코드low code 생성 도구로 새로운 솔루션을 구축하고 실시간으로 실패하는 것을 보면서 개선된 버전을 고안하는 것이 봇 소스를 바르는 것이다. 봇 소스는 기본 경험을 구성하는 소프트웨어 조각 위에 바르는 대화형 인터페이스라고 생각하면 된다. 봇 소스를 듬뿍 바르면 평범한 봇이 IDW로 변신한다. 말 그대로 하나쯤 가지고 있으면 어디에나 어울리는 소스다! 봇 소스 비유는 파트너와 고객이 하이퍼애자일 소프트웨어 개발이라는 새로운 패러다임에 익숙해지고 흥미를 갖도록 하는 데 도

움이 됐다. 실제로 이 비유가 매우 유용해서 우리 회사는 핫소스 업체와
제휴해 자체 봇 소스를 만들었다. 늘 더 만들어달라는 요청을 받고 있다
(사실 꽤 맛있다). 사람들이 모든 것에 봇 소스를 뿌리길 바란다. 심지어 디
자인에도 듬뿍 뿌릴 수 있을 것이다.

설득 과정

파괴적 혁신이 대세인 요즘 시대에 생태계 전략을 실행하려면 가장 먼
저, 조직에 생태계 전략이 절실히 필요하다는 인식을 심어줘야 한다. 초자
동화 생태계가 발전한 모습과 수익에 기여하는 모습을 독자는 잘 알고 있
을 것이다. 함께 첫발을 내딛도록 설득할 수 있는 비전과 계획을 개발하는
것이다. 회사에 특정 요구사항을 지원할 수 있는 IDW가 있다면 어떤 모습
일지를 담은 시연을 함께 준비할 수 있도록 이해관계자를 설득해 본다.

시연 내용의 이정표가 될 항목을 소개한다.

- 주장
- 근거
- 보장
- 지원

- 검증
- 반박
- 요청

항목을 숙지하고 각각의 항목이 어떤 모습일지 미리 생각해두면 사례
를 만드는 데 유용한 발판이 된다.

주장

회사에 특정 문제를 해결하는 데 도움이 되는 IDW가 있을 것을 예상해 교육하고 발견하고 시연하기 위한 예비 계획안이 필요하다. 예비 계획안에 일정 금액을 지출해야 한다는 사실을 이해 관계자들이 받아들이도록 요청해야 한다. 이해관계자로 하여금 접근 방식이 조율된 설루션으로 구성된 지능형 생태계의 공동 창작을 촉진하는 방식이라는 점을 이해시켜야 한다.

근거

주장을 뒷받침하는 데이터와 사실에는 구체적인 예시가 포함돼야 한다. 가령, 직원들이 연차 휴가 승인을 받기 위해 검색하고 소통하고 프로세스와 절차를 거치는데 연간 약 1천 시간을 쓴다면, 이 시간은 실제 연차 휴가에 포함되지 않는다. 이 시간을 환산하면 연간 약 120만 달러에 해당한다. 직원들은 문서나 내부 사이트에서 찾을 수 없는 양식이나 절차의 정보를 얻기 위해 1년 평균 약 다섯 번 지원 센터에 문의한다. 각 통화는 30분 정도 소요된다. 이에 따라 연간 100만 달러의 지원 센터 비용과 지원을 받는 데 드는 시간이 발생한다.

보장

계획안을 통해 정보 검색과 지원 팀과의 통화에 드는 직원 시간을 25퍼센트 줄이면 조직이 30만 달러 이상을 절약할 수 있다는 주장과 관련이 있다. 게다가 지원 센터 예산은 약 100만 달러다.

그림 13.3 | 설득, 시연, 동의, 개념 증명, 파일럿

지원

직원 설문 조사와 사이트 분석을 상호 참조해 얻은 직원들의 정보 검색 경험과 행동 분석을 기반으로 한다. 설문 조사 결과 직원의 85퍼센트가 회사 인트라넷으로 연차 휴가를 요청하고 승인받는 방법을 알아내는 과정에서 불편을 경험했다고 답했다. 불편했다고 답한 직원의 75퍼센트는 지원팀이나 인사팀에 문의했다. 분석에 따르면 회사 인트라넷에서 연차 휴가 관련 정보를 찾는 직원이 신청을 완료하기까지 평균 13페이지를 클릭하는 것으로 나타났다.

검증

데이터가 보장과 주장을 뒷받침한다는 개념을 더욱 명확히 하려면 관련 전문가 의견이나 관련 사례 연구를 참조하자. 직원이 연차 휴가와 관련된 지원 요청에 사용하는 시간이 비용 절감에서 간과되는 기회 중 하나라고 말하는 업계 리더의 말을 인용할 수 있다.

반박

비용에 이의를 제기하거나 의문이 생길 때가 있다. 프로젝트를 진행하지 않을 때 발생할 수 있는 위험을 설명하고 주장과 근거를 요약하자. 제안된 초기 프로젝트를 완료하는 데 약 50만 달러가 소요되며, 비용을 75퍼센트 절감할 가능성이 90퍼센트다. 일회성 비용을 감수하는 데 따르는 최소한의 위험을 명시하고, 그에 비해 훨씬 더 큰 비용과 지속적인 직원 불만을 줄일 수 있는 잠재적 가치를 강조한다.

요청

제안된 계획안에 필요한 사항을 구체적으로 파악할 수 있다. 예를 들어 50만 시간의 직원 리소스 투입을 요청한다면, 이는 교육 100시간, 공동 창작 프로세스 300시간, 이해관계자 관련 50시간을 포함한다. 이해관계자를 성공적으로 설득했다면 시연을 준비해야 한다. 시연을 잘 수행하면 결승선을 통과할 수 있다(출발선이 되기도 한다).

시연

시연은 개념을 증명하는 데 동의를 얻기 위한 자리에서, 듣는 사람이 흥미를 느끼고 가능성에 공감하도록 하는 데 목적이 있다. 기본적인 시연 형태로, 직접 체험하는 방식이 아닌 안내하는 형태로 경험을 보여준다. 구현하려는 특정 설루션이나 경험을 시연하는 것이 아니므로 자동화를 통해 얻을 수 있는 가능성과 유연성을 강조해야 한다.

동의

시연은 설득된 사람을 확실히 전환하는 것을 목표로 해야 한다. 동의를 얻어야 개념 증명을 진행할 수 있다.

개념 증명

성공적인 개념 증명을 통해 이해관계자가 파일럿 단계를 승인하도록 설득할 수 있다. 동의를 얻고자 하는 특정 경험을 이해관계자가 실제로 시험해볼 수 있도록 가이드 플레이guided play에 대한 개념 증명을 만들어 보자. 가이드 플레이의 개념이 중요한데, 참가자에게 구매를 유도하고자 하는 특정 경험의 경로를 따라갈 수 있는 과정의 지도를 제공하는 것이다.

파일럿

파일럿에 대한 동의를 얻은 후에는 전략적 프로세스를 실행에 옮길 준비가 된 상태여야 한다. 이상적으로는 IDW 생태계를 만들 준비가 된 것이다. 즉, 프로세스가 어떤 모습인지 파악하고 조직 전체에서 공동 창작을 통해 기술을 공유하는 지능적이고 조율된 체계를 가리킨다.

핵심 내용

⊙ IDW 생태계를 구축하려면 복잡하고 명확한 전략이 필요하다. 이때 의사결정권자가 조직의 모든 부서의 상당한 참여가 필요하다는 점을 받아들이도록 하는 것이 가장 큰 과제다.
⊙ 초자동화 계획의 토대를 마련하는 가장 좋은 방법은 모범을 보이고 내부적으로 자동화를 만들고 조직의 다른 구성원들과 공동 창작하면서 계속 구축하고 개선하는 문화를 조성하는 것이다.
⊙ 설득 과정에는 몇 가지 핵심 지표가 있다. 각 단계를 통과할 방법을 고민하며 다음 단계로 진행할 방법을 깊이 모색해야 한다.

PART 3

지능형 디지털 워커의
생태계를 구축한다

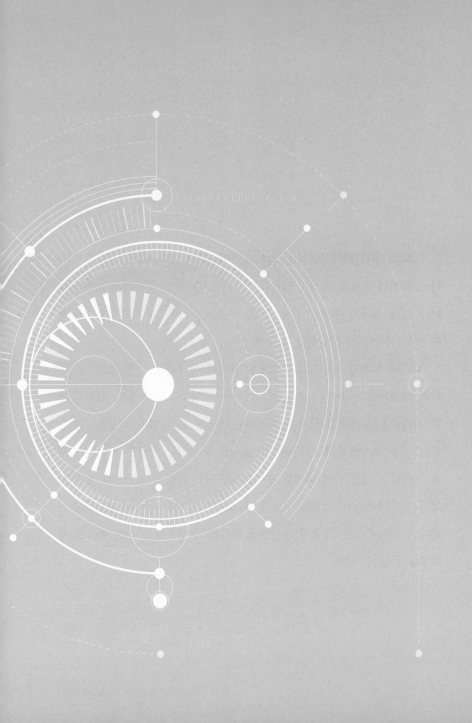

　IDW의 생태계를 구축하는 일은 전략에 달려 있다. 이때 '전략'은 임무나 궁극적인 목표를 뜻하지 않는다. 정적인 기술을 구축하려는 노력이 아니라 팀과 회사가 새로운 기술, 스킬, 기능을 더 빠르게 채택하고 반복할 수 있는 역량을 갖추기 위한 것을 말한다.

　디지털 워커의 지능적인 생태계를 완전히 이해하는 가장 좋은 방법은 먼저 생태계를 구축하는 과정을 이해하는 것이라고 생각한다. 보이지 않는 잠재력을 드러내고 성과를 배가하는 방식으로 작업과 기술을 시퀀싱하는 것을 초자동화라고도 말한다. 조직을 구성하는 수많은 기술과 작업을 고려하고 이를 함께 배치할 수 있는 무수한 방법을 상상하다 보면 상황의 복잡성에 금방 압도될 수도 있다. 하지만 올바른 전략과 프로세스가 있다면 조직의 모든 사람이 시퀀싱을 반복해 초자동화를 위한 비옥한 생태계를 만들 수 있다.

CHAPTER 14

초자동화 프로세스

소프트웨어 설계와 인접한 분야에서 일해본 적이 있다면 애자일이 낯설지 않을 것이다. 애자일은 프로세스로 잘못 사용되기도 한다. 하지만 실제로는 공유된 실험, 실패, 반복을 통해 얻은 발견을 포용하는 조직의 문화적 사고방식이다. 초자동화는 소프트웨어 설계의 진화를 나타낸다. 따라서 이를 실현하는 프로세스에는 애자일보다 훨씬 더 민첩한 사고방식과 문화가 필요하다.

인증된 스크럼 마스터scrum master조차도 초자동화를 추진하면서 스프린트sprint를 생성하고 반복하는 동안 빠른 속도에 놀라곤 한다. 반면 애자일을 한 번도 적용해 본 적이 없다면 초자동화 프로세스는 엄청난 격변처럼 느껴질 것이다. 어느 쪽이든 핵심은 초자동화의 진정한 본질을 내재화하는 것이다. 주별 또는 월별 제품 공정표가 있는 소프트웨어 설계 시나리오가 아니라, 초자동화 프로세스를 통해 활성화된 스킬을 실험하고 계속 개선해 나간다. 동시에 매일 여러 번 새로운 기술을 활성화할 수 있다. 사용자 데이터와 피드백을 실시간으로 제공하는 분석 및 보고 패러다임을 통해 지속적인 활성화 과정이 가능하다. 대화형 인터페이스와 사람 사이의 상호작용 방식을 확인할 수 있을 뿐 아니라 현재는 없지만 사람들이 원하는 기능이 무엇인지도 파악 가능하다. 그래픽 사용자 인터페이스를 통해 파악하려면 몇 주 또는 그 이상 걸리는 인사이트를 즉시 사용할 수 있다. 이는 신속한 반복 주기를 위한 바탕이 된다.

기존의 애자일 스크럼scrum과 마찬가지로 팀워크는 AI로 작업할 때 중요한 요소다. OneReach.ai의 팀에서 자주 언급하듯이 AI는 팀 스포츠다. 초자동화를 위해서는 조직의 모든 부서 간의 협력이 필요하며 기술 향상을 위한 아이디어는 모든 부서에서 나와야 한다. 모든 사람이 조직의 생태계의 작동 방식에 대한 기본 지식이 있으며 2부에서 다룬 핵심지원팀과 함께 공동 창작을 할 수 있다. 초자동화 프로세스를 수행하려면 조직의 모든 부문에서 애자일이 살아 움직여야 한다는 것이 전제돼 있다. 스크럼 비유를 럭비 경기로 가져와 설명하면, 스크럼은 정해진 목적지가 없는 공동의 여정이기 때문에 모든 선수가 머리를 맞대고 팔을 맞물려야 하며, 계속 움직이는 골문 기둥을 향해 끝없이 스크럼을 해야 한다. 팀이 애자일보다 더 민첩할 수 없거나 조직에서 AI가 팀 스포츠가 아니라면, 1인 팀으로 럭비 경기장에 나가서 경기에서 이길 가능성이 희박한 것과 비슷하다.

생태계를 위한 확장 가능한 대화형 사용자 인터페이스를 구축하는 작업을 소수의 디자이너, 아키텍트, 개발자에게 맡긴다면 아무리 경험이 풍부해도 조직을 자동화할 수 있는 가장 좋은 방법을 찾는 데 몇 년이 걸릴 것이다. 초자동화를 위한 적절한 전략에는 모든 직원이 각자의 전문 분야를 활용해 최적의 순서와 흐름을 만들어 내는 것이 포함된다.

내부적으로 소규모로 시작하는 것이 프로세스를 시작하는 가장 쉬운 방법일 때가 많다. 직원들과 직접 협력해 특정 작업을 자동화함으로써 향후 자동화를 위한 구조를 만들기 시작한다. 특정 작업을 이해하는 직원들과 지속해서 자동화를 개선할 수 있으며, 이런 초기 애플리케이션은 고객 대면용이 아니므로 필요한 만큼 자주 개발, 테스트, 반복, 배포할 수 있다. 조직이 성공적인 스킬과 내부 자동화를 배포하는 데 더 능숙해질수록 스킬, IDW, 생태계는 더 빠르게 발전할 수 있다.

공유 스킬 라이브러리를 구축하면 새로운 목표를 달성하기 위해 용도를 변경하고 시퀀싱할 수 있는 마이크로서비스 저장소를 만들 수 있다. AI와 조직 구성원이 원활하게 협력해 생태계를 구성하는 시퀀스를 만들고 발전시키는 지점에 도달하면 초자동화를 팀 스포츠로 만들 수 있다. 이 상태에 다다르면 더는 사람이 수행하던 작업을 자동화하는 데 그치지 않고 기술을 시퀀싱해 새로운 자동화 시스템을 만들 수 있게 된다.

따라서 초기에는 특정 작업을 자동화하는 데 주력하겠지만, 점차 좀 더 추상적인 것에 초점이 맞춰질 것이다. 구멍을 파는 작업을 자동화하고 싶다고 가정해보자. 처음에는 사람의 두 배 속도로 삽을 사용해 완벽하게 구멍을 파는 로봇을 만들 수 있다. 훌륭한 자동화다. 그런데 대신 열 개 팔로 열 개 삽을 들고 한 번에 구멍 열 개를 팔 수 있고 무한 복제가 가능한 기계를 만든다면 어떨까? 이것이 바로 초자동화의 정신이다.

엔터프라이즈 로드맵 만들기

최적의 상태를 위해서는 당면한 작업의 자동화를 빠르고 효과적으로 복잡성을 해결하기 위한 수단으로 취급하고, 내부적으로 반복해서 추진력을 갖추는 것부터 시작해야 한다. 이 접근 방식은 특히 로드맵을 만들면 프로세스를 효율적으로 깊이 파악할 수 있다. 로드맵이 불완전하고 매

그림 14.1 | 오늘날 기업에서 기술을 자동화하는 조직

일 바뀌더라도 로드맵은 새로운 지평이 열릴 때마다 온라인으로 가져오고 싶은 기술을 사이트에 설정하는 데 도움이 된다.

그림 14.3은 조직이 만들고 발전시키고 확장하려는 스킬을 보여주는 일종의 로드맵 예시다. 각각의 사각형(타일) 또는 스킬의 색상은 서로 다른 진화 단계에 해당하며, 왼쪽 아래 시작점에서 분기하면서 스킬이 복잡해진다.

도구와 아키텍처로 돌아가서 그림 11.3의 다이어그램을 다른 각도에서 바라보자. 과정을 따라 이동하면서 기본 스킬에서 더 복잡한 스킬로 올라가는 과정이 더 명확해지고, 각 스킬은 성장하는 생태계에서 고유한 진화 과정을 거친다.

법무		재무	
• 계약 및 규범 　준수(스마트계약) • 계약 갱신 • 리마인더 • 계약 문의 • Q&A	• 데이터 수집 및 　분석 • 계약 관리 • 워크플로 관리 및 　문서 내 오류 　표시	• 가격 결정 • 리드 입력 • 커뮤니케이션 • 영업 데이터 　분석 및 예측	• 영업팀 활동 　모니터링 및 관리 • 일정 관리

콜센터		운영	
• 일정 관리 • 고객 커뮤니케이션 • 데이터 수집 및 　분석 • 고급 AI 기반 IVR/ 　ITR	• 아웃바운드 콜 • 콜백 • 감정 분석 • 설문조사 • 워크플로 • 전화 및 데이터 　원격 관리	• 데이터 분석 • 비용 추적 • 커뮤니케이션 • 리마인더 • 운영 작업	• 전화 응답/ 　자동화 대화 • 데이터 수집 및 　분석 • 번호 마스킹

영업		서비스 및 인력 배치	
• 가격 결정 • 리드 입력 • 커뮤니케이션 • 일정 관리	• 영업 데이터 분석 　및 예측 • 영업팀 활동 　모니터링 및 관리	• 고객 커뮤니케이션 • 데이터 수집 및 　분석 • 일정 관리	• 물류 조정/서비스 　제공 • 시간 추적 • Q&A

인사		마케팅	
• 리크루터 봇 • 지원자 선별 • 시간 추적 • 리마인더 • 직원 핸드북 • FAQ	• 직원 재배치 안내 • 신입 직원 교육/ 　훈련 • 복지 혜택 등록 • 직원 평가 • 휴가/연차 휴가	• 가입 유도 • 리마인더 • 마케팅 관리 　워크플로 • 고객 　커뮤니케이션 • 고객 세분화 및 　분석	• 저비용 SMS 및 　이메일 • 웹사이트 봇 • 설문조사 • 마케팅 데이터 분석 　및 프로그램 실행 • 소셜 및 알림 　모니터링/대응

표 14.1 | 오늘날 기업에서 기술을 자동화하는 조직의 일부 기능

마르코프 체인

마르코프 체인Markov chain이 설계 도구로 널리 사용되는 데는 그만한 이유가 있다. 그림 14.2를 보면 각 이벤트의 확률이 이전 이벤트에서 달성한 상태에만 의존하는 이벤트의 순서를 보여준다. 따라서 기술 아키텍처를 구축하고 최적화하는 데 매우 유용하다. 현재 상태를 알고 있다면 미래 상태를 예측하는 데 과거 정보가 필요 없다는 가정이 전제된다. 대화형 설계에서 마르코프 체인은 현재 상태의 가변성이 너무 커서 금방 복잡해진다. 그리고 초자동화를 위해 설계된 생태계는 모든 종류의 과거 데이터, 특히 재방문 사용자 데이터를 활용해 현재 상태를 파악하려 할 수 있다(그림 14.4 참조).

마르코프 다이어그램은 여러 대화를 하나의 다이어그램에 도식화할 수 있는 좋은 방법이다. 다만 해결하려는 문제가 한 다이어그램에 여러 대화 경로를 표현하는 방법이 아니라면 도식화는 그다지 도움이 되지 않는다. 대화의 흐름은 선형적이며 하나의 대화가 취할 수 있는 형태는 매우 다양하다. 대화가 어디로 갈지 정확히 모르고 많은 시나리오에서 상호작용의 첫 번째 지점이 어떻게 될지도 알지 못할 수 있기 때문이다. 마르코

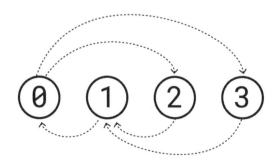

그림 14.2 | 마르코프 체인의 일반적인 응용

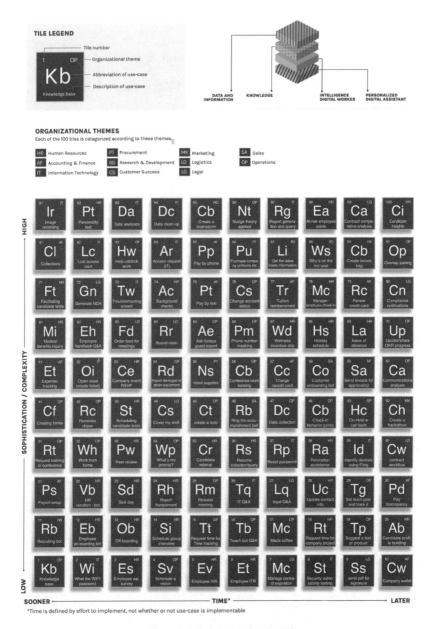

그림 14.3 | 야심 찬 초자동화 기술 계획

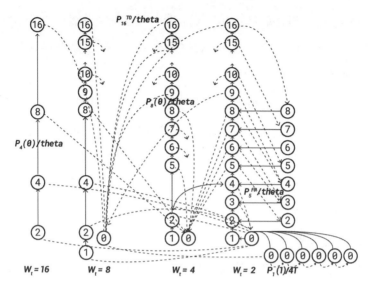

그림 14.4 | 마르코프 체인으로 여러 대화를 매핑하려고 하면 매우 복잡해진다.

프 체인에 의존하면 반복적인 인사말과 잘못된 질문으로 끝날 가능성이 크다. 이에 대한 대안으로 경험 디자이너에게 익숙한 도구인 여정 지도를 사용할 수 있다.

여정 지도 작성

여정 지도journey map는 사용자의 단계별 경험 여정을 보여준다. 여정 지도는 이해관계자가 추상적인 것을 시각화하는 데 도움이 된다. 그러나 일반적인 사용자 경험 환경에서는 디자인을 위한 발판으로 활용되는 경우가 많다는 점이 한계다. 초자동화의 영역에서 여정 지도는 스킬의 생명 주기 전반에 걸쳐 중요한 도구다. 여정 지도는 자동화 작업을 주도하는 팀이 공유하는 비전 역할을 하고 이후에는 반복 작업을 위한 초기 기준점이자 소통 수단이 된다. 여정 지도는 생태계에서 사용되는 스킬을 매우 적극적이고 직접적으로 반영한다.

자동화하려는 스킬을 식별했으면 자동화에 참여할 때 누군가가 겪게 될 여정을 매핑하기 시작한다. 초자동화를 위한 모든 노력이 그렇듯, 자동화는 사람이 혼자서 할 수 있는 것보다 더 나은 성과를 내기 위해 항상 노력해야 한다. 예를 들어 경비 추적을 자동화하려면 현재 사람이 운영하는 프로세스를 잘 알고 있어야 중복을 제거하고 문제점을 완화하며 더 효율적으로 운영할 수 있는 새로운 경험을 매핑할 수 있다.

사용자가 단계와 진입점/출구점을 통해 이동할 때 사용자의 감정 상태를 반드시 추적해야 한다. 사용자 여정을 구축할 때 사용 사례를 기반으로 사용자가 어떻게 느낄지 예측해보자. 예를 들어 사용자가 이미 납부한 청구서인데 추심 통지를 받는다면 불만을 느낄 가능성이 크므로 문제 해결을 위한 대화가 적절히 디자인돼야 한다. 이때 IDW의 말투는 "혼란을 드려 죄송하며 가능한 한 빨리 문제를 해결하도록 함께 노력하겠습니다"와 같이 직접적이고 능동적인 자세를 보여야 한다.

스킬을 테스트하고 배포하면서 사용자가 경험하는 감정 상태에 대해 영감을 얻을 수 있다. 사용자는 추심 안내 전화를 받을 때 보통 당황하기 때문에 상호작용을 개선할 새로운 기회가 생긴다. 스킬을 공부하고 향상하면서 여정에서 발생할 수 있는 다양한 편차에도 익숙해질 것이다. 비교적 간단한 스킬이라도 한 사용자의 여정에는 황금 경로golden path에서 벗어나 하위 여정으로 갈 수 있는 여러 지점이 있을 수 있다. 예를 들어 같은 주제이지만 다른 사용 사례가 있을 수 있다. "귀하의 계정과 연결된 신용

카드가 만료돼 추심 안내가 발송된 것 같습니다. 추심 안내를 발송하기 전에 여러 차례 이메일을 보냈습니다. 미결제 잔액을 지불하시겠습니까, 아니면 연락처 정보를 업데이트하시겠습니까?"

대안이 될 만한 여정이 나타나면 여정 지도의 일부가 되기도 한다. 사람의 행동을 예측할 때 디자이너는 종종 합리적으로 행동하는 것처럼 보이는 가짜 사용자를 위한 경험을 설계한다. 하지만 실제로 사람들은 매우 비합리적일 수 있다.

사용자	이 청구서를 납부하고 싶지 않아요.
IDW	확실하십니까? 연체료를 면제해드릴 수 있습니다.
사용자	그래도 안 낼 거예요.
IDW	확실하십니까? 이 청구서는 추심에 넘어갔으며, 지금 납부하시면 시간과 비용을 절약할 수 있습니다.
사용자	나는 아무것도 내지 않을 거예요.

비합리적으로 행동하는 사람을 위한 설계를 하려면 시스템이 일반 지능에 가까운 수준에 도달해야 한다. 단기적인 해결 방법은 비정상적인 문제를 해결하기 위해 사람을 참여시켜 기계가 주도하는 대화를 나누면서 향후 유사한 상황을 스스로 처리하는 방법을 IDW에게 가르쳐야 한다.

반복을 통해 결과가 개선되고 스킬이 발전함에 따라 여정 지도는 생태계의 스킬과 계속 동기화된다. 초자동화의 범위와 복잡성을 고려할 때 여정 지도는 매우 조밀해지고 상호 연결될 수 있으며 생명선 같은 역할을 한다. 말 그대로 생태계에서 점점 더 많은 스킬을 탐색하고 반복하기 위해 필요한 지도다.

스킬은 코드 프리 도구를 사용해 만들어지며 조직의 거의 모든 사람이 여정 지도를 사용해 수정이 필요한 단계를 찾아 업데이트할 수 있다. 처음에는 핵심지원팀이 생태계의 스킬에 대한 업데이트를 진행한다. 핵심지원팀은 여정 지도의 무결성을 유지할 책임이 있고 스킬을 만들거나 기존 스킬을 발전시키고자 하는 조직의 모든 사람과 함께 작업할 것이다.

공동 창작에 전념한다

다양성이 복잡성을 해결할 수 있다고 설명했다. 이는 초자동화에 절대적으로 해당하는 말이다. 복잡한 문제를 해결하려면 다양한 관점에서 바라봐야 한다. 다양한 관점, 경험, 편향적인 사람 모두가 함께 일할 수 있도록 해야 한다는 의미다. 자동화 전문가로 구성된 핵심팀이 조직의 다른 구성원들이 각자의 요구사항을 충족하는 자동화를 만들 수 있도록 지원하는 것은 다양성을 통해 복잡성을 해결하는 전형이다.

초자동화와 대화형 AI로 작업하는 것은 팀 스포츠다. 팀원들은 저마다 고유한 세계관, 스킬 세트, 기술 적성이 있다. 이것을 한데 모으면 설계하는 자동화에 헤아릴 수 없는 풍부함이 더해진다. 도구가 경험의 생성을 코딩할 수 있는 사람에게만 제한되거나 공급 업체의 로드맵에 따라 창작이 제한된다면 팀이 제공하는 풍부한 지식과 경험을 활용할 수 없게 된다. 개방형 플랫폼은 팀 전체가 혁신적인 기술을 활용할 수 있는 능력을 가속한다.

자동화된 솔루션을 만드는 시작점은 문제를 철저히 이해하고 주요 성공 지표를 정의하는 워크숍에서 비롯된다. 그런 다음 내부 비즈니스 전문가와 핵심지원팀이 함께 개발 세션을 갖고 자동화 대상을 심도 있게 논의해야 한다. 설루션이 등장하고 테스트와 반복을 거치면서 핵심지원팀 구성원들이 추진력을 유지하고 요구사항을 촉진하는 등 의사소통이 활발히 이뤄져야 한다. 프로세스가 빠르게 변하면 자동화 스킬의 빠른 반복이 필요하지만 핵심지원팀이 매일 현장에서 공유 비전을 전하기 때문에 문제가 되지 않는다.

신입 직원 교육과 같은 단일 스킬로 IDW를 설계하고 교육하는 것은 가능한 맥락의 양을 고려할 때 매우 복잡하고 역동적인 작업이다. 신입 직원이 어느 사무실에서 근무하게 될까? 어떤 직책으로 채용됐는가? 장애가 있는가? IDW가 멀티턴 작업을 완료하도록 교육하고 작업을 더 효율적으로 수행하도록 발전하려면 자동화하려는 역할을 잘 아는 사람의 관심과 함께 IDW가 거주하고 기여할 생태계를 이해하는 사람의 안내가 필요하다.

지원 목표가 공동 창작 집단의 주요 목표이므로 프로젝트와 일정은 부차적이다. 측정 가능한 분기별 투자수익률, 즉 ROI_{return on investment}를 기준으로 프로젝트에 자금을 지원해야 하는 조직은 교육과 업무 자동화를 동시에 수행해야 하는 상황을 만나기도 한다. 여기서 공동 창작은 단지 훈련에 그치지 않고 실제 문제로 훈련함으로써 이해관계자들의 동의를 더 쉽게 얻을 수 있다는 점에서 매우 귀중한 전략이다.

대화형 AI팀이 있다면 이 모델을 통해 단독 창작자(단독 창작자와 잠재적 병목 현상)에서 벗어나 조직의 초자동화를 위한 사고 리더, 조력자, 전도자가 될 수 있다. 다음에서 설명하는 유형의 핵심 대화팀을 구성하고 이들이 직원들과 공동 작업할 수 있으면 복잡한 자동화에 대한 교육과 개발을 가

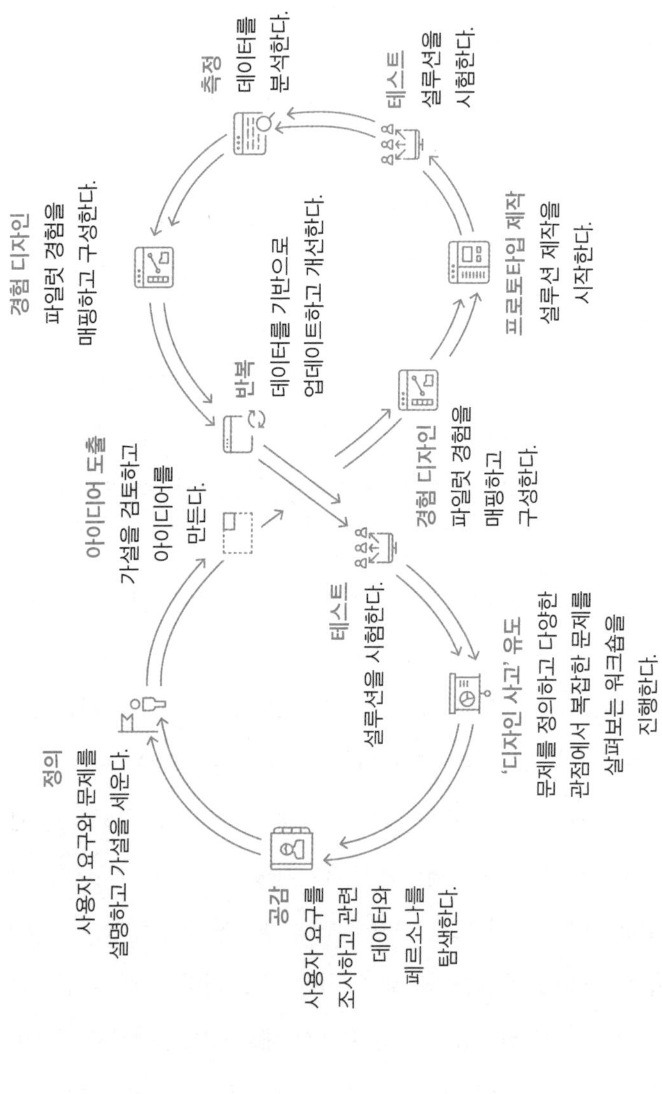

경험 디자인
파일럿 경험을 매핑하고 구성한다.

측정
데이터를 분석한다.

테스트
설루션을 시험한다.

반복
데이터를 기반으로 업데이트하고 개선한다.

프로토타입 제작
설루션 제작을 시작한다.

아이디어 도출
가설을 검토하고 아이디어를 만든다.

경험 디자인
파일럿 경험을 매핑하고 구성한다.

테스트
설루션을 시험한다.

정의
사용자 요구와 문제를 설명하고 가설을 세운다.

'디자인 사고' 유도
문제를 정의하고 다양한 관점에서 복잡한 문제를 살펴보는 워크숍을 진행한다.

공감
사용자 요구를 조사하고 관련 데이터와 페르소나를 탐색한다.

그림 14.5 | 한눈에 보는 공동 창작 프로세스

속하는 데 도움이 된다. 이렇게 하면 조직에서 진화하는 모든 자동화를 위한 새로운 패러다임, 즉 자동화가 더욱 정교해짐에 따라 운영이 간소화하는 새로운 패러다임을 만들어 복잡성을 다양성으로 해결할 수 있다.

존 밀러John Miller와 스콧 페이지Scott Page는 저서 《Complex Adaptive Systems(복잡한 적응형 시스템)》에서 "이질성이 증가함에 따라 단순한 시스템에서 복잡한 시스템으로, 다시 단순한 시스템으로 이동하기도 한다"라고 말한다.[1]

휴먼 인 더 루프를 통한 구축

훌륭한 대화형 경험을 만들기란 어렵다. 대부분의 대화형 경험에서 인상적이지 못한 결과를 본다. 실망스러운 결과를 피하려면 휴먼 인 더 루프를 통합해야 한다. 이 접근 방식을 사용하면 대화형 애플리케이션에 문제가 발생할 때 사람이 개입하면 도움이 된다. 이때 사람은 최종 사용자 경

그림 14.6 | 휴먼 인 더 루프를 사용한 구축

험이 충족되도록 보장하는 동시에 시스템을 학습시켜 향후 발생할 수 있는 상황에 개입할 필요가 없도록 할 수 있다. 이런 유형의 학습은 학습 데이터의 무결성을 보장하는 알고리즘을 사용하거나 학습을 적용하기 전에 검토하는 조정 프로세스를 통해 실시간으로 수행 가능하다. 휴먼 인 더 루프는 실시간 상호작용을 위해 원활하게 통합된 인터페이스와 그에 맞는 도구가 필요하다. 좋든 나쁘든 대화형 AI를 둘러싼 과대광고로 인해 최종 사용자의 기대치가 높아졌다. 휴먼 인 더 루프는 사용자 요구에 부합하는 적절한 시기에 기대치를 충족하도록 도움을 줄 수 있다.

공유 라이브러리의 구축과 확장

처음부터 다시 시작할 필요가 없다. 대신 공유 라이브러리를 구축하고 확장하면 된다. 공유 라이브러리는 공동 창작의 중추적 역할을 하며, 여러 부서에서 다시 구성하고 순서를 바꿀 수 있는 스킬, 서비스, 마이크로서비스로 구성된 개방형 리소스를 조직에 제공한다. 이를 통해 보안, 규정 준수, 모니터링, 모범 사례, 일관성 및 확장성을 제어하면서 지식 공유를 늘리고 개발을 가속할 수 있다. 조직의 모든 사람이 공유 라이브러리에 기여하고 이를 활용할 수 있으므로 조직을 초자동화로 전환하는 가장 확장성 있고 효과적인 방법이다.

같은 방식으로 직원들의 집단 지식을 활용하면 판도를 바꿀 수 있다. IDW가 진화하고 지혜를 얻도록 설계되면 모든 직원과 고객과 정기적으로 대화를 나눌 수 있을 뿐 아니라 배운 것을 실시간으로 적용할 수 있다.

복잡성의 영역으로 들어가는 것은 어려운 여정의 시작을 의미하지만, 올바른 프로세스 통해 관리할 수 있다. 휴렛 팩커드Hewlett-Packard의 CEO였던 리 플랫Lee Platt은 "HP가 알고 있는 것을 HP가 (제대로 공유하고) 안다면 생산성이 세 배는 더 높아질 것"이라고 말한 적이 있다. 그가 생산성 향상을 과소평가했을 수도 있지만 요점은 분명하다. 지식은 이미 존재하며 데이터를 연결하고 활성화하는 것은 우리들의 몫이라는 것이다.

탐색 vs. 활용

더 나은 설루션을 계속 탐색해야 할 때와 이미 갖고 있는 것에서 가치를 추출하기 시작할 때를 아는 것은 성공과 실패를 가르는 오래된 질문이다. 초자동화에 필수인 지속적인 개선을 위해서는 탐색과 활용 사이의 균형을 유지해야 한다.

탐색-활용의 티핑포인트tipping point를 찾는 데 도움이 되는 다양한 이론과 알고리즘이 활용됐고 이는 정신의학, 행동 생태학, 컴퓨터 신경과학, 컴

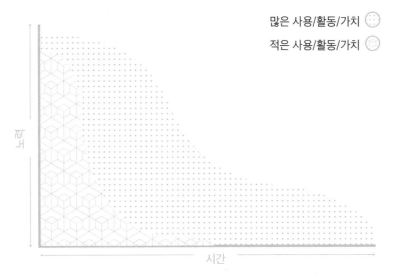

그림 14.7 | 탐색 vs. 활용

퓨터 과학, 비즈니스 분야의 연구 주제였다.

탐색과 활용의 균형 문제는 초자동화 영역에서 조직이 생태계의 거친 부분을 매끄럽게 다듬을 때 항상 고민하게 된다는 점에서 조금 더 까다로워진다. 올바른 프로세스와 도구를 갖추면 설루션을 빠르게 반복해 탐색과 활용의 균형을 더 유동적인 프로세스와 빠른 속도로 맞출 수 있다.

초자동화 영역의 개척자들은 초자동화 분야의 다른 조직 등 다양한 비교 대상을 조사할 기회가 많지 않았다. 훌륭한 사례가 거의 없기도 하고 분야에서 모두 경쟁이 치열했기 때문이다. 우리가 유리하게 활용할 수 있는 것은 생태계 그 자체다.

이상적으로는 조직 전체에서 많은 사람이 새로운 설루션을 끊임없이 시도해 많은 탐색을 수행하고 결실을 볼 많은 설루션을 발견할 수 있는 더 나은 위치에 있을 것이다.

설루션을 만들고 분석하는 데 코드 프리 도구를 사용하면 팀이 더 쉽고 빠르게 반복 작업을 할 수 있다. 이런 협력적 접근 방식은 잘 작동하는 트렌드를 파악하는 데 성공해 노력이 충분한 열매를 맺을 수 있도록 촉진할 수 있다.

하지만 설루션의 빠른 생성, 반복, 분석이 가능하고 준비돼 있고 한창 진행 중이라고 해도 탐색과 활용의 문제는 사라지지 않는다. '설루션을 계속 개선해야 할 때와 갖고 있는 설루션을 활용해야 하는 적절한 때가 언제인지' 여전히 질문할 것이다.

이 질문에 대답하는 데 유용한 몇 가지 이론, 공식, 알고리즘과 흥미로운 철학이 많이 있다. 1만 개가 넘는 대화형 애플리케이션을 만들고 분석한 경험을 통해 탐색에 드는 시간이나 노력을 좌우하는 두 가지 요소, 즉

양과 가치를 특히 중요하게 생각해야 한다는 교훈을 얻었다.

핵심 내용

- 주별 또는 월별 제품 공정표가 있는 소프트웨어 설계 시나리오가 아니라, 이 프로세스를 통해 매일 여러 번 새로운 스킬을 활성화하는 동시에 활성 기술을 실험하고 지속해서 개선할 수 있다.

- OneReach.ai의 팀에서 자주 언급하듯이 'AI는 팀 스포츠'다. 조직의 모든 부서가 협업해야 하고 모든 방향에서 기술 개선에 대한 아이디어가 나와야 한다.

- 초자동화를 위한 성공적인 전략은 내부적으로 작게 시작해 모든 직원이 각자의 전문 분야를 활용해 스킬을 개발하고 발전시키는 것이다.

- 사용자가 자동화를 통해 경험할 여정 지도는 팀의 공유 비전이자 향후 반복 작업을 위한 초기 기준점과 소통 수단이 될 것이다.

- 초자동화를 위해서 휴먼 인 더 루프와 함께 지속적으로 구축하고 공유 라이브러리를 확장하는 전략은 중요하다.

- 초자동화에 필수인 지속적인 개선을 위해서는 탐색과 활용 사이의 균형을 유지해야 하지만 설루션을 빠르게 반복할수록 더 유동적으로 균형을 맞출 수 있다.

CHAPTER 15

초자동화를 위한
디자인 전략

필자는 그동안의 경험을 통해 대화가 사람이 서로 소통하고 공동의 목표를 달성하는 가장 자연스러운 방법이라는 점에 주목했다. 대화로 소통하는 것은 자연스러운 일이지만 대화형 경험을 디자인하는 것은 생각만큼 쉽지 않다. 다른 사람과 일대일 대화를 할 때 무언가를 말하면 언어적, 비언어적, 또는 둘 다에 해당하는 즉각적인 피드백을 받게 되고 피드백을 통해 다음에 해야 할 행동이나 말을 알 수 있다. IDW를 위한 대화를 디자인할 때는 상호작용의 한 측면을 만들고 어떤 응답이 나올지 최선의 추측을 해야 한다. 잘 수행하는 것이 어려운 작업이나 '생성-테스트-개선' 루프를 빠른 속도로 진행하면 상호작용을 디자인하는 가장 좋은 방법을 찾는 데 능숙해질 수 있다.

코미디언이 새로운 소재를 찾는 것과 대화형 디자인 작업에는 비슷한 측면이 있다. 재미있는 농담을 생각해낼 수는 있지만 실제 청중을 대상으로 테스트하기 전까지는 농담이 재미있는지의 여부는 알 수 없다. 가장 중요한 차이점은 재미있는 농담을 찾아내고 다듬은 후에 코미디언은 그 농담에 대한 작업을 대부분 끝낸다는 것이다. 코미디의 소재는 일방적인 형식으로 제공되고 다음 농담을 생각하면 된다. 하지만 대화형 디자인은 양

면적이기 때문에 서로 다른 사용자의 응답 방식에 따라 상호작용도 다양한 방향으로 진행된다. 다음 차례마다 새로운 선택지가 주어질 수 있으므로 복잡성이 급격히 증가한다.

실용적인 대화를 유지하는 것이 대화형 디자인의 핵심 전략인데, 도움을 요청하는 이들에게 정확한 도움을 줘야 한다. 최종 사용자의 채택률을 높일 수 있는 접근 방식이다. 사람들이 당신이 만든 것을 사용하지 않는다면 모든 노력은 헛수고가 될 뿐이다. 사용자에게 인터페이스는 곧 시스템이라는 점을 명심하자. 이는 기술 관련 디자인에서 이미 기정사실화됐으며, 대화형 인터페이스를 다룰 때는 그 중요성이 더욱 커진다. 대화형 AI의 기능이 뛰어날수록 사용자는 더 직관적으로 상호작용할 수 있으며, 이를 '시스템'으로 더 쉽게 받아들인다. 그런데 대화형 인터페이스는 겉으로 드러나지 않게 설계됐을 때만 강력한 단순성을 달성할 수 있다.

대화형 인터페이스는 IDW, 챗봇, 가상 에이전트 등 어떤 형태로 표현되든 하나의 구성 요소일 뿐이다. 인터페이스 자체보다 생태계의 모든 부분의 합을 능동적으로 반영한 요소에서 인터페이스의 지능과 정교함이 나타난다. 높은 수준의 디자인 전략 작업의 대부분은 웹 디자인에서 와이어프레임wireframe과 유사한 것을 구축하는 리드 경험 아키텍트가 담당한다. 사용자에게 만족스러운 대화형 경험을 제공하는 패턴으로 무장한 경험 아키텍트는 수많은 자동화의 뼈대를 조립할 수 있다.

대화형 AI를 사용하면 사용자는 솔루션 사용 경험을 다른 유사한 기술 사용 경험이 아닌, 다른 사람과 대화할 때의 경험과 비교하게 된다. 디자이너의 임무는 사람의 상호작용의 모방이 아니라 사람의 상호작용을 훨씬 뛰어넘는 영역까지 디자인하는 것이다. 진정한 가치는 기술을 시퀀싱해 현재 워크플로를 개선한 경험을 디자인하는 데서 비롯한다. 이는 많은 경험 디자이너가 목표로 하는 것과 다르다. 그래픽 사용자 인터페이스 영역에서는 눈에 거슬리지 않도록 마찰을 줄이는 디자인이 좋다. 대화형 디자인에서도 이를 목표로 하지만 가장 중요한 목표는 훨씬 더 큰 환경과 경험의 웹에 기여하는 경험을 만드는 것이다.

사람이 통제하는 결과를 위한 디자인

기술은 사람을 행복하게 해야 한다. 경험 디자인 관점에서 보면 모든 도구는 본질적으로 기술의 한 형태이며 성공적인 도구는 삶을 개선시킨다. 따라서 초자동화된 경험은 반드시 사람이 의사결정을 내릴 수 있도록 설계해야 한다.

사람은 선택권이 있다고 느낄 때만 행복하기 때문이다. 심리학자이자 UX 매거진의 인기 기고가인 수잔 웨인쉔크Susan Weinschenk 박사는 사람들이 일을 진행하는 방법을 선택할 때 다소 어렵더라도 '통제권'이 있는 쪽을 선택하는 경향이 있다고 밝혔다.[1]

선택권이 있으면 사람에게 통제감이 생기고, 통제감을 바탕으로 다양한 선택지에 끌린다. 스타벅스는 자사 카페에서 17만 가지 이상의 맞춤형 음료를 제공한다고 자랑한다. 고객의 생활방식에 맞는 음료를 만들어 낸다는 유연성,[2] 즉 '얼음 추가, 바나나 다섯 개, 다크 캐러멜 소스 일곱 번 펌프'를 포함해 13가지가 추가된 벤티 사이즈 캐러멜 리본 크런치 프라푸치노와 같이 고객 라이프스타일에 맞는 음료를 제공하는 서비스가 소셜 미디어에서 입소문을 타고 있다.[3] 맛의 여부, 선택지 개수가 적합한지 생각하기보다, 선택에의 갈증에서 비롯된 창의적 에너지를 소프트웨어 설루션을 설계하는 데 썼을 때의 결과를 생각해보면 흥미롭기도 하다.

초자동화를 통해 선택의 의미와 영향력을 불어넣으면 선택의 질이 개선된다. 이를 위해 사람이 통제하는 결과(HCO)를 설계한다. 아침에 일어나면 효율성을 극대화하도록 설계된 기계로부터 온종일 무엇을 해야 하는지 지시받으려는 사람은 아무도 없다. 대신 효율성을 높일 수 있는 정보를 하루 종일 제공하는 기계와, 대화하듯 상호작용하며 선택하는 쪽을 선호할 것이다. 초자동화는 모든 단계에서 사람이 주도해야 한다. 기계가 스스로 결정을 내릴 수 있고 어쩌면 사람보다 더 효율적으로 결정을 할 수 있더라도 좋은 설계란 사람을 운전석에 앉혀야 하는 법이다. 가령, 최신 상용 여객기는 자동으로 이륙, 비행, 착륙할 수 있지만 사람이 원할 때 언제든지 조종할 수 있다. 상용 여객기 운항 기술은 조종석에 있는 사람이 더 나은 조종 결정을 내릴 수 있도록 돕기 위해 만들어진 것이다.

지능형 생태계는 디지털 워커로 구성됐다. 대화형 AI를 위한 설계 전략은 실용적이고 다른 사람과의 유사한 상호작용을 따르는 많은 서비스 패턴에 의존한다. 서비스 패턴은 프로세스를 발전시키고 진정으로 혁신적인 자동화를 만들 기회이기도 하다. 하지만 사람이 의사결정을 내려야 한다는 것이 궁극적인 패턴이 되어야 한다. 사람들이 더 의미 있고 중대한 결정을 내릴 수 있도록 돕는 방법을 찾으면 사람들의 행복과 생산성을 높일 수 있다. 어떤 면에서는 참 간단하다.

성공적인 생태계를 위한 패턴 시퀀싱

성공적으로 시퀀싱된 패턴이 있으면 자동화도 성공한다. 시퀀싱된 패턴은 엄청난 복잡성을 수반한다. 패턴 시퀀싱 개념을 이해하기 위해 복잡한 패턴을 인식하고 그에 따라 행동하는 체스 게임을 생각해보자.

국제 마스터인 아르트휘르 판더아우데베이테링Arthur van de Oudeweetering은 "패턴 인식은 체스 실력 향상의 가장 중요한 메커니즘"이라고 했다. 체스 말의 위치가 바뀌는 본질을 빠르게 파악하면 다음에 이어질 가장 유력한 연속점을 찾는 데 도움이 된다.[4]

어떤 추정에 따르면 체스 그랜드마스터는 최대 10만 개의 패턴을 외울 수 있다고 한다. 물론 인상적인 능력이지만 암기한 패턴을 활용하는 것은 사실 사람의 타고난 능력은 아니다. 아무리 패턴이 몸에 배어 있어도 어느 순간 사람들은 패턴에 따라 행동하다가 실수를 한다. 경보 장치의 비밀번호를 매번 완벽하게 입력할 수 있어야 하는 것은 당연하지만 가끔 실수해서 처음부터 다시 시작해야 할 때가 있다. 사람이 패턴을 대할 때는 항상 불확실성이 존재한다. 래퍼이자 음반 프로듀서, 철학자, 체스 선수이자 힙합 그룹 우탱 클랜Wu-Tang Clan의 리더인 르자RZA는 렉스 프리드먼Lex Fridman과 한 팟캐스트 인터뷰에서 불확실성에 관한 생각을 밝혔다.

체스에는 불확실성이 있습니다. 한 수를 두면 조만간 불확실한 수가 들어옵니다. (…) 전설적인 체스 선수 보비 피셔Bobby Fisher는 그의 책에, 모든 체스 게임은 무승부이며 누군가가 이기는 유일한 방법은 우리 중 한 명이 실수하는 것이다'라고 썼습니다.[5]

그랜드마스터 사비엘리 타르타카워Savielly Tartakower는 이 개념을 "게임의 승자는 가장 마지막에 실수하는 플레이어다"라고 표현한다. 실수 없이 패턴을 인식하고 그에 따라 행동하는 데는 기계가 사람보다 확실히 우위에 있다.

1997년 체스 그랜드마스터 가리 카스파로프Garry Kasparov는 IBM이 개발한 체스용 컴퓨터 빅 블루Big Blue를 상대한 게임에서 19수 만에 기권했다. 이 대결은 여섯 번째이자 마지막 경기였고 카스파로프는 2승 1패, 세 번의 무승부를 기록했다. 2010년 카스파로프는 "오늘날 50달러만 있으면 대부분의 그랜드마스터를 이길 수 있는 가정용 PC 프로그램을 살 수 있다"라고 썼다. 기계가 사람보다 체스를 더 잘한다는 사실은 그랜드마스터에게는 달갑지 않은 소식일 수 있지만 초자동화에는 아주 좋은 소식이다.

체스 경기에서 컴퓨터는 10만 개의 패턴을 완벽하게 암기하고 인식해서 실행하기 때문에 사람을 이긴다. 그러나 초자동화는 사람과 기계가 대결하는 것이 아니다. 기계가 불확실성 없이 작업을 자동화하는 데 사용할 수 있는 패턴을 만들고 시퀀스할 기회를 제공한다. 물론 패턴이 당장 완벽하게 작동한다는 뜻은 아니지만 계속 개선하다 보면 조직에서 점점 더 많은 작업을 확실하게 수행하는 지점에 도달할 수 있다.

이 지점에 도달하려면 기계보다 사람이 더 잘하는 일, 즉 행동 예측이라는 사람의 도움이 필요하다. 누가 질문을 던지면 사람은 시각적, 물리적, 역사적, 청각적 단서를 포함한 모든 종류의 단서를 통해 실제로 무엇을 묻고 있는지 이해하려 한다. 도움이 되는 대답을 즉시 할 수 없으면 문맥을 바탕으로 경험에서 우러난 추측을 할 수 있다. 예를 들어 동료가 며칠 동안 잠을 못 잔 것처럼 보이는데 괜찮아 보이는지 묻는다고 가정해보

자. 동료가 중요한 회의가 들어가는 길에 물었다면, 질문에 구체적이고 솔직한 답변을 기대할 것이라 생각하지는 않을 것이다. 그리고 그런 대답은 분명히 도움이 되지 않을 것 같아 대신 듣기 좋은 대답을 하기로 한다. 반면에 동료가 셔츠에 묻은 얼룩을 지우는 방법을 묻는다면 솔직하고 정확한 대답이 적절할 것이다.

어떤 기술을 시작하려면 만들고자 하는 경험을 상상해야 한다. 수년 동안 높은 평가를 받은 많은 경험을 연구하면서 좋은 경험으로 이어지는 여러 가지 패턴을 발견했다. 패턴을 살펴볼 텐데, 자동화 플로를 설계하고 배포 전략을 세우는 등 생태계의 프레임워크를 구축할 때 패턴을 염두에 두면 실제 서비스 생태계를 만드는 데 도움이 된다. 패턴 시퀀싱은 확실히 작업을 효율적으로 자동화할 수 있을 뿐 아니라 사람과 기계 사이에 의미 있는 관계를 구축할 최적화된 경험을 제공한다. 이런 경험은 일련의 단절된 거래가 아니라 맥락 관계로 진화하는 지속적인 것으로 설계돼야 한다. 거래 관계를 넘어 맥락 관계로 생각하면 기술이 항상 존재하지만 절대 침범하지 않도록 우리 삶에서 소프트웨어와 기계의 존재를 바꿀 기회를 만들 수 있다.

이 작업은 리드 경험 아키텍트와 디자인 전략가가 만든 여정 지도에서 시작될 때가 많다. 여정 지도는 생태계를 구성하는 경험을 정의하는 데 사용되며 주요 패턴이 식별되고 나중에 프로덕션 디자인을 통해 더욱 구체화된다. 이 과정에서 한 번에 끝나는 것은 없다. 체스판에서 일어날 수 있는 거의 무한한 수의 움직임처럼, 이와 같은 패턴을 시퀀싱하고 계속 개선하는 방법에는 사실 제한이 없다. 르자가 공유한 체스의 지혜는 초자동화에도 쉽게 적용할 수 있다.

내가 발전해야 한다고 깨달았던 첫 순간이 기억납니다. 처음에는 크루에서 내가 가장 뛰어난 선수였습니다. 하지만 크루의 실력이 향상되기 시작했어요. 더 많은 연습을 해야 했습니다. 그리고 지자는 내가 몰랐던 체스 이론을 공부하기 시작했어요. 하루는 지자네 집에서 체스를 두고 있었는데 제가 크게 지고 있었어요. 그 집 아들 카림이 지자가 화장실에 간 사이 나에게 오더니 이렇게 말하더군요. "우리 아빠는 책을 보고 공부해요. 알겠어요?"[6]

초자동화를 할 때는 경쟁 비즈니스에서 우위를 유지하는 것뿐만 아니라 고객과 더 개인화된 관계를 구축할 수 있도록 계속 노력해야 한다.

대화형 AI를 위한 주요 시퀀스 패턴

초자동화를 위한 생태계를 구축할 때 리드 경험 아키텍트와 디자인 전략가가 기억해야 할 패턴을 자세히 살펴본다. 가장 기본적인 패턴에서 시작해 좀 더 복잡한 패턴을 살펴본다.

질문과 답변

Q&A는 가장 기본적인 대화 패턴이다. 많은 사람이 대화형 AI로 잘못 생각하는 패턴이기도 하다. 사용자가 기계에 질문하면 기계는 자연어 이해와 답변 제공을 위해 설계된 지식 기반을 통해 답을 찾는다. Q&A 패턴은 검색을 강조한다. 사용자의 질문을 해결하는 데 도움이 되지만 사용

사례에 따라 데이터, 제품, 또는 FAQ 페이지를 찾아보는 선택지를 제공하는 것이 더 유용할 수 있다. 대화형 사용자 인터페이스에 그래픽 사용자 인터페이스를 추가하는 것도 문제를 해결하는 방법이다. 예를 들어 서비스 가능한 유형을 물으면 IDW는 웹사이트의 모든 서비스를 나열하는 페이지로 안내할 수 있다. 초자동화를 위해 구축된 생태계에서 IDW가 답을 찾지 못하면 휴먼 인 더 루프로 전환할 수도 있다.

찾기

사용자는 특정 쿼리를 기반으로 기계에 정보 조회를 요청한다. 기계는 API를 쿼리해 사용자에게 보여줄 수 있는 결과 집합을 가져온다. 이 결과는 Q&A에 답변으로 피드백되거나 트랜잭션transaction에 도움을 주고, 사용자의 신원을 확인한다. Q&A와 찾기 패턴은 비슷해 보이지만 매우 다르다. 찾기find는 Q&A가 도움이 되지 않을 때 사용하면 좋은 패턴이다.

디자인 패턴은 성공적인 사람과의 대화에서 비롯하므로 궁극적으로 사람 상호작용에서 파생한다. 기계와 마찬가지로 사람도 일정한 양의 경험이나 학습만 갖고 있다. 필요한 경우 인터넷, 동료, 책 등 외부 소스를 사용해 필요한 답을 찾는다. 찾기는 기계의 학습으로 질문에 답할 수 없으면 보통 API를 통해 외부 소스를 검색할 수 있다.

추격

단순한 알림보다 더 적극적인 기능으로, 추격chase을 위해 구축된 플로는 특정 기준이 충족될 때까지 계속 활성화된다. 사전 예방적인 패턴은 특정 질문에 대한 답을 끝까지 찾아내는 것을 예로 들 수 있다. 사용자가 답을 제공하지 않으면 기계는 다른 사용자로 넘어가거나 답을 찾을 때까지 계속해서 쿼리를 반복한다. 성공적인 문제 해결을 위해서는 단계적 확대가 필요할 때가 많다.

넛지

원하는 결과를 향해 부드럽게 밀고 나가는 방식이지만 추격보다는 덜 거슬리는 방식이다. 넛지nudge는 사용자가 무의식적으로 특정 행동을 하도록 동기를 부여하거나, 의식적으로 의도된 선택을 하도록 명확하게 유도하는 구조화된 방식으로 추가 정보를 제공하도록 설계된다. 도로에 자전거와 자동차 도로를 명확하게 구분하는 선을 그리는 것을 예로 들 수 있다. 가장 좋은 사례는 사용자가 처한 상황과 관련이 있다. 항공 업계는 넛지를 "참고로 99달러만 더 내면 이 항공편의 비즈니스 클래스로 업그레이드할 수 있습니다"라는 방식으로 사용할 수 있다.

드립

공지사항처럼 즉각적인 피드백이 필요하지 않은 보고나 개선에 사용할 수 있다. 지식 기반이 없고 향후 맥락을 제공하지 않는 추격과 비슷하다. 예를 들어 드립drip은 "잊지 마세요. 월요일 오후 3시 30분에 약속이 있습니다"라고 제안하는 반면 추격은 "월요일 오후 3시 30분 약속을 '예' 또는 '아니오'로 대답해 확정해주세요"라고 제안한다. 드립은 미리 정해진 순서대로 콘텐츠가 제시된다. 가령, 드립에는 새로운 제품을 처음 경험하는 고객에게 의도적으로 간격을 두고 다섯 개의 메시지를 보낼 수 있다.

암기

여러 사용자에 걸쳐 전체적으로 설정할 수 있는 대화 패턴이다. 암기 memorize는 사용자가 자주 하는 대화와 질문을 파악하는 데 사용 가능하다. 암기를 위해 구축된 플로는 정보를 저장해 보고, 지식 기반 개선, 향후 맥락 제공에 사용된다. 대화를 디자인할 때 암기를 활용할 수 있도록 데이터 저장을 설정해야 한다. 궁극적으로 일회성 대화가 아니라 관계를 구축하는 데 도움이 된다.

알림

사용자가 조치할 수 있도록 특정 시간에 특정 방식으로 정보를 제공하는 사전 예방적인 패턴이다. 이는 예정된 약속이나 새로운 습관 형성을 위한 것일 수 있다. 알림 패턴을 성공적으로 활용하려면 고객이 선호하는 채널을 통해 알림remind을 보내면 된다. 사실 선호하는 참여 채널을 기억하는 암기 패턴을 사용할 수 있는 다른 기회이기도 하다.

대부분의 디자인에서 알림은 별다른 상상력 없이 간단한 아웃바운드 메시지로 평범하게 사용됐다. 한 가지 패턴만 사용하면 좋은 대화가 이뤄지지 않는다. 알림을 성공적으로 사용하려면 알림을 중심으로 디자인하고 첫 번째 단계를 넘어서는 대화 경험을 만들어야 한다.

추적

추적track은 암기와 유사하지만, 반드시 장기간 암기하는 데 사용되는 것은 아니다. 가령, 기계는 사용자가 A 지점에서 B 지점으로 몇 번 이동했는지 기록해 A 지점에서 B 지점 사이의 모든 이동 경로를 추적할 수 있다. 추적하는 플로는 '현재 상태'뿐 아니라 해당 지점에 도달하기까지의 모든 이전 상태를 염두에 둔다.

콜백

사전 예방적 패턴인 콜백callback은 이전 활동을 다시 시작하는 데 중점을 둔다. 이는 활동을 일시 중지하고 간격은 일정 기간이 경과하거나 새로운 데이터 출현에 따라 달라질 수 있는 후속 조치 간격을 설정하는 데 적합하다.

맥락화

기계가 저장된 데이터를 시작점으로 사용해 대화에서 맥락을 추출하려고 시도하는 패턴이다. 맥락과 관련된 저장소에 쿼리를 보내 해당 맥락과 관련된 추출을 계속 시도한다. 시간, 위치, 진행 중인 작업, 이전 대화나 메시지를 사용해 맥락을 설정할 수 있다. 맥락화 패턴은 기계가 "당신은 고객입니까? 가장 최근 구매는 언제입니까?" 같은 질문을 하며 처음부터 시작할 필요 없이 맥락으로 대화 경험을 개선할 수 있다는 점에서 유용하다. 맥락화contextualize는 암기 패턴과 함께 사용되는 패턴이다.

가이드

가이드 패턴을 사용하면 기계는 스크립트가 있는 대화나 일련의 질문을 통해 말 그대로 사용자를 A 지점에서 B 지점으로 안내한다. 또한 사용자가 특정 목표를 달성할 수 있도록 매일 확인하여 시간이 지남에 따라 특정 시퀀스에 도움이 되는 패턴이다. 가이드guide를 위해 만들어진 플로는 이정표나 달성하고자 하는 최종 결과와 함께 진행 상황과 순서를 염두에 둬야 한다. 가이드는 사용자를 맞이하는 컨시어지 스킬concierge skill의 중요한 패턴이기도 하다. 컨시어지는 맥락화와 Q&A 같은 패턴으로 사용자의 요구사항을 평가한 후 가이드를 사용해 사용자가 목표를 달성하는 데 도움이 되는 생태계의 다른 스킬로 사용자를 연결한다. 가이드가 없다면 사용자는 IDW가 무엇을 할 수 있는지 추측할 수밖에 없고, 시스템이 실제 요구사항을 구분하는 데 도움이 되지 않는 질문을 하게 될 것이다.

사용자의 리드를 따르는 상호작용은 복잡하고 구축하기 어려워, 대화형 디자인에서 흔히 저지르는 실수로 이어지기도 한다. 기계가 실제보다 더 많은 일을 할 수 있다고 과도하게 약속하거나 사용자가 기대하게 하는 것이다. 사용자가 기계를 리드하는 것이 아니라 기계가 사용자를 안내하여 사용자의 기대치를 설정하도록 하자.

거래

사용자가 특정 작업을 수행하는 데 도움이 되는 패턴이다. 목표와 원하는 결과가 정해져 있으며 약속을 예약하거나 제품을 주문할 때 거래 패턴을 사용한다. 거래transact는 설정을 사소하게 바꾸거나 새로운 상호작용의 기본 설정을 추가하는 데도 사용할 수 있다. 플로에는 작업을 완료하기 위해 특정 정보가 필요한 구조화된 스크립트가 있으며 작업 완료가 주요 측정 기준이 된다.

협상

호텔에 일찍 체크인할 수 있는지 IDW에 문의했는데, 체크인 시간이 오후 4시라는 답변을 받았다고 하자. 이때 전화를 걸어 체크인 시간을 변경하고 싶을 수 있다. 기계를 설득하려는 것은 소용없지만 프로세스에 협상 기능을 만들면 전화하지 않아도 된다. 이때 IDW는 "오후 4시 정규 체크인 시간이 맞지 않으시면 다른 방법을 찾아보고 연락드리겠습니다"라고 말하며 협상negotiate할 수 있다. 이렇게 하면 사용자는 전화해도 소용없을 것 같다는 인상을 받게 되고 IDW의 연락을 기다릴 것이다. 그리고 IDW는 답을 얻기 위해 휴먼 인 더 루프를 사용할 가능성이 크다.

약속과 과제

개발자가 비동기 컴포넌트가 있는 자바스크립트에서 자주 사용하는 개념에서 영감을 얻은 패턴이다. 즉, 누군가가 다음에 로그인할 때 특정 작업을 처리하겠다고 약속하거나 다음에 로그인할 때 다른 사람이 작업을 처리하도록 배정하는 것이다. 대부분의 시나리오에서 사람들은 기계와의 상호작용을 인바운드(누군가가 당신에게 전화를 거는 것) 또는 아웃바운드(당신이 누군가에게 연락하거나 응답하는 것)로 생각하는 경향이 있다. 약속과 과제promise and assignment는 세 번째 범주에 속하며 실생활에서 "다음에 테디와 통화할 때 나에게 100달러를 갚아야 한다고 알려줘"라고 말하는 것과 같다. 초자동화를 위한 생태계에서 이는 과제 대기열의 형태를 취하므로 다음에 테디가 조직에 연락할 때 이런 과제를 받게 된다. 누군가가 인바운드 연락을 할 때만 메시지 대기열을 표시하는 받은 편지함과 비슷하다. 휴대전화 회사에서는 이미 이런 패턴을 사용하고 있다. 전화를 걸면 기기 업그레이드 기한이 임박했음을 알려준다.

인바운드 통화에서는 약속과 과제 패턴을 사용해 장시간 통화를 교묘하게 피할 수 있다. 예를 들어 최근에 주문한 사람이 전화를 걸면 대기열 맨 위에 알림이 표시된다. "이번 주 초에 주문하셨군요. 좋은 소식입니다. 주문하신 상품의 배송이 시작됐습니다! 배송 상태를 확인하시겠습니까?" 이처럼 개인화된 경험은 사용자의 시간을 절약하고 IDW에 대한 신뢰를 높인다. 약속과 과제는 사람들을 귀찮게 하지 않고 더 나아갈 수 있게 해주기 때문에 놀라운 패턴이다. 고객이 이미 연락을 해왔으니 시간을 절약할 수 있는 몇 가지 유용한 정보를 갖고 고객을 만나자.

조정

조정coordinate은 여러 참가자가 특정 목표를 중심으로 함께 작업할 수 있도록 하기 위한 패턴이다. 회의 일정을 잡거나 의견을 모으는 데 사용할 수 있다. 추격, 추적, 거래와 같은 하위 패턴이 함께 작동하는 복잡한 패턴이다.

공유

필요한 사람들과 정보를 공유하기 위해 고안된 패턴이다. 공유share는 사전 예방적 패턴으로, 관련성이 있거나 상황에 맞는 방식으로 정보를 배포하는 데 도움이 된다. 공유 패턴을 사용하는 플로는 유용한 정보가 포함된 메시지나 링크를 전송한다.

교육

사용자에게 어떤 일을 하는 방법을 가르치는 패턴으로 주로 Q&A에서 시작한다. 교육teach은 일련의 수업이나 지침을 제공하는 것이 목적이며, 단일 세션 또는 여러 세션에 걸쳐 이뤄질 수 있다.

예측

예측 패턴을 통해 기계가 과거 상호작용과 맥락 데이터로 사용자가 무엇을 하려는지 예측predict하고 종종 다음과 같이 가능한 결과를 제안한다. "이 옵션은 통계적으로 원하는 결과를 얻을 가능성이 더 큽니다." 예측은 사용할 수 있는 모든 데이터를 검토해 가능한 결과를 예측함으로써 불필요한 단계를 제거해 대화를 최대한 효율적으로 만든다.

프로세스 마이닝

프로세스 마이닝process mining을 통해 현재 및 과거 프로세스와 이벤트에서 패턴, 비효율성, 기회를 식별하기 위해 데이터를 분석하도록 기계를 학습시킬 수 있다.

이상 탐지

이상 탐지anomaly detection는 표준 또는 예상치에서 벗어난 이벤트나 편차 등 데이터의 이상 징후를 탐지하기 위한 프로세스 마이닝 패턴이다.

비정상적 부재 탐지

이상 탐지의 한 유형으로 매우 유용한 패턴이다. 비정상적 부재 탐지 anomalous absence detection란 사람이 잘 발견하지 못하는 데이터 부재를 탐지하려는 특정 목표를 갖고 데이터를 정기적으로 평가하는 것이다. 기본적으로 기계는 데이터가 없을 때 패턴과 의미를 식별하고 각 데이터의 부재를 이벤트로 처리한다. 경우에 따라서는 놓친 기회나 기회비용을 식별할 수 있다.

가령, 사람 계정 관리자는 조안나라는 고객이 6개월 동안 다른 고객보다 더 많은 금액을 구매했다는 사실을 알아차릴 수 있다. 하지만 같은 사람이 같은 6개월 동안 조안나가 아무것도 구매하지 않았다는 사실(데이터 부재)을 알아차릴 가능성은 적다. 반면에 IDW는 조안나의 구매 가뭄을 계정 관리자에게 알려 다음 구매 시 특별 제안을 제공할 수 있다.

머신 인 더 미들

머신 인 더 미들machine-in-the-middle은 비교적 간단한 패턴으로 기계가 더 효율적으로 할 수 있는 작업을 수행하기 위해 실시간으로 상담원이 사용자를 IDW에게 넘겨주는 것이다. 예를 들어 사용자가 상담원과 통화해 구매에 대한 구체적인 세부 사항을 정리할 때, 상담원은 결제 정보를 수집하기 위해 사용자를 IDW에게 넘길 수 있다(신용카드 번호나 카드 뒷면 사진을 요청하는 문자가 휴대전화에 표시될 수 있다). 또 서비스 제공업체에 문의 이메일을 보내면 IDW가 지원팀으로 전송된 이메일을 검토하고 누락된 정보를 발견한다. 상담원이 접수된 문의를 조회할 때 모든 정보를 확인할 수 있도록 IDW는 사용자에게 누락된 정보를 요청하는 이메일을 보낼 수 있다. 이렇게 하면 상담원이 추가 조치를 하지 않아도 되고 요청도 더 빨리 해결될 수 있다.

이는 API나 광범위한 통합이 필요 없는 자동화를 구축할 수 있는 창의적인 방법이 많다는 것을 보여주기 때문에 기억해야 할 중요한 패턴이기도 하다. 머신 인 더 미들은 간단히 말해 인바운드 이메일을 수신하는 IDW가 자연어 이해를 사용해 콘텐츠를 보고 검토해 누락 정보가 있는지 판단하는 것이다. IDW는 다른 과정 없이 사용자에게 누락 데이터에 대해 즉시 회신할 수 있다.

휴먼 인 더 루프

자동화는 처리할 수 있는 데이터 내에서는 매우 유용하고 강력한 패턴이다. 사람이 데이터를 제공해 IDW의 학습을 돕고, 사람이 도울 수 있는 대화나 대화 변형은 무궁무진하다. 휴먼 인 더 루프를 통합한 플로는 필요한 정보를 얻기 위해 콜센터, 채팅 채널, 문자 메시지, 슬랙 같은 협업 도구 등 다양한 채널에서 휴먼 인 더 루프에 연결하고, 이를 통해 지식 기반과 스킬을 업데이트한다. 앞서 설명한 것처럼 다른 시나리오에서는 IDW가 문제에 봉착하면 사람이 다음에 해야 할 일을 안내한다. 팀원은 머신러닝을 위해 IDW에 정보를 제공하거나 특정 방식으로 상호작용을 스크립트로 작성할 수 있다.

사람이 통제하는 결과

초자동화는 모든 수준에서 사람이 주도해야 한다. 스스로 효율적인 의사결정을 내리는 기계의 능력은 계속 향상되겠지만, 사람이 결과를 통제할 수 있는 것이 중요하다. 기계가 효율성을 극대화하도록 설계됐다고 해도 사람들은 기계의 엄격한 명령에 따라 살기를 원하지 않는다. 하지만 사람들은 효율성을 개선할 수 있는 제안을 꾸준히 제공하는 기계와 상호 작용하기를 기대할 것이다.

메타인지 행동

메타인지 행동metacognitive behavior은 위에서 설명한 여러 가지 패턴을 포함하고 강화하는 보다 포괄적인 패턴에 가깝다. IDW가 개별 스킬을 학습하는 동안 전반적인 학습을 관리할 수 있도록 생태계에서 인식 패턴을 만든다. 예를 들어 스킬을 배우는 것과 자신이 배우고 있다고 적극적으로 인식하는 것, 그리고 나중에 그 학습한 스킬을 관리하는 것은 다른 문제다. 여기서 메타인지 행동은 타임라인에 따라 새로운 스킬 세트를 학습하는 것에 대해 IDW를 확인하는 것과 같은 기본적인 일일 수 있다. 사용자 쿼리에 기반한 제안을 통해 IDW가 확인하는 것처럼 더 높은 수준의 기능도 포함할 수 있다(예: "많은 사용자가 비밀번호를 재설정하기 위해 전화하는 것을 확인했습니다. 제가 이 방법을 배울 수 있을까요?"). 또한 생태계를 위한 새로운 도구를 찾은 다음 평판이나 사용자 평가를 기준으로 검토할 수도 있다.

알림 → 인식 형성		찾기 → 새로운 정보 검색	
콜백 → 대기 시간 단축		맥락화 → 현재 위치에서 시작하기	
추격 → 응답		암기 → 빠른 검색을 위해 기억하기	
넛지 → 행동 수정		가이드 → 필요한 곳으로 안내	
거래 → 작업 완료		조정 → 바쁜 작업 위임	
협상 → 답변		추적 → 데이터 저장 또는 기록	
공유 → 유용한 정보		교육 → 새로운 인사이트 얻기	
예측 → 가능한 결과 제안		계획 → 예측	
프로세스 마이닝 → 기회 식별		휴먼 인 더 루프 → 단계적 확대	
사람이 통제하는 결과 (HCO) → 초자동화		이상 탐지 → 예상 데이터의 편차	
메타인지 행동 → 인식 패턴		약속과 과제 → 메시지 대기열	
드립 → 일련의 메시지		머신인더미들 → 더 빠른 문제 해결	

그림 15.1 | 대화형 디자인을 위한, 리드 경험 아키텍트와 디자인 전략가가 기억해야 할 주요 디자인 패턴

패턴 활용

패턴 중 상당수는 사람보다 나은 경험을 제공하기 위해 GPS에 의해 자주 사용된다. 낯선 지역을 운전해서 회의 장소로 가는 도중 시간 여유가 있어서 스마트폰에 가까운 커피숍이 있는지 물어본다. 이것이 Q&A 패턴이 활성화된 경우다. 가장 가까운 커피숍을 찾기 위해 맥락화 패턴을 사용해 지도 위에 위치를 표시한 형태로 답변이 돌아올 수 있다. 그러면 시스템이 사용자를 커피숍으로 안내할 수 있다. 또한 예측 패턴을 사용해 전방에 지연을 일으킬 수 있는 교통사고를 식별할 수도 있다. 샛길로 가는 것이 좋겠다고 생각하도록 넛지할 수도 있다. 이는 음성, 텍스트, 그래픽 인터페이스가 통합된 멀티모달 여정이며, 거래와 같은 다른 패턴을 포함하도록 발전할 수 있다. 커피를 미리 주문하고 결제할 수 있도록 해 시간 맞춰 회의에 도착할 수 있을 것이다.

핵심 내용

- ◉ 매일 다른 사람들과 나누는 대화는 흐름을 알려주는 즉각적인 피드백을 제공하는 반면 대화를 디자인할 때는 프롬프트로 시작해 상대방이 어떻게 대답할지 추측하는 과정을 거친다.

- ◉ 사람들은 도움을 청하기 위해 당신을 찾기 때문에 실용적인 대화를 전략의 핵심으로 유지해 가장 흔한 실패 지점인 낮은 사용자 채택을 피하도록 한다.

- ◉ 성공적인 자동화는 행동을 예측하는 사람의 고급 능력을 기준으

로 삼아 기계가 완벽히 실행할 수 있는 디자인 패턴을 시퀀싱해 구축된다.

⦿ 패턴의 시퀀싱은 사람과 기계 간에 의미 있는 관계를 구축하는 최적화된 경험을 만들 수 있다.

⦿ 패턴을 통해 봇을 더 유용하게 만들어 저성과자에서 고성과자로 바꿀 수 있다.

CHAPTER 16_

초자동화를 위한
프로덕션 디자인

컴퓨터와 실제 대화를 나눈다는 개념은 비교적 최근까지만 해도 공상 과학 소설에 나올 법한 소재였다. 수십 년이 걸렸지만 음성 인식은 거의 사람에 가까운 수준으로 향상됐으나 생각만큼 대단한 수준은 아니다. 단순히 소리를 단어로 번역하는 것만으로는 이해가 이뤄지지 않기 때문이다. 이해란 단어의 의미와 사용자가 그 단어를 말함으로써 의도하는 바를 이해하는 데서 비롯된다. 특히 음성 혹은 다른 커뮤니케이션 채널을 다룰 때 프로덕션 디자인이 필요한 이유가 바로 여기에 있다.

초자동화 분야에서 프로덕션 디자인은 대화형 디자이너가 기계와 대화할 때 사람들이 겪게 될 경험을 만들면서 구성된다. 전통적인 경험 디자인에 비유하면 디자이너가 와이어프레임을 짜는 것과 비슷하다. 리드 경험 아키텍트는 사용자가 IDW를 통해서 하게 될 높은 수준의 여정을 매핑한다. 대화형 디자이너는 높은 수준의 여정을 원활히 진행할 수 있는 플로를 만들고 단어를 선택하며 어감을 미세 조정해 경험에 생동감을 불어넣는다.

사용자 관점에서 대화형 인터페이스는 곧 시스템이다. 이는 좋은 일이다. 하지만 디자이너와 아키텍트가 각자의 관점에서 인터페이스를 시스템과 혼동하면 안 된다.

대화형 인터페이스에 얼마나 빨리 공감하는지 알면 놀랄 것이다. 이는 대화가 도구로서의 본질에 뿌리 내리고 있다는 증거다. 하지만 대화형 인터페이스는 액세스 포인트access point이기 때문에 자연어 이해의 성공 여부는 사용자의 의도를 파악할 수 있을 만큼 언어와 문맥을 깊이 이해하느냐에 달려 있다. 문맥 이해는 적절하게 설계된 생태계에 의해 형성된다. 따라서 대화형 디자인을 미세 조정할 때는 시스템이 아니라 시스템으로 들어가는 입구라는 점을 항상 염두에 둬야 한다.

많은 컨시어지 봇의 잔해는 대화형 AI 구현 시도에 실패한 폐허에서 찾을 수 있다. 이는 실제 기술이 없는 기계, 심지어 정교한 자연어 처리 엔진으로 실행되는 기계가 원스톱 포털one-stop portal 역할을 하는 것처럼 보일 때 발생한다. 사용자가 기계가 무엇을 할 수 있는지 알지 못하면 기계가 무엇이든지 할 수 있다고 생각한다. 물론 이는 불가능한 일이다. 앞서 가이드 패턴을 설명할 때 컨시어지는 기계가 아니라, 보통 사용자가 가장 먼저 접하게 되는 스킬이라고 설명했다. 컨시어지 스킬은 생태계의 다른 스킬에 매핑할 수 있는 질문을 통해 사용자의 요구사항을 평가한다. 컨시어지는 어떤 스킬이 가장 도움이 될지 결정하고 사용자를 해당 스킬에 연결하는 스킬이다(예: 재방문자를 상대하는 경우 컨시어지 스킬을 실행하는 IDW는 초기 상호작용 중에 기존 고객 데이터를 상호 참조해 유용한 답변을 미리 얻을 수 있다). IDW가 사용 사례에 가장 적합한 NLU 엔진으로 사용자가 원하는 것이 무엇인지 파악하면 사용자를 스킬 사이로 안내해 도움이 되고 사람보다 더 나은 경험을 제공할 수 있다.

모든 것은 분석과 보고에 달렸다

초자동화를 위해서는 분석과 추적에 대해 완전히 새로운 관계가 필요하다. 초자동화에는 사용자와 IDW 간의 상호작용을 실시간으로 분석하고 보고할 수 있는 도구가 필요하기 때문에 흥미롭다. 분석과 보고를 통해 강력하고 통합된 형태의 사용자 조사를 할 수 있다. 새롭고 높은 성능을 얻으려면 매우 정교한 아키텍처를 갖춘 생태계가 필요하다.

대화형 AI를 구현하면 분석과 보고는 생태계의 구축과 발전에 중요한 정보를 제공하는 분리할 수 없는 요소다. 그러나 생태계에서 분석과 보고는 어느 정도 독립적으로 작동한다. 대화형 AI를 사용하는 가장 기본적인 사용자 경험조차도 방대한 데이터를 생성하며, 이는 분석 관점에서 좋은 일이다. 정보는 많을수록 좋기 때문이다. 하지만 대화형 인터페이스는 비정형 데이터를 생성하고 이 데이터에 형태와 의미를 부여하려면 분석이 필요하다. 많은 양의 모호한 정보를 조직의 내부 데이터, 특히 대화형 경험의 기반이 되는 데이터와 결합하면 매우 복잡한 문제를 만난다.

컴퓨터처럼 보이지 않지만, 컴퓨터처럼 작동하는 사물인터넷도 데이터 포인트이므로 연결된 기기를 잠시 생각해볼 필요가 있다. 사람은 다양한 형태와 크기의 컴퓨터에 둘러싸여 살아가고 있다. 냉장고 문이 열리는 것을 인식하고 소프트웨어가 실행하기 시작하면 문이 인터페이스가 된 것이고 냉장고는 냉각 장치인 동시에 컴퓨터인 셈이다. 따라서 텔레비전, 스피커, 블루투스 태그, 고양이 화장실에 임시 저장된 모든 데이터를 고려해야 할 데이터 소스에 추가해야 한다.

분석가와 데이터는 친구다. 테스트할 가설이 있고 가능한 한 많은 데이터를 탐색해 다양한 필터를 통해 패턴을 찾고 싶다고 가정해보자. 머신러닝 같은 다양한 도구를 사용하면 대량의 데이터를 처리해 활용할 수 있는 실행 가능한 패턴을 찾을 수 있다. 초자동화를 위해 이런 도구가 실시간으로 작동할 필요는 없지만 분석가가 다양한 방식으로 데이터를 탐색할 수 있도록 유연해야 한다.

당신이 구독 기반으로 고양이 화장실 모래를 파는 회사의 분석가라고 생각해보자. 고객이 이사할 때 주소를 업데이트하는 대신 구독을 취소했다가 다시 시작하는 경우가 많으리라 짐작한다. 당신은 데이터를 실행해 상관관계가 뒷받침되는지 확인한다. 구독을 취소한 다음 다른 주소로 새로 구독하는 사용자 패턴을 발견한다. 이는 귀중하고 활용할 수 있는 정보이므로 경험 디자이너에게 전달한다.

경험 디자이너가 IDW를 위한 대화형 워크플로를 구축할 때 분석가가 제공한 패턴을 중심으로 구축된 알고리즘을 구현할 수 있다. 고양이 화장실 시나리오에서 경험 디자이너는 사용자가 처음 로그인할 때와 취소를 시작할 때 프롬프트를 추가할 수 있다. 또한 사용자에게 주소를 업데이트하는 편이 취소하고 다시 시작하는 것보다 쉽다는 것을 알릴 방법을 설계할 수 있다.

이런 조정을 할 때 경험 디자이너는 실시간 보고를 통해 효과가 있는 것과 없는 것을 파악할 수 있다. 때에 따라 상호작용이 진행되는 동안 개선할 수도 있다. 이것이 초자동화 시나리오에서 사용되는 보고의 특성이다. 보고는 항상 진행 중이며, 항상 조치하고 있다. 보고를 위해서는 경험 디자이너가 일련의 스킬과 플로를 통해 사용자가 IDW와 상호작용하는 것을 지켜볼 수 있는 대시보드가 필요하다. 경험 디자이너가 사용자가 기계와 어떻게 상호작용하는지 직접 볼 수 있으면 정기적으로 상호작용을 미세 조정할 수 있다.

사람들이 출시하는 대부분의 기계와 함께 제공되는 데이터는 기본적인 지표(마찰, 오작동 등)가 포함된 블랙박스로, 초자동화를 위한 생태계를 구축할 때는 거의 쓸모가 없다. 실시간으로 데이터를 요약하지 않는 한, 물이 새기 전에 배의 구멍을 막기란 매우 어렵다는 것을 알게 될 것이다. 적시에 대화를 역추적할 수 있어야 하며, 실시간 보고 기능은 사용 중인 도구에 내장돼 있어야 한다.

끊임없이 돌아가는 피드백 루프feedback loop도 필요하다. 스킬이 배포되고 활용되면 상호작용을 분석하고 반복할 수 있다. 이는 있으면 좋은 것이 아니라 필수다. 사람들이 시스템과 경험을 어떻게 사용하는지 쉽게 알 수 없다면 초자동화에 매우 중요한 신속한 반복이라는 약속을 이행할 수 없다. 초자동화를 통해 초개인화된 설루션을 만들 수 있지만 초개인화에는 분석 및 보고와 더 깊게 뿌리내린 관계가 필요하다.

이는 생태계에서 방대한 양의 데이터를 집계하고 실현하는 가장 효율적인 방법일 뿐 아니라 팀에도 큰 도움이 된다. 이때 데이터 분석가는 자신이 가장 잘하는 일, 즉 데이터를 파헤치고 패턴을 파악하는 일에 집중할 수 있다. 상호 보완적으로 경험 디자이너는 경험 디자인이 학문으로 발전하는 데 열정이 있는 모든 사람의 창의력을 자극할 흥미롭고 새로운 반복 속도에 의존해 진정으로 역동적인 경험을 디자인하게 될 것이다.

어떤 면에서 이것은 가장 순수한 형태로 프로세스를 나타내는 역동적이고 새로운 형태의 경험 디자인이다. 경험을 디자인하고 실시간으로 전개되는 과정을 지켜보며 지속해서 개선할 기회를 잡음으로써 일반적인 소프트웨어 개발 시나리오에서는 몇 주나 몇 달 간격으로 진행되던 단계를 매시간 또는 매일 진행하게 된다. 이를 통해 매우 강력한 소프트웨어를 빠른 속도로 설계하고 유지 관리할 수 있는 피드백 루프가 만들어진다.

하지만 기업이 성공하는 이유는 더 많은 소프트웨어를 생산하기 때문이 아니라 더 좋은 소프트웨어를 생산하기 때문이라는 점을 명심하자. 이 지점에서 경험 디자인에 대한 새로운 접근 방식이 빛을 발한다. 경험 디자이너가 더는 개발자가 되는 것에 신경 쓰지 않아도 되고, 코드를 작성하지 않고도 원하는 대로 소프트웨어를 만들고 발전시킬 수 있게 되면 진정으로 좋은 소프트웨어를 디자인하는 데 집중할 수 있다.

적응형 디자인을 위한 노력

적응형 디자인은 테스트, 분석, 설계의 빠른 반복 루프를 포함하는 차세대 개념이다. 다양한 조합을 테스트함으로써 디자인에 활용할 수 있는 귀중한 인사이트를 얻을 수 있는 것이 핵심이다. 우리 팀은 스탠퍼드 대학교에서 부모가 자녀에게 읽기를 가르칠 때 문자 메시지를 사용하는 연구를 지원했다. 가장 긍정적인 효과를 얻을 수 있는 콘텐츠, 언어, 시간의 적절한 조합을 찾는 것이 전체 목표였다. 연구 결과, 이런 종류의 커뮤니케이션은 효과를 극대화하기 위해 계속 미세 조정하면 사람 행동을 수정하는 데 매우 강력할 수 있다는 사실을 발견했다.

부모가 자녀에게 시리얼 상자에서 한 줄을 읽게 하는 문자 메시지가 아침 7시 30분에 발송돼 처음 4주 동안 효과가 있었다고 해서 그 효과가 영원히 유지되지는 않는 것처럼 말이다. UI는 탐색과 활용의 주기로 경험을 최적화하기 위해 적절한 조합을 탐색한 다음, 효과가 떨어질 때까지 활용하고 다시 탐색으로 돌아가는 방식에 적응해야 한다.

사람이나 페르소나에 따라 패턴이 다르게 작동한다. 시간에 따라 적응할 수 있어야 할 뿐 아니라 개별화의 관점에서도 적응할 수 있어야 한다. 우리 팀은 이런 생각을 집주인에게 필요한 서비스를 찾아주는 서비스에 적용했다. 물론 처음 누군가 서비스를 이용하려 할 때 서비스 제공자가 나타나지 않으면 다시는 서비스를 이용하지 않을 것이므로 첫 번째 상호작용이 잘 이뤄지는 것이 중요하다. 우리는 언어, 시간, 알림을 기반으로 수많은 조합을 탐색해 서비스 제공자가 제시간에 나타나고 집주인도 서비스 제공자를 직접 만날 수 있도록 했다. 시스템이 경고 피로도와 같은 요소에 적응하도록 허용하고 식별할 수 있는 모든 개별 데이터를 활용했다(지붕 수리공은 자재 준비를 위해 더 일찍 사전 통지가 필요하므로 배관공과 다르게 현장 방문 요청에 응답할 수 있다).

문구와 타이밍은 개별적으로 맞춤 설정할 수 있다. 최적화된 공식을 조정하고 이를 다시 최적화할 수 있다고 깨닫는 데는 정해진 것이 없다. 따라서 완벽한 조합이 없는 머신러닝 환경을 조성하는 데 도움이 된다. 많은 작업이 필요해 보이지만 그 힘과 효과는 매 순간 그만한 가치가 있다. 문구와 타이밍이 합쳐지면 행동을 수정하는 능력이 믿을 수 없을 정도로 강력해진다. 필자는 담배를 끊는 데 이 방법을 효과적으로 사용했고 결국은 성공했다.

어떤 일은 복잡하기 때문에 복잡하다. 개인화의 힘을 가져다주는 것이 바로 복잡성이다.

새로운 문, 오래된 LATCH

LATCH의 창시자이자 TED 설립자이기도 한 리처드 솔 워먼Richard Saul Wurman
은 정보를 정리하는 방법은 다섯 가지밖에 없다고 말한다. 실제로도 그렇게
받아들여지고 있다. LATCH라는 두문자어를 사용하는데 각각 위치location,
알파벳alphabet, 시간time, 범주category, 계층구조hierarchy를 나타낸다.[1] 다섯 가
지 범주는 모든 유형의 정보에 적용될 수 있으며 초자동화를 위해 구축된 생
태계에서 정렬이 필요한 방대한 정보처리 시 특히 유용하다. 워먼은 저서
《Information Anxiety 2(정보 불안 2)》의 언론용 영상에서 분류법을 설명했다.

> 12만 개의 단어를 바닥에 던져놓고 그걸 사전이라고 말하지는
> 않습니다. 하지만 알파벳순으로 정리하면 사전이라고 합니다.
> 이제 이 단어들을 그룹으로 정리하고 그 그룹에 의미가 있다
> 면 (…) 백과사전이라고 부릅니다. (…) 시간별로 정리할 수 있다
> 면 역사에 관한 책이 될 겁니다. 위치별로 정리할 수 있으면 지
> 도책이 되겠죠. 가장 큰 것부터 가장 작은 것까지 또는 가장 작
> 은 것부터 가장 큰 것까지 정리하면 수십 권의 목록이 될 것입
> 니다. 데이비드 레터맨David Letterman이 하는 것처럼 말이죠.[2]

LATCH를 사용해 데이터를 분류하고 렌더링하는 다양한 방법을 생각해보면
분석을 안내하고 보고서를 디자인하는 방법을 알 수 있다.

분석 및 보고의 모범 사례

분석 및 보고를 활용할 때 따라야 할 모범 사례를 소개한다.

스킬 기반 경로 보고에 추적 지점을 사용한다

IDW의 성과를 추적하려면 작업 완료(사용자가 IDW로 무엇을 성취했는가)와 황금 경로(가장 일반적으로 사용되며 최적의 경험을 위해 우선순위를 지정해야 하는 경로)와 같은 지표에 세심한 주의를 기울여야 한다. 사용자가 필요한 정보를 얻었기 때문에 IDW를 끊거나 포기하는 경우도 황금 경로가 될 수 있다는 점에 유의하자.

추적 지점을 사용해 사람들이 스킬과 대화를 통해 이동하는 경로를 측정하면 황금 경로를 파악할 수 있다. 여기에는 설계되지 않은 방식으로 종료되는 실패한 경로, 완료되지 않았지만 사용자가 완료하려고 하는 불완전한 경로, 시스템에서 처리되지 않지만 사용자가 찾고 있는 누락 경로가 포함된다.

시간 초과나 오류 로그와 같은 예외 상황에도 대처할 준비가 돼 있어야 한다. 플로에 태그를 지정할 때는 사용자가 하나의 대화에서 여러 스킬을 사용할 수 있다는 점을 기억하자. 대화 결과에는 여러 스킬이 포함될 수 있으며 IDW가 시작하고 사용자가 끝낼 수도 있다. 대화에 든 평균 시간을 기록하는 것이 전반적으로는 유용하지 않을 수 있지만 스킬 수준에서는 도움이 된다.

다음과 같은 결과를 디자인할 때 고려하면 도움이 된다.

- 포함됨: 대화가 포함돼 있어 사람의 개입이 필요 없다.
- 휴먼 인 더 루프: IDW의 요청을 받거나 사람의 개입이 필요했다.
- 사람에게 전달: 상호작용을 완료하기 위해 상호작용이 사람에게 넘겨지는 것이다. 황금 경로가 될 수도, 실패한 경로가 될 수도 있다.
- 사용자 이탈: 사용자가 이탈한 경우다.

다음은 추적해야 하는 지표다.

- 프롬프트 시간 초과(NSP)
- 재 프롬프트: 인식되지 않는다.
- 구문 이해 실패: 도메인 내부(이해했어야 함) 또는 도메인 외부
- 텍스트 변환 실패
- 오디오를 잘못된 텍스트로 표기

탐색 추적 지점은 대화형 디자이너에게 유용한 정보를 제공할 수 있다.

- 전체 단축키
- 음성 종료 감지 시간을 추적한다.
- 턴 카운트turn count: 대화 또는 스킬에서 전환이나 응답이 얼마나 많았는지 센다.
- 긍정 오류
- 올바른 거부
- 신뢰 점수
- 신뢰도가 높은 기타 일치

핵심 내용

◉ 프로덕션 디자인은 대화형 경험 디자이너가 리드 경험 아키텍트가 만든 높은 수준의 여정 지도를 기반으로 플로를 만들고 미세 조정하는 것으로 구성된다. 전통적인 경험 디자이너가 와이어프레임을 짜는 것과 유사하다.

◉ 사용자는 대화형 인터페이스를 시스템으로 간주할 가능성이 크지만, 이는 단지 액세스 포인트일 뿐이며 성공 여부는 IDW가 의도를 파악할 수 있을 만큼 언어와 맥락을 깊이 이해하는지에 달려 있다.

◉ 사용자가 IDW를 통해 얻는 경험을 발전시키려면 사용자와 IDW 간의 상호작용을 실시간으로 분석하고 보고할 수 있는 도구가 필요하다.

◉ 초자동화에는 사용자가 제공하는 정보(요구사항을 전달하는 방식과 제공하는 문서 및 데이터), 내부 데이터 보관소, 특정 경험과 관련된 연결 기기에서 들어오는 정보 등 방대한 양의 정보를 이해하는 것이 포함된다.

◉ 분석 및 보고의 모범 사례를 따르면 새로운 설루션을 더 빠르게 반복하고 훨씬 더 많은 것을 달성할 수 있다.

CHAPTER 17

대화형 디자인의
모범 사례

대화는 인터페이스로서 사람 관계를 쉽게 시뮬레이션할 수 있는 덕에 피드백을 쉽게 수집할 수 있다. 신입 직원이 자기 위치에서 성장하는 데 도움이 되는 적합한 강의를 찾을 수 있도록 도와주는 대화형 경험을 상상해보자. 일반적으로 평점과 함께 탐색 가능한 강의를 보여주는 인터페이스를 설계하는 대신, 대화형 인터페이스는 사용자가 누구이며 무엇에 관심이 있는지 맥락을 파악해 모호하지 않은 일련의 질문을 할 수 있다. 대화형 AI는 제안하고 피드백을 받아 발견 프로세스를 구축할 수 있다. 특정 패턴이 식별되면 사용자는 페르소나를 매핑해 수강해야 할 수업을 결정할 수 있다. 지난 10년 동안 수천 개의 대화형 AI 애플리케이션을 구축하면서 대화형 디자인의 모범 사례를 확인했다. 필자가 배운 가장 소중한 교훈 57가지를 소개한다. 중요도로 순위를 정하지는 않았다. 일반적인 개념부터 구체적인 개념까지 살펴볼 것이다.

일관성이 핵심이다

기대치는 일정하게 유지되지 않고 증가하거나 감소한다. 제공하는 경험 전반에 걸쳐 일관성을 유지하는 것이 가장 좋은 방법이다. 예측과 개인화에 뛰어난 IDW가 생성한 모든 호감과 눈부신 성과는 다른 IDW에 의해 순식간에 물거품이 될 수 있다.

개성보다 개인화에 우선순위를 둔다

애플리케이션에 개성을 부여하는 데 시간을 들이기 보다 개인화 personalization된 경험을 만드는 것이 더 중요하다. 사용자는 흥미로운 IDW의 개성보다 개인적 맥락을 이해하는 경험에서 더 많은 혜택을 얻을 것이다.

올바른 방식으로 문구를 작성한다

사용자에게 어떤 문구를 보여주는지에 따라 답변이 달라진다. '안녕'은 어떤 사람에게는 '안녕하세요'를 의미하지만 다른 사람에게는 '잘 지내세요?'로 들릴 수 있다. '안녕하세요'가 더 직접적이다. 다른 예로 "전화번호를 물어봐도 될까요?"라는 질문을 보고 어떤 사람은 전화번호를 알려줄 수도 있고, 다른 사람은 '예' 또는 '아니오'로 대답할 수도 있다. "전화번호를 한 번에 한 자리씩 말씀해주시겠습니까?"와 같이 더 직접적인 표현이 더 효과가 있다.

수사적인 질문을 하지 않는다

수사적인 질문은 IDW와 사람 사이의 대화는 말할 것도 없고 사람들 간의 대화에도 혼란을 일으킨다. 질문은 간결하게 한다. 사람을 돕는 것이 주된 목적임을 기억하자.

대답의 일부를 질문에 사용한다

질문의 일부를 다시 답변에 추가해 사람들이 IDW가 상호작용에서 해석한 내용을 알 수 있도록 한다. 사용자가 IDW에 날씨가 어떤지 묻는다면 '오늘 날씨는…'으로 대답을 시작한다.

항상 질문을 맨 뒤에 둔다

사람들은 질문으로 끝나는 정보교환형 대화에 익숙하므로 대화 워크플로가 중단되지 않도록 문장이 끝날 때 질문을 던진다.

대화식으로 소통한다

대화형 애플리케이션(IDW)은 대화식으로 소통해야 한다. 기사나 마케팅 자료를 작성하거나 책을 쓰는 것이 아니므로 지나치게 문어체적인 전달은 피한다. 문어체적인 스크립트는 대화형 경험의 어감을 망칠 수 있다.

인사할 경우를 준비한다

많은 사용자가 봇이나 IDW에게 먼저 인사를 건넨다. 따라서 IDW가 "안녕하세요. 무엇을 도와드릴까요?"로 대화를 시작하더라도 사용자가 "안녕"처럼 간단히 인사할 경우를 준비하도록 하자.

음절이 많을수록 음성 인식에 도움이 된다

짧은 문구는 더 모호하고 인식하기 어렵기도 하다. 세 음절로 된 응답을 유도하는 것이 좋다.

다른 음성은 다른 맥락을 암시한다

음성을 바꾸면 다양한 맥락을 구분하는 데 도움이 될 수 있다. 음성 합성 마크업 언어speech synthesis markup language, SSML에서 음높이를 조정하거나 다른 음성 프로필을 선택할 수 있다. 한 작업에는 여성 목소리를, 다른 작업에는 남성 목소리를 사용하는 것처럼 간단한 방법으로 사용자가 다양한 맥락을 느낄 수 있다.

과잉 약속을 하지 않는다

대화형 디자이너는 과잉 약속overpromise을 하지 않도록 주의해야 한다. "무엇을 도와드릴까요?"와 같은 일반적인 질문이라도 IDW가 아는 것이 세 가지뿐이라면 과잉 약속이 될 수 있다. 자연어 이해 엔진은 존재하지도 않는 정교한 자동화라는 인상을 주기 쉽기 때문에 대화형 AI를 사용하려는 시도가 실패하는 주요 원인이 된다. 자연어 이해는 중요하지만, 생태계와 단절된 채 단독으로 있으면 문제를 이해할 수 있지만 도와줄 도구가 없는 고객 지원 담당자만큼이나 유용하지 않다. 추가로 복잡하고 직관적인 경험을 만들기 시작하면 사람들은 앞으로 상호작용에 대한 기대치가 높아진다. 사용자에게 한 가지 속임수를 보여주면 다음에는 더 나은 것을 원하게 되는 심리가 과대광고 사이클이다. 실망감을 주지 않으려면 대화형 AI가 무엇을 할 수 있는지 명확하게 미리 알려주는 것이 가장 좋다.

대화 안에서 사용자를 안내한다

입력을 요청할 때는 사용자의 응답을 유도하는 것이 좋다. 가령 사용자가 어떤 위치를 찾고 있다면 "근처에 네 곳이 있습니다. 그중 어느 곳을 알려드릴까요?"라고 말하는 것이 도움이 된다.

공감하며 기능을 소개한다

많은 사용자가 IDW와 상호작용하는 경험이 처음일 것이므로 공감 empathy하는 단서를 통해 안내하면 편안하게 빨리 적응할 수 있다.

IDW가 제공할 수 있는 경험의 종류를 이렇게 소개할 수 있다. "테디, 매주 회의가 많다는 것 알아요. 내가 일정 관리와 변경을 도울 수 있다는 걸 알고 있나요? 지금 시험 삼아 어떻게 작동하는지 확인해보겠어요?"

며칠 후 사용자가 이 기능을 활용한 것을 확인한 IDW는 후속 조치로 몇 가지 복잡한 새로운 기능을 소개할 수 있다. "안녕하세요, 테디! 어제 회의 일정을 잡는 데 도움을 줄 수 있어 기뻤어요. 회사에서 사용하는 모든 커뮤니케이션 채널을 내가 운영하고 있다는 걸 알고 있나요? 이 번호로 전화하거나 문자를 보내주세요. 슬랙이나 이메일로도 연락할 수 있답니다."

대화형 표지는 사람들에게 현재 위치를 알려준다

타임라인, 승인, 긍정적 피드백은 사용자가 대화를 진행하며 기대치를 설정하는 데 도움이 된다. 예를 들어 IDW가 의료 환자를 추적 관찰하는 경우 다음과 같은 대화형 표지conversational marker는 일련의 질문을 통해 환자를 안내하는 데 도움이 된다.

- "회복에 대해 몇 가지 질문을 드리겠습니다."
- "먼저, 몇 가지 질문을 드릴게요."
- "잘했어요, 그리고 몇 가지 …"
- "알겠습니다. 마지막 질문은 …"

시각적 단서가 좋다

사용자에게 사용자의 말이 이해됐다는 시각적 단서visual cue를 제공하는 테마 이미지를 추가하면 재미있고 매끄러운 경험을 제공할 수 있다.

때로는 사용자가 원하는 것을 추측해도 좋다

간단한 Q&A라면 과거 경험을 바탕으로 사용자가 원하는 것을 추측할 수 있다. 사용자가 "날씨가 어때?"라고 묻는다면 오늘을 의미한다고 가정하고 현재 상태를 알려준다.

민감한 주제에 대한 진술은 피한다

나이, 출신 국가, 지정된 성별, 심지어 현재 기분과 같이 IDW가 사용자를 감지하도록 훈련할 수 있는 항목이 있다. 하지만 지원 데이터를 통해 사용자의 나이가 확인되더라도 굳이 나이를 상기시키면 상대방의 기분을 상하게 할 위험이 인지된 이점보다 클 수 있다. 마찬가지로 기분을 감지하는 IDW의 솜씨를 보여주려다가 실패하면 사용자는 시스템에 대한 신뢰를 잃게 된다. "화가 나신 것 같네요. 안심하세요, 제가 도와드리겠습니다"라고 말하는 것은 실제로 화가 나지 않은 사람을 화나게 할 수 있다. IDW가 이런 종류의 평가를 했다고 암시하는 언어를 사용하지 않는 것이 가장 좋다. 물론 의료 환경처럼 분명한 예외가 있지만, IDW가 민감할 수 있는 주제를 인정해야 하는 특별한 경우가 아니라면 이런 주제는 피하도록 한다.

답변은 짧게 작성한다

사용자에게 답글을 보낼 때는 대답을 짧게 작성해야 한다. 답변이 길 때는 명확히 질문하고 여러 번으로 나눠 답변하는 것을 고려한다.

거래를 완료하기 전에 확인한다

거래를 완료하기 전에 항상 사용자에게 확인을 요청해 승인 받도록 한다. 완료됐거나 시작된 거래 내용을 다시 설명하는 것도 후속 조치에 도움이 될 수 있다(예: "구매해주셔서 감사합니다. 주문이 처리됐으며 상품 배송이 시작되면 송장 번호를 받게 됩니다.").

IDW의 다른 기능을 홍보한다

상호작용이 끝날 때 사용자에게 앞으로 IDW를 사용할 수 있는 다른 방법을 알려줄 수 있다. 거래가 끝날 때 IDW가 "주문해주셔서 감사합니다. 배송 상태를 알고 싶거나 주문 변경이 필요하다면 언제든지 문자 메시지를 보내주세요"라고 말할 수 있다.

요청을 투명하게 처리한다

사용자에게 정보를 요청할 때는 정보가 필요한 이유를 명확히 설명한다. 건강한 관계는 서로 혜택을 주고받으므로 상호작용을 통해 사용자가 무엇을 얻을 수 있는지 설명할 기회를 활용한다(예: "이메일 주소를 입력하시면 배송 상태를 업데이트해드립니다.").

사용자가 당혹감을 표현하도록 한다

사용자가 질문이나 지시에 응답하지 않는 경우 '모르겠다'고 말해도 괜찮다고 알려준다. 사용자가 지원받고 있다고 느끼게 하고 어떤 경우에는 메시지가 표시될 때 아무것도 하지 않아도 괜찮다고 알려준다.

응답을 분류한다

행복, 슬픔, 진지, 재미 등 응답 카테고리를 만들어 최종 사용자와 소통할 수 있다. 유머의 경우 사람들은 기계의 대화를 사람이 작성했다는 것을 알고 있다. 적절하다면 오류 메시지를 재미있게 만들 수 있다. 하지만 미묘한 경계가 있으므로 신중하게 접근한다.

부정적인 표현에 주의한다

사용자의 응답에서 '아니오', '아님', '제외' 같은 부정적 표현negative response에 주의한다. 누군가가 전화 알림을 요청할 때 '오늘은 말고'라고 말할 수 있다. 시스템이 부정적 표현을 지나치지 않고 주의를 기울이면 사용자가 더 만족감을 느끼게 된다.

별 뜻 없는 질문에 분위기에 맞는 응답을 한다

대부분의 IDW의 경우, '안녕하세요?'처럼 별 뜻 없는 질문을 할 필요가 없다. 사람처럼 보이려 하지 말고 기계처럼 행동하면 된다. 말이 된다면 분위기를 맞추자.

테스트는 중요하다

테스트는 매우 중요하고 휴먼 인 더 루프가 사용자 경험을 손상하지 않으면서 테스트를 가속하도록 돕는다. 유용한 테스트 가이드라인을 소개한다.

- 테스트 대상에 대한 단계를 설정한다(예: "비밀번호를 변경하려고 하는데 급한 상황입니다.").
- 자동화된 버전을 구축하기 전에 휴먼 인 더 루프를 사용해 디자인을 테스트한 다음 사용자가 실제로 경험을 좋아하는지 확인한다.
- 내부 팀원에게 경험을 테스트하게 한다.

사용자를 대상으로 설문 조사를 한다

다음과 같은 문구로 제공 중인 경험에 대한 사용자 만족도를 파악할 수 있다.

- 앞으로도 이 시스템을 사용할 것이다.
- 시스템을 다시 사용할 의향이 있다.

- 사람들이 유용하다고 생각할 것이다.

- 대부분의 사람은 유용하다고 생각하지 않을 것이다.

- 시스템을 사용하기 쉬웠다.

- 시스템이 내가 말하는 것을 이해한다.

- 시스템 개선 방향에 대해 자유로운 의견을 부탁한다.

- 시스템이 마음에 들었다면 해당 부분을 적어달라.

간단한 평가 시스템을 사용해 데이터를 수집할 수도 있다(만족이나 동의하는 정도를 1에서 5로 평가하거나, 만족도를 불만족, 만족, 매우 만족 등으로 측정한다).

IDW에 이름을 붙인다

IDW에 적절한 이름을 붙이면 강력한 도구가 될 수 있다. IDW가 다양한 고객 요청을 처리한 검증된 실적이 있는 경우 '게리 구루Gary Guru'라고 부른다면 사용자에게 유능한 전문가에게 도움을 받고 있다고 느끼게 할 수 있다. 하지만 언제나 그렇듯 과잉 약속은 비용이 많이 든다. 몇 가지 작업만 수행할 수 있는 정체된 기계는 게리 구루가 아니다.

가능한 상호작용이 적도록 설계한다

사용자가 도미노피자Domino's Pizza의 대화형 애플리케이션에 '재주문'이라고 말한다고 하자. 애플리케이션이 "3월 7일, 3월 1일, 2월 4일 주문 중 어느 것을 재주문하시겠습니까?"라고 대답하는 대신 "지난번에 주문하신 라지 사이즈 피자와 라지 탄산음료, 그릭 샐러드를 재주문할 수 있습니다"라고 대답하면 가능한 상호작용의 수가 제한될 수 있다.

인터랙티브 대화를 고려해 디자인한다

대화가 어디로 갈지 추측하고 대화에서 예상되는 상호작용 요소를 중심으로 디자인을 만드는 것이 유용하다.

사용자　가장 좋은 친환경 세정제가 뭐죠?

IDW　닥터 브로너스Dr. Bronner's에서 최고 등급의 친환경 세정제를 만듭니다.

사용자　어디서 살 수 있나요?

이 시나리오에서 IDW는 사용자가 제품 추천을 요청하면 그 후 해당 제품을 어디서 구매할 수 있는지 알아보고 싶을 것이라고 예상할 수 있다.

맥락 데이터에 가중치를 둔다

맥락 데이터에 가중치를 두면 사용자 경험에 도움이 된다. 예를 들어 오전 8시부터 오후 5시 사이에 IDW가 메시지를 보낼 때 사용자가 업무 중이라고 가정하고 업무 상황에 더 높은 가중치를 부여할 수 있다(해당 맥락에 대한 확률이 높아진다).

맥락이 경험을 향상한다

대화형 애플리케이션이 계속 맥락을 인식하도록 한다.

- 이 방문자는 재방문자인가?
- 이전에 이곳에서 쇼핑한 적이 있는가?

- 주문한 상품이 배송됐는가?

향후 대화를 위해 맥락을 저장한다

맥락을 저장하면 사용자 질문을 계속 모호하게 설명할 필요가 없다. 사용자의 현재 위치를 파악하면 가까운 미래를 가정할 수 있다.

사용자 요청을 명확히 한다

사용자가 질문한 뒤에 후속 질문으로 명확하게 답변하는 것이 도움이 된다. 사용자가 "가장 가까운 지점이 어디죠?"라고 묻는다면 IDW는 "덴버Denver와 볼더Boulder 중 어디에서 가장 가까운 지점을 알려드릴까요?"라고 응답할 수 있다.

IDW가 이해하고 있음을 보여준다

상대방이 말하는 내용을 IDW가 이해하고 있다는 것을 보여준다. 언어를 시각적인 텍스트로 변환하는 것은 사용자에게 봇이나 IDW가 이해하고 있다는 확신을 주는 좋은 방법이다. 마찬가지로 음성 전용 설정에서 이해도comprehension를 나타내는 오디오 단서를 디자인할 수 있다.

스킬로 이어지는 플로를 설계한다

스킬로 연결되는 명확한 플로flow를 설계한다. 특정 요청을 이해하려고 노력하는 대신 자연어 이해를 훈련해 일반적인 이해를 확립할 수 있다. 사용자가 비밀번호와 관련된 작업을 하려고 할 때 "로그인하는 데 도움이 필요해 보입니다. 제가 다음 작업을 수행할 수 있습니다"라고 명확히 하는 플로를 만들 수 있다.

지연 시간을 고려한다

지연 시간latency은 데이터를 검색하거나 타사 시스템에 연결할 때 발생하는 지연을 말한다. 지연 시간을 고려하고 사용자에게 단서를 제공하도록 하자(예: "연결하는 동안 기다려주셔서 감사합니다."). 3초의 공백도 불편한 경험을 만들 수 있다. 지연 시간을 완전히 피하기 위해 미리 데이터를 가져오는 것이 가장 이상적이지만 그럴 수 없다면 침묵하는 대신 대화를 계속 이어갈 방법을 마련해 더 나은 사용자 경험을 제공하도록 한다.

범용 명령어를 사용한다

범용 명령어global command는 사용자가 상호작용 중 언제든지 대화 경험을 중단하기 위해 사용할 수 있는 기능이다. 대화식 음성 응답(IVR) 시나리오에서 가장 자주 사용된다(예: 누군가 개입해 '상담원'이라고 말해 상담 직원에게 연결되도록 하는 것). 사용자가 대화에 갇히지 않도록 항상 범용 명령어를 준비해둔다.

특정한 소리를 사용한다

특정한 소리landmarking audio로 최종 사용자에게 의미를 전달할 수 있다. 특정 소리를 일관되게 사용해 사용자에게 전달한 의미를 확인시킬 수 있다. 뉴스 방송에서 자동차 경적이 청취자에게 교통 정보가 이어진다고 알려주는 것처럼, 적절한 소리를 일관되게 사용하면 특정 소리와 대화의 중요한 순간을 연관시킬 수 있다.

여러 의도를 처리한다

대화형 디자인에서 여러 의도를 처리하는 방법이 있다. 사용자가 '주문한 제품의 크기와 색상이 잘못됐다'라고 한다면 어떤 의도(크기 또는 색상)부터 시작하고 싶은지 물어본다. '둘 다' 또는 '둘 다 아님' 같은 문제 있는 응답에도 대비해야 한다. 먼저 하나의 의도에서 시작해 사용자에게 힌트를 줄 수 있다. "사이즈 문제부터 시작하겠습니다. 옷이 너무 작거나 아니면 너무 큰가요?"

정기적 사용과 일회성 사용을 비교해 디자인한다

대화형 인터페이스를 사용하는 직원은 정기적으로 사용하면서 익숙해지므로 디자이너가 더 효율적인 디자인 패러다임을 사용할 수 있다. 외부 사용자는 대화형 인터페이스에 익숙하거나 같은 수준으로 발전할 가능성이 낮아서 비시각적 스큐어모픽skeuomorphic 디자인, 즉 사물을 모습대로 디자인하는 기법이 필요하다. 일회성 사용과 정기적 사용이 모두 예상되는 맥락에서는 두 가지를 모두 고려해 디자인한다.

해결 시간과 인지된 해결 시간을 고려해 디자인한다

해결 시간time to resolution, TTR은 사용사 만족도를 결정하는 주요 지표이지만 인지된 해결 시간perceived time to resolution, PTTR이 실제 시간보다 더 중요하다.

사용자가 해결 시간을 더 짧게 인식하도록 하는 방법은 여러 가지가 있다. 대기 상태 대신 콜백하거나 대화 중 부자연스러운 일시 정지를 제거하고, 듀얼톤 다중 주파수dual-tone multi-frequency, DTMF 코드(사용자가 전화 사용 중에 키패드의 숫자를 사용해 데이터를 입력할 수 있는 기능) 등을 고려해 디자인하면 인지된 해결 시간을 줄이는 데 도움이 된다.

신뢰도 점수를 사용해 IDW를 훈련한다

자연어 이해 엔진을 사용하는 기술을 구축할 때 IDW는 사용자로부터 수집한 의도(질문)에 대한 신뢰도 점수를 반환한다. 예를 들어 누군가가 주문 추적에 도움을 요청하는데 IDW가 아직 이런 의도를 처리하도록 훈련되지 않은 경우 낮은 신뢰도 점수confidence score가 반환될 수 있다. 이와 같은 시나리오에서는 낮은 인식 응답을 추가해 최종 사용자의 도움을 받아 엔진을 학습시킬 수 있다.

모범 사례에 따르면 "주문 추적을 문의하시는 것 같습니다. 담당자에게 연결해 도와드리겠습니다"와 같이 미리 과잉 약속을 하지 않는 것이 좋다.

일반적인 확인은 데이터 수집에 유용하다

"오늘 아침 기분이 어떠세요?"라고 물어보거나 다른 일반적인 데이터를 확인하는 것은 IDW를 사용하는 사람에게 도움이 된다. 무언가를 기억하는 것은 사용자에게 큰 인지적 부담을 주며 사람들은 종종 메시지 서비스를 보관 방법으로 사용한다. SMS나 이메일을 보내 나중에 정보를 검색할 수 있도록 한다.

공동 참조

공동 참조는 '그' 또는 '그녀'가 이전 대화에서 이름이 지정된 사람을 가리키는 것처럼 대화에서 주체를 추적하는 데 사용된다. 예를 들어, "누가 이 회사를 설립했습니까?" "그는 어디에서 살았습니까?"라는 대화에서 '그'는 설립자를 공동 참조co-referencing한다. '그', '그녀', '그들'이라는 변수를 만들고 이름을 지정해야 누군가 '그', '그녀', '그들' 또는 '그들의'를 입력할 때 다시 참조할 수 있다. 공동 참조를 추적하려면 사람에 따라 동적으로 바뀌는 각 대명사의 가변 버전을 만들어야 할 수도 있다.

언제 끼어들어도 되는지 알아야 한다

사람과 사람 사이의 대화와 마찬가지로, 사람과 IDW 간의 상호작용도 끼어들기 때문에 방해가 될 수 있다. 사용자가 끼어들도록 허용하면 유용할 때도 있지만(혼란스러운 상호작용 중에 '상담원'을 부를 수 있는 건 소중한 생명줄과 같다) 귀찮을 수도 있다(사용자가 익숙하지 않은 응답으로 선택지를 나열하는 IDW를 방해하면 양쪽 모두 혼란을 겪을 수 있다).

사용자가 프롬프트를 기다리고 있더라도 프로세스가 계속 진행 중이라는 사실을 사용자에게 알리는 것이 도움이 된다. 이와 같은 문제는 동영상 채널에서 일시 중지를 나타내는 동영상 루프를 만들어 문제를 완화할 수 있다.

또한, 정보 안내 프롬프트에서 사용자에게 무엇을 하고 싶은지 묻기 전에 선택지를 나열해 보여주면 사용자가 끼어드는 것을 초기에 대비할 수 있다.

음성 인식 정확도가 가격과 지연 시간보다 중요하다

사용자 요청을 정확하게 해석하지 못하는 저렴한 설루션은 아무리 큰 비용을 절감해도 그만한 가치가 없다. 속도가 빨라도 부정확한 시스템은 결국 좋지 않은 결과를 초래한다.

텍스트 음성 변환을 사용할 때는 하이브리드 설루션을 고려한다

사람이 대화형 프롬프트를 녹음한 다음 텍스트 음성 합성과 음성 합성 마크업 언어를 사용해 부족한 부분을 채울 수 있다. 예를 들어 인사팀 직원이 선택지 목록을 읽는 것을 녹음했는데 "잘 못 들었습니다. 다시 말씀해주시겠어요?"라는 후속 안내 멘트가 없는 경우, 텍스트 음성 변환으로 스크립트를 만들고 사람의 목소리처럼 들리도록 음성을 조정할 수 있다. 완벽한 방법은 아니지만, 사용자에게 좋은 서비스를 제공할 수 있다.

사용자 인증을 위해 음성 ID를 고려한다

민감한 데이터가 필요한 상황에서 사용자의 음성을 인증하면 사용자 경험에 도움이 된다.

제삼자의 정보를 사용해 질문에 답변한다

자연어 이해 모델에 FAQ나 검색 결과를 탑재해 답변을 제공하는 대신, IDW가 타사 결과를 사용해 답변해야 하는 시나리오도 고려할 수 있다. IDW는 "(답을 모르지만)웹 검색을 통해 답을 찾았습니다"라고 말할 수 있다. 사람이 하듯 처리하는 것이다. 사용자에게 제삼자의 정보임을 제시함으로써 사용자가 정보를 명확히 구분하게 할 수 있다.

적절한 경우 음성 채널을 사용한다

웹사이트에서 음성 지원만으로는 가치가 제한적이지만 웹과 음성을 함께 사용해 멀티모달 상호작용을 만들면 매우 강력하다. 실제 대화와 마찬가지로, 텍스트나 음성 설명보다 동영상 클립이나 시각 자료를 보여주는 편이 더 효과적일 때가 있다.

동적 문법을 내장한다

영문자와 숫자가 결합된 이름, 이메일 주소와 같은 항목에서 항상 동적 문법dynamic grammar을 고려한다. 예를 들어 누군가가 동료의 이름을 입력할 때 철자를 잘못 입력하면 시스템이 유사 일치fuzzy-match를 적용해 'Joshh'라고 입력했더라도 'Josh'를 의미하는 것으로 판단할 수 있다. 마찬가지로 'josh@gmale.com'라고 입력했더라도 gmail.com을 의미한다고 추정할 수 있다.

대화 디자인에서 오류를 처리한다

"죄송합니다, 아직 그 부분은 학습하지 못했습니다" 또는 "질문을 이해하지 못했습니다"라고 응답해 사용자의 기대치를 설정한다. IDW가 음성 채널을 통해 사용자의 대답을 듣지 못하면 "못 들었습니다. 다시 말씀해주시겠습니까?"와 같이 사용자가 다시 말하도록 유도한다. 듀얼톤 다중 주파수 같은 대안을 사용하거나 "예 또는 아니오로 말씀해주세요" 같은 안내를 할 수도 있다.

의도를 인식했지만, 오류가 발생했을 때는 사용자에게 "~을 하는 도중 오류가 발생했습니다"라고 알려준다. NLU 엔진이 의도를 잘못 이해했고 이를 IDW가 발견한 경우 다른 선택지를 제공한다. 오해가 있었거나 사용자가 마음을 바꿔 단순히 다른 작업을 하고 싶을 수 있다. 재미있거나 귀여운 오류 응답error responses은 좋지만, 너무 자주 사용하면 같은 농담을 반복하는 것처럼 귀찮게 느낄 수 있으니 주의한다.

획일적인 IDW를 만들지 않는다

어느 곳이든 쓰일 수 있게 만든 IDW는 어디에도 맞지 않는다. 여러 채널에서 모든 작업을 수행하도록 해 IDW를 쓸모없이 만들지 않는다. 각 채널에 맞는 기능을 최대한 활용하고 주어진 상황에 맞게 적절하게 대화를 작성한다. 초자동화를 위해 구축된 생태계에서는 개별적인 최첨단 IDW가 함께 워크플로에 참여하도록 시퀀싱해 사용자에게 사람보다 더 나은 경험을 제공할 수 있다. 비슷한 맥락에서 모든 IDW가 개인 비서가 될 필요는 없다. 일부 기계 또는 IDW는 특정 작업 세트에서 최적으로 작동한다.

두 사람이 함께 구축한다

혼자서 대화형 경험을 디자인하면 놓치는 부분이 있다. 반면에 열 명으로 구성된 팀이 함께 구축하면 모두가 같은 생각을 공유하느라 힘들고 진행이 더딜 수 있다. 가장 의미 있는 대화는 두 사람 사이에서 이뤄지는 경향이 있다는 단순한 사실을 고려하면 두 사람이 짝을 이뤄 작업하는 것이 이상적이다. 좀 더 실용적인 차원에서 두 사람이 함께 대화형 디자인을 작업할 때 한 사람은 논리적이고 시스템적인 측면에, 다른 사람은 디자인 요소에 집중할 수 있다. 이렇게 하면 놓치는 부분이 줄고 디자인을 더욱 효율적으로 테스트하고 개선할 수 있다.

기계와의 대화가 계속 진화한다는 점을 고려한다

컴퓨터와 나누는 대화가 진화해 공식적인 영어보다 더 효율적으로 새로운 언어를 만들어 낼 수 있다. 'BRB be right back(금방 돌아올게요)' 같은 줄임말을 쓰는 문자 메시지에서 이미 이런 현상을 확인할 수 있다. 사람들이 대화형 기술을 통해 속기 방식으로 소통하는 방법을 찾게 되면 비슷한 언어가 등장할 것이다. 이는 일상적인 사용자가 생태계의 IDW에 요구사항을 전달할 수 있는 가장 직접적인 방법을 찾는 것에서 시작한다. 분석가는 사용자들이 대화형으로 의사소통하는 방식에 대한 트렌드를 파악하고 경험 디자이너는 사용자가 이 새로운 소통 방식을 활용하도록 권장하면서 발전해나갈 것이다.

IDW를 사회적 영역 밖에 둔다

IDW는 친근한 알림 기능부터 즉각적인 조치가 필요하다는 메시지를 무시할 때 긴급 상황을 알리는 것까지 다양한 방식으로 의인화해 큰 효과를 발휘할 수 있다. 보통 사람 사이의 상호작용에서 누군가가 친절하거나 뻔뻔스러울 때 사회적 지위와 관련된 방식으로 반응하는 경향이 있다. 이런 종류의 직관적 반응은 다양한 형태로 나타나기도 한다. 어떤 사람이 친절하게 대하며 행동을 유도한다면 도움을 주는 것이므로 안심할 수 있지만, 친근함을 사회적 위계질서에서 나를 제치고 올라서려는 시도로 인식하면 경고 신호로 받아들일 수도 있다. 마찬가지로 누군가가 공격적이거나 강압적으로 알림을 보내면 위협적인 시도로 느껴질 수 있다. 반면에 IDW는 위협적으로 느껴지지 않으면서도 계속 알림을 보낼 수 있다. IDW는 사람과 직접 경쟁하지 않고 뒤에 숨긴 의도가 없는 기계이고 사람의 사회적 영역 밖에 존재한다. 즉, IDW를 어떻게 의인화anthropomorphism하느냐에 따라 사용자 반응에 상당한 영향을 미칠 수 있다. (너무 사람처럼 보이게 만들면 사회적 영역 안으로 끌어들일 위험이 있다) 의인화는 스큐어모피즘skeuomorphism과 함께 신중한 고려가 필요한 부분이며, 균형이 필요하다.

지금까지 소개한 정보를 종합해볼 때 초자동화 영역의 프로덕션 디자인에는 상당한 전략과 유연성이 필요하다. 모범 사례를 염두에 두면 불편함은 일부 완화하면서 더 빠르게 진행할 수 있다.

두 가지 중요한 사상

대화형 AI를 사용하는 경험을 디자인할 때 가능한 한 자연스러운 느낌을 주고 싶어 한다. 반면 생산성을 고려한 디자인이라면 이는 잘못된 선택이다. 자연스러운 멈춤과 재치 있는 표현은 IDW를 더 친근하게 보이려는 것이지만 지나치면 처리해야 할 작업에 방해가 된다. 친근한 느낌은 엔터테인먼트 상품에는 유용하지만 생산성 도구에는 신중하게 사용해야 한다. 스큐어모피즘과 의인화가 모두 대화형 AI 설계에서 중요한 역할을 하고 때로는 상호보완적으로 작동하기도 한다.

시각 디자인에서 스큐어모피즘은 디지털 사물을 실제 사물처럼 보이게 만드는 개념이다(그림 17.1 참조). 초기 버전의 맥OS에서 사용자가 계산기를 처음 접했을 때 음영 처리된 버튼은 책상 서랍에 있는 계산기와 비슷해 보였다. 사용자 채택이 늘어나면서 음영 처리된 버튼과 같은 시각적 단서의 필요성이 사라진다. 대화형 디자인을 통해 비시각적 스큐어모픽 단계에 도달했기 때문이다. 이는 사용자가 기술을 이해한다는 측면에서 시각 디자인과 같은 궤도를 따르고 있음을 의미한다. 대화형 디자이너에게 특정 요청을 처리하기 위해 구축된 IDW와 소통하고 있음을 상기시키기 위해 대화 초반에 일시 멈춤을 한다. 이것은 사용자가 참여하고 있는 경험의 특성을 이해할 수 있도록 상호작용을 추가한다는 뜻이다.

시각 디자이너는 의인화를 통해 사물에 사람의 특성과 성격을 부여해 공감대를 높인다. 대화형 디자인에 의인화를 사용하면 IDW와 사용자 사이에 사람과 사람 사이의 느낌이나 인식을 형성할 수 있다. 의인화를 성공적으로 활용하면 유대감, 신뢰감, 충성도를 높일 수 있다. 하지만 의인화는 강력한 도구인 만큼 양심적으로 사용해야 한다. 최종 사용자의 감각을 속여 의미 있는 관계를 맺을 수 있는 사람과 상호작용하고 있다고 믿게 해서는 안 된다. 사용자가 친구나 동료를 신뢰하는 방식으로 IDW를 신뢰하게 되면, 예를 들어 영업 홍보에 속아 넘어가는 것처럼, 그 신뢰가 손상돼 장기적으로 부정적인 결과를 초래할 수 있다. 속임수 쪽으로 넘어가지 말고 IDW의 신뢰도를 높이고 상호작용을 더 진정성 있게 만드는 데 주의를 기울여야 한다.

디자인 목표에 초점을 맞추는 것도 중요하다. 사용자를 가능한 한 빠

스큐어모픽 디자인 ━━━━━━━━━━━━━━━ 효율적 디자인

98658 / 1256 * 1984   98658 / 1256 * 1984

IDW

그림 17.1 | 대화형 디자인과 관련된 스큐어모픽 디자인

르고 효율적으로 A에서 B로 이동시키는 것이 목표인 애플리케이션이 있
다고 하자. 이때 IDW를 더 인간적으로 보이게 하려는 기능은 주문이 급
한 상황에서 가벼운 대화에 열중하는 웨이터와 같이 금방 귀찮아질 수 있
다.

게임 애플리케이션에서 사용자는 사람의 행동을 시뮬레이션하는 캐릭
터와 함께 게임 내용에 몰입해 몇 시간을 보낸다. 사용자는 마찰이 줄어
들기보다 오히려 좌절을 기대할지 모른다. 실제로 사용자가 20번째 실패
후 컨트롤러를 집어 던지는 것은 게임 디자이너 입장에서는 큰 성공을 의

미한다. 하지만 생산성을 높이려면 마찰을 최대한 줄이고 사람이 직접 시뮬레이션해야 한다. 작업을 완료하는 데 장황한 설명, 성격 특성, 웃음은 필요하지 않다. 때로는 기계를 기계답게 두는 것이 가장 좋다.

스큐어모픽 디자인과 의인화에는 모두 사용자가 목표에 몰입하도록 도우려는 의도가 있다. 뉘앙스와 타이밍을 통해 친숙함과 친밀감을 더함으로써 사용자가 더 짧은 시간에 목표에 도달하도록 하는 것이다. 이 프로세스를 제대로 구현하려면 높은 수준의 정교함이 필요하다. 하지만 일단 기술이 널리 보급돼 사용자가 많은 시각적 단서를 필요지 않을 정도로 친숙해지면 디자인 부하가 더 가벼워진다.

두 사상 간의 관계는 얽힐 수 있다. 의인화가 지나치면 사람에 대한 시뮬레이션이 되고 다음은 사람에 대한 스큐어모피즘이 된다. 이렇게 되면 대화형 경험이 소름 끼치는 3D 아바타나 사람과 꼭 닮은 고무 얼굴 로봇의 불쾌한 골짜기uncanny valley로 변해 사용자에게 불안감이나 혐오감을 불러일으킬 수 있다. 강력한 디자인 도구는 가벼운 느낌을 적용해야 한다.

프로덕션 디자인 체크리스트

대화형 경험을 디자인할 때 고려해야 할 사항을 정리했다.

검색 가능성

사용자가 원하는 것을 쉽게 찾을 수 있는 경험을 디자인하기 위해 노력한다. 제공되는 정보가 간결해야 하며 사용자가 불필요한 데이터로 과부하되지 않도록 하는 것도 중요하다.

□ 사용자가 원하는 것을 쉽고 빠르게 검색할 수 있는가?

□ 채널, 기기, 시간에 걸쳐 검색 가능성을 어떻게 고려하는가?

□ 여러 가지 방법으로 접근할 수 있는가?

□ 외부 및 내부 검색 엔진은 정보를 어떻게 보여주는가?

□ 정보는 결과를 염두에 두고 형식이 지정돼 있는가?

□ 제공된 결과가 어떻게 유용하게 활용되는가?

□ 콘텐츠에 도달하는 다양한 방법이 지원되는가?

□ 검색이 찾기 쉽고, 일관되게 배치돼 있는가? 검색이 사용하기 쉬운가? 수정과 개선을 지원하는가?

□ 쿼리 빌더query builder가 효과적으로 사용되는가? (맞춤법 검사, 어간 추출, 개념 검색, 유의어 검색 등)

□ 유용한 결과가 사이트의 결과 목록의 맨 위에 표시되는가?

□ 사용자가 필요한 것을 찾을 수 있도록 탐색 가능한 웹사이트와 위치 지정이 가능한locatable 객체를 디자인하기 위해 노력했는가?

□ 사용자가 불필요한 정보로 과부하 되지 않도록 노력했는가?

접근성

접근성은 좋은 디자인의 중요한 요소다. 접근성을 전략의 핵심으로 삼아 모든 사람이 기술에 접근할 수 있도록 하고 개인화된 서비스 디자인의 기회를 파악한다.

□ 채널, 기기, 시간에 걸쳐 일관된 경험을 제공하는가?

□ 이전에 사용하지 않았던 채널에서도 경험의 일관성이 유지되는가?

☐ 장애가 있는 사용자를 고려한 접근성 준수 수준을 충족하는가?

☐ 전 세계 인구의 약 20퍼센트가 장애가 있다는 사실을 고려하고 있는가? 건물에 엘리베이터와 경사로가 있는 것처럼 웹사이트도 모든 사람이 접근할 수 있어야 한다.

☐ 시스템과 현실 세계가 잘 일치하는가? 시스템은 시스템 중심 용어가 아닌, 사용자에게 친근한 단어, 문구, 개념을 사용해 사용자 언어로 표현해야 한다. 실제 세계의 규칙을 따르고 정보가 자연스럽고 논리적인 순서로 표시한다.

☐ 클릭 피로를 느끼지 않고 경험을 이동할 수 있는가?

☐ 정보 구조 모델이 특정 사용자, 요구사항, 검색 전략에 맞게 스스로 형성하고 조정할 수 있는 충분한 복원력이 있는가?

☐ 정보 구조 모델이 설계된 목적, 맥락, 사용자에 적합하고 다양한 미디어, 환경, 시간에 따라 같은 논리를 유지할 수 있는 충분한 일관성이 있는가?

명확성

훌륭한 대화형 디자인은 목적의 명확성에서 시작된다. 모든 사용자가 선택지를 쉽게 이해하고 여정을 진행하는 방법을 정보에 따라 결정할 수 있어야 한다.

☐ 이해하기 쉬운가?

☐ 대상 사용자의 읽기 언어를 고려하는가?

☐ 작업 완료까지 경로가 간단하고 방해 요소가 없는가?

☐ 사용자가 사용자 경험을 쉽게 설명할 수 있는가?

☐ 대화에 관련성이 없거나 거의 필요하지 않은 정보가 포함되지 않도록 미적이

고 미니멀한 디자인을 사용하는가?

☐ 대화에서 추가 정보 단위가 관련 정보 단위와 경쟁해 상대적 관련성을 떨어트리지 않는가?

☐ 무엇을 검색하고, 쿼리가 무엇이고, 몇 개의 결과가 반환되는지 명확한가?

☐ 레이블이 명확하고 의미 있는가?

☐ 정보 내용을 빠르고 정확하게 파악할 수 있도록 전달되는가?

☐ 표시된 정보를 식별할 수 있거나 정확하게 구분할 수 있는가?

☐ 정보를 알아볼 수 있고 읽기 쉬운가?

☐ 고유한 디자인에 일관성이 있어 사용자의 기대에 부합하는가?

☐ 정보 구조 모델이 대규모 정보 집합을 관리하고 계속 증가하는 정보 소스, 서비스, 상품 가운데 선택과 관련된 스트레스와 불만을 최소화할 수 있도록 감소 조치가 마련돼 있는가?

전달성

대화형 인터페이스는 관련 정보를 유용하고 따라 하기 쉬운 방식으로 전달해야 한다. 사용자가 여정 내내 방향을 잃지 않도록 주의해야 한다. 이런 경험은 멀티채널이며 다양한 방식으로 정보를 공유할 수 있다는 점을 기억하자.

☐ 전체적으로 메시지가 어떻게 사용되는가? 메시지가 작업에 효과적이고 맥락에 맞게 지원되는가?

☐ 상태, 위치, 권한이 명확하고 설명돼 있는가?

☐ 탐색과 메시지 전달이 채널, 맥락, 작업 전반에서 일관된 장소 감각을 확립하

는 데 도움이 되는가?

☐ 시스템 상태가 표시돼 사용자가 적절한 시간 안에 적절한 피드백을 통해 진행 상황을 항상 알 수 있는가?

☐ 객체, 행동, 선택지를 가시화해 사용자의 메모리 부하를 최소화하고 있는가?

　(사용자가 대화의 한 부분에서 다른 부분으로 넘어갈 때 정보를 기억할 필요가 없어야 한다.

　시스템 사용 지침은 필요할 때마다 눈에 보이거나 쉽게 검색할 수 있어야 한다.)

☐ 사용자에게 경험, 사이트, 애플리케이션 등의 내용과 사용 가능한 선택지에 대한 방향을 제시하는가?

☐ 사용자가 어떤 경험에 있는지, 경험의 어느 지점에 있는지 명확히 알 수 있는가?

☐ 시스템의 피드백을 통해 각 단계를 즉시 이해할 수 있도록 대화가 충분히 설명적인가 아니면 요청에 따라 사용자에게 설명되는가?

☐ 사용자의 주의가 필요한 정보에 집중되어 쉽게 감시할 수 있는가?

☐ 사용자가 디지털, 물리적, 교차 채널 환경에서 방향 감각을 잃지 않고 장소 감각을 추측하며 가독성과 웨이파인딩way-finding * 을 향상하는 데 도움이 되는 정보 구조 모델이 충분히 마련돼 있는가?

유용성

디자인이 유용하지 않다면 목적이 없는 것이다. 목표는 정확하고 직접적인 방식으로 문제를 해결하는 의미 있는 경험을 만드는 것이어야 한다.

---

* 　옮긴이: 길찾기 능력이라고도 한다. 사람이나 동물이 물리적인 공간에서 스스로 위치를 찾고 한 장소에서 다른 장소로 이동하는 모든 방법을 의미한다. 웨이파인딩은 폴리네시아 토착민들이 사용해 오던 전통적인 길찾는 방법론에서 유래했다. 현대에는 웨이파인딩이 주로 건축 분야에서 사용된다. 출처: https://ko.wikipedia.org/wiki/웨이파인딩

사용자는 당신이 하는 디자인 결정을 통해 힘을 얻을 수 있어야 한다.

□ 사용 가능한가? 사용자가 크게 좌절하거나 포기하지 않고 요구사항을 해결할 수 있는가?

□ 신규 사용자와 재방문 사용자에게 각자의 요구를 충족하는 방식으로 서비스를 제공하는가?

□ 사용자가 다음에 가고자 하는 곳으로 안내하는 탐색 옵션이 있는가? 명확하게 레이블링돼 있는가?

□ 사용자가 오류를 인식, 진단, 복구할 수 있도록 돕는 것이 중요하다. 오류는 문제를 정확하게 나타내고 건설적인 해결책을 제시하는 쉬운 언어로 돼 있는가?

□ 이전에 방문한 적이 있고 무엇을 찾고 있는지 아는 사용자에게 도움이 되는가?

□ 콘텐츠에 도달하는 가장 좋은 방법을 강조하고 있는가? 검색에서 결과별로 유용한 구성 요소가 표시되어 있는가? 결과가 유용한 방식으로 그룹화돼 있는가?

□ 다음에 가고 싶은 곳으로 안내하는 탐색 옵션이 있는가?

□ 명확하게 레이블링돼 있는가?

□ 사용 편의성은 여전히 중요하지만, 사람-컴퓨터 상호작용에 대한 인터페이스 중심 방법론과 관점은 모든 차원을 다룰 수 없다. 기본적인 사용성을 충족하는가?

□ 제품과 시스템이 유용한지 묻고 기술과 매체에 대한 깊은 지식을 적용해 더 유용하고 혁신적인 설루션을 정의할 수 있는 용기와 창의성을 가져야 한다. 실무자로서 관리자가 그려놓은 선 안에서 작업하는 데 만족하려는 충동을 이겨내고 있는가?

□ 대화가 작업에 적합한가? 사용자가 작업을 효과적이고 효율적으로 완료할 수 있도록 지원하는가?

☐ 사용자가 명시적인 목표를 달성하거나 잠재된 요구를 자극할 수 있도록 정보, 서비스, 상품 간 관련성을 제안하는 정보 구조 모델 기능을 사용할 수 있을 만큼 충분한 상관관계가 있는가?

신뢰성

대화형 AI로 작업할 때는 신뢰성이 핵심이다. 신뢰성을 구축하는 것은 사용자가 자격 증명을 쉽게 찾을 수 있도록 하는 것만큼 간단할 수도 있고 사용자의 요구에 맞는 개인화된 경험을 설계하는 것만큼 미묘한 차이가 있을 수도 있다.

☐ 디자인이 맥락과 대상에 적합한가?

☐ 콘텐츠가 최신이고 자주 업데이트되는가?

☐ 홍보 콘텐츠가 되도록 적게 사용되는가?

☐ 담당자에게 쉽게 연락할 수 있는가?

☐ 자격 증명을 쉽게 확인할 수 있는가?

☐ 필요한 곳에 도움말이나 지원 콘텐츠가 있는가?

☐ 사용자가 개인 정보 보호와 보안이 최우선이라고 느끼는가? 이는 민감한 개인 데이터를 요청할 때 특히 중요하다.

☐ 문서 없이 시스템을 사용할 수 있으면 좋겠지만, 사용해야 한다면 검색하기 쉽고, 사용자의 작업에 초점을 맞추고, 수행해야 할 구체적인 단계를 나열하고, 간단하게 도움말과 문서를 제공할 수 있는가?

☐ 사용자가 콘텐츠를 신뢰하고 믿을지에 영향을 미치는 디자인 요소가 웹 신뢰성 프로젝트web credibility project에서 제안한 가이드라인을 준수하고 있는가?

제어 가능성

관련 기능을 제공하고 쉽게 되돌아갈 수 있도록 해 사용자가 여정을
제어할 수 있도록 한다. 경험의 성격에 따라 다양한 수준의 사용자 지정
기능을 제공할 수도 있다. 백엔드에서는 휴먼 인 더 루프가 대화에 쉽게
개입하고 경로를 조정할 수 있도록 한다.

□ 사용자에게 필요한 정보를 쉽게 찾을 수 있는가?

□ 사용자가 경험과 관련된 합리적인 작업을 수행할 수 있는가?

□ 오류를 얼마나 잘 예측하고 제거할 수 있는가? 예상치 못한 오류에 대한 해결
책으로 휴먼 인 더 루프가 있는가?

□ 오류가 발생하면 얼마나 빨리 해결할 수 있는가?

□ 사용자가 필요에 따라 정보나 기능을 조정할 수 있는 기능이 제공되는가?

□ 종료와 다른 중요한 제어가 명료하게 표시돼 있는가?

□ 사용자가 실수로 시스템 기능을 시작했을 때 쉽게 되돌아갈 수 있도록 하는
가? 긴 대화를 거치지 않고도 원치 않는 상태를 벗어날 수 있는 '비상 출구'가
명확하게 표시돼 있는가?

□ 오류가 발생하기 쉬운 조건을 제거하거나 오류를 확인하고 사용자가 작업을
실행하기 전에 확인 옵션을 제시해 오류를 방지하도록 주의해 설계했는가?

□ 초보 사용자에게는 보이지 않는 액셀러레이터는 종종 숙련된 사용자의 상호작
용 속도를 높여 시스템이 미숙한 사용자와 숙련된 사용자 모두를 만족시킬 수
있도록 한다. 사용의 유연성과 효율성을 위해 사용자가 자주 사용하는 작업을
맞춤 설정할 수 있는가?

□ 사용자가 목표를 달성하는 지점까지 상호작용의 방향과 속도를 시작하고 제어

할 수 있을 때 대화가 제어 가능한가?

☐ 대화 오류가 허용되는가? 명백한 입력 오류에도 불구하고 사용자가 아무런 조치를 하지 않거나 최소한의 조치만으로 의도한 결과를 달성할 수 있는가?

☐ 사용자 요구에 맞게 인터페이스 소프트웨어를 수정할 수 있는 경우 대화를 개별화할 수 있는가?

가치

사용자가 경험에 가치가 있다고 느끼면 계속 그 경험을 다시 찾는다. 가치는 경험의 모든 요소에 들어가는 디자인 사고의 누적된 표현이다.

☐ 사용자에게 바람직한 경험인가?

☐ 모든 채널에서 상호작용하는 동안 과잉 약속 없이 일관된 기대치를 유지할 수 있는가?

☐ 사용자가 가치를 쉽게 설명할 수 있는가?

☐ 성공을 어떻게 측정할 수 있는가? 수익에 기여하는가?

☐ 고객 만족도를 향상하는가?

☐ 폭과 깊이가 균형을 이루는가?

☐ 효율성에 대한 추구가 이미지, 정체성, 브랜드, 기타 감성적 디자인 요소의 힘과 가치에 대한 인식으로 완화됐는가?

☐ 비영리 단체는 후원자에게 가치를 전달하기 위해 사명을 발전시키기 위한 사용자 경험이 필요하다. 영리 기업의 경우 사용자 경험은 수익에 기여하고 고객 만족도를 향상해야 한다. 사용자 경험의 가치를 제시하는가?

학습 용이성

대화형 인터페이스는 사용자가 쉽게 이해하고 적응할 수 있어야 한다. 대화형 인터페이스는 부분적으로는 복잡한 프로세스를 단순화하기 위해 존재하며 일관성 있고 명확해야 한다.

☐ 빨리 파악할 수 있는가?

☐ 복잡한 프로세스를 더 단순하게 만들기 위해 무엇이 제공되는가?

☐ 올바른 이유로 기억에 남는가?

☐ 문제 해결을 위해 취한 단계를 쉽게 확인할 수 있는가?

☐ 예측할 수 있을 만큼 일관되게 작동하는가?

☐ 사용자가 서로 다른 단어, 상황, 행동이 같은 의미인지 궁금해할 필요가 없어야 한다. 일관성과 표준을 위해 플랫폼 규칙을 따르는가?

☐ 대화상자가 학습 시간을 최소화하면서 사용자를 학습 단계로 안내한다면 학습 적합성을 지원하는 것이다. 대화 상자가 학습 적합성을 지원하는가?

☐ 의미를 명확하게 이해할 수 있고, 모호하지 않으며, 해석이 가능하고 인식할 수 있는가?

즐거움

과거에는 휴리스틱heuristic 측정과 관련해 '즐거움'에 대한 논의가 많지 않았다. 요즘은 크로스 채널 설루션을 탐색할 때 차별화 요소에 대한 고려와 사용자 기대치를 뛰어넘는 목표가 소비자에게 더 중요해지고 있다.

□ 다른 유사한 경험이나 경쟁업체와 차별화되는 점은 무엇인가?

□ 옴니채널omni channel 연계성을 탐색해 즐거움을 줄 수 있는가?

□ 기대치의 단순 충족을 넘어 초과하는 방법은 무엇인가?

□ 기대에 부응하는 것을 제공하고 있는가?

□ 평범한 것을 특별하게 만들 수 있는가?

검색가능성

- [ ] 사용자가 원하는 것을 쉽고 빠르게 검색할 수 있는가?
- [ ] 채널, 기기, 시간에 걸쳐 검색 가능성을 어떻게 고려하는가?
- [ ] 여러 가지 방법으로 접근할 수 있는가?
- [ ] 외부 및 내부 검색 엔진은 정보를 어떻게 보여주는가?
- [ ] 정보는 결과를 염두에 두고 형식이 지정될 수 있어야 한다.
- [ ] 제공된 결과가 어떻게 유용하게 활용되는가?
- [ ] 원하는 결과에 도달하는 다양한 방법이 지원되는가?
- [ ] 검색을 찾기 쉽고, 일관되게 배치해 있는가? 사용자가 쉬운가 쿼리 수정과 개선을 지원하는가?
- [ ] 쿼리 밟다가 효과적으로 사용되는가? (맞춤법 검사, 어간 추출, 개인 검색, 유의어 검색 등)
- [ ] 유용한 결과가 사이트의 결과 목록의 맨 위에 표시되는가?
- [ ] 사용자가 필요한 것을 정렬 가능한 탐색 결과 사이에와 위치 지원이 가능한 재배를 디자인했거나 위해 노력했는가?
- [ ] 사용자가 불필요한 정보로 과부하 되지 않도록 노력했는가?

접근성

- [ ] 채널, 기기, 시간에 걸쳐 일관된 경험을 제공하는가?
- [ ] 이전에 사용하지 않던 채널에서도 경험의 일관성이 유지되는가?
- [ ] 장애인이 있는 사용자를 고려한 접근성 준수 수준을 충족하는가?
- [ ] 전 세계 인구의 약 20퍼센트가 장애가 있다는 사실을 고려하고 있는가? 건물에 엘리베이터와 경사로가 있는 것처럼 웹사이트도 모든 사람이 접근할 수 있어야 한다.
- [ ] 시스템이 시스템 중심 용어가 아닌, 사용자에게 친근한 단어, 문구, 개념을 사용해 사용자의 언어로 말하는가?
- [ ] 시스템이 실제 세계의 규칙을 따르고 정보가 자연스럽고 논리적인 순서로 표시되는가?
- [ ] 흐리 피로를 느끼지 않고 경험을 이동할 수 있는가?
- [ ] 정보 구조 모델이 특정 사용자, 요구사항, 검색 전략에 맞게 구조로 형성되고 조정할 수 있는 충분한 복원력이 있는가?
- [ ] 정보 구조 모델이 목적, 맥락, 사용자에 적합하고 다양한 미디어, 환경, 시간에 따라 같은 논리를 유지할 수 있는 충분한 일관성이 있는가?

명확성

- [ ] 이해하기 쉬운가?
- [ ] 대상 사용자의 읽기 언어를 고려하는가?
- [ ] 작업 완료까지 경로가 간단하고 방해 요소가 있는가?
- [ ] 사용자가 사용자 경험을 쉽게 설명할 수 있는가?
- [ ] 대화에 관련성이 없거나 필요하지 않은 정보가 포함되지 않도록 미적이고 미니멀한 디자인을 사용하는가?
- [ ] 대화에서 추가 정보 단위가 관련 정보 단위와 경쟁해 선택적 관련성을 얻어낼지 읽기 쉬운가?
- [ ] 무엇을 검색하고 있는지, 쿼리가 무엇이고, 몇 개의 결과가 반환되는지 명확한가?
- [ ] 레이블이 명확한가?
- [ ] 정보 내용을 빠르고 정확하게 파악할 수 있도록 하는가?

전달성

- [ ] 전체작으로 메시지가 어떻게 사용되는가? 메시지가 작업의 과정이고 때략에 맞게 작성되는가?
- [ ] 상태, 위치, 권한이 명확하고 설명하는가?
- [ ] 탐색과 메시지 전달이 채널, 맥락, 작업 전반에서 상관된 장소스 감을 포함하는 데 도움이 되는가?
- [ ] 시스템 상태가 표시돼 사용자가 적절한 시간 안에 적절한 피드백을 통해 진행 상황을 알 수 있는가?
- [ ] 객체, 행동, 선택지를 가시화해 사용자의 메모리 부하를 최소화하고 있는가?
- [ ] 사용자에게 경험, 사이트, 애플리케이션 등의 내용과 사용 가능한 선택지에 대한 방향을 제시하는가?
- [ ] 사용자가 어떤 경험에 있든지, 경험의 어느 지점에 있는지 영향을 미칠 수 있는가?
- [ ] 시스템의 피드백을 통해 각 단계를 즉시 이해할 수 있도록 대화하기 충분히 설명적이지 아니면 요청에 따라 사용자에게 설명되는가?
- [ ] 고유한 디자인에 일관성이 있어 사용자의 기대에 부합하는가?
- [ ] 사용자가 디자인, 물리적, 교차 채널 환경에서 방향 감각을 잃지 않고 공간적 감각을 충족해 웨이파인딩에 방향성을 향상하는 데 도움이 되는 정보 구조 모델이 마련돼 있는가?

유용성

- [ ] 사용 가능한가? 사용자가 크게 좌절하거나 포기하지 않고 요구 사항을 해결할 수 있는가?
- [ ] 신규 사용자와 재방문 사용자에게 각자의 요구를 충족하는 방식으로 서비스를 제공하는가?
- [ ] 사용자가 다음에 기대가 하는 곳으로 안내하는 탐색 옵션이 있는가?
- [ ] 다음에 가고 싶은 곳으로 안내하는 탐색 옵션이 명확하게 레이블링돼 있는가?
- [ ] 모든 노출제를 명확하게 건설적인 해결책을 제시하는 사용 언어로 돼 있는가?
- [ ] 기본적인 사용성을 충족하는가?
- [ ] 이전에 방문한 적이 있고 무엇을 찾고 있는지 아는 사용자에게 도움이 되는가?
- [ ] 콘텐츠에 도달하는 가장 좋은 방법을 강조하고 있는가?
- [ ] 저 결과별로 유용한 구성 요소가 표시돼 있는가 결과에 유용한 방식으로 그룹화되어 있는가?
- [ ] 실무자로서 관리자가 그래픽을 선 안에서 작업하는 데 만족하려는 충동을 이겨내고 있는가?
- [ ] 대화가 작업에 적합한가? 사용자가 작업을 효과적이고 효율적으로 완료할 수 있도록 지원하는가?
- [ ] 사용자가 영시적인 목표를 달성하거나 잠재된 요구를 자극할 수 있도록 정보, 서비스, 제품 간 관련성을 제안하는 정보 구조 모델 기능을 사용할 수 있을 만큼 충분히 상관관계가 있는가?

표 17.1 | 대화 설계를 위한 주요 디자인 패턴

신뢰성
- 디자인이 맥락과 대상에 적합한가?
- 콘텐츠가 최신이고 자주 업데이트되는가?
- 홍보 콘텐츠가 되도록 작게 사용되는가?
- 담당자에게 쉽게 연락할 수 있는가?
- 저작 출처를 쉽게 확인할 수 있는가?
- 필요한 주제 도움말이나 지원 콘텐츠가 있는가?
- 사용자가 개인 정보 보호와 보안이 최우선이라고 느끼는가?
- 문서 없이 시스템을 사용할 수 있으면 좋겠지만, 사용해야 한다면 검색하기 쉽고, 사용자의 작업에 초점을 맞추고, 수행해야 할 구체적인 단계를 나열하고, 간단하게 도움말과 문제를 제공할 수 있는가?
- 사용자가 콘텐츠를 신뢰하고 믿음직에 영향을 미치는 디자인 요소가 웹 신뢰성 프로젝트에서 제안한 가이드라인을 준수하고 있는가?

제어 가능성
- 사용자가 필요한 정보를 쉽게 찾을 수 있는가?
- 사용자가 경험과 관련된 합리적인 작업을 수행할 수 있는가?
- 오류를 얼마나 잘 예측하고 제거할 수 있는가? 예상치 못한 오류에 대해 적절하게 해결할 수 있는가?
- 사용자 필요에 따라 정보나 기능을 조정할 수 있는 기능이 제공되는가?
- 중요도가 다른 중요한 제어가 명료하게 표시되는가?
- 사용자가 실수로 시스템 기능을 시작했을 때 쉽게 되돌아갈 수 있도록 하는가? 긴 대화를 거치지 않고도 원치 않는 상태를 벗어날 수 있는 '비상 출구'가 명확하게 표시돼 있는가?
- 오류가 발생하기 쉬운 조건을 제거하거나 오류를 확인하고 사용자가 작업을 실행하기 전에 확인 옵션을 제시해 오류를 방지하도록 독특하게 설계했는가?
- 사용자 요구에 호율성과 호율성을 위해 사용자가 자주 사용하는 작업을 명료하게 표시하는가?
- 사용자가 목표를 달성하는 지점까지 상호작용의 방향과 속도를 시작하고 제어할 수 있을 때 대화가 가능한가?
- 대화 오류가 허용되는가? 명백한 입력 오류에도 불구하고 사용자가 아무런 조치를 하지 않거나 최소한의 조치만으로 의도한 결과를 달성할 수 있는가?
- 사용자 요구에 인터페이스 소프트웨어를 수행할 수 있는 경우 대화를 개인화할 수 있는가?

가치
- 사용자에게 바람직한 경험인가?
- 모든 채널에서 상호작용하는 동안 과일 약속 없이 일관된 기대치를 유지할 수 있는가?
- 사용자가 가치를 쉽게 설명할 수 있는가?
- 성공을 어떻게 측정할 수 있는가? 수익에 기여하는가?
- 고객 만족도를 향상하는가?
- 목표 같이가 균형을 이루는가?
- 호율성에 대한 추가 이미지, 정체성, 브랜드, 기타 감성적 디자인 요소의 힘과 가치에 대한 인식으로 완화됐는가?
- 사용자 경험이 가치를 제시하는가?

학습 용이성
- 빨리 파악할 수 있는가?
- 복잡한 프로세스를 더 단순하게 만들기 위해 무엇이 제공되는가?
- 문제 해결을 위해 취한 단계를 쉽게 확인할 수 있는가?
- 예측할 수 있을 만큼 일관되게 작동되는가?
- 사용자가 서로 다른 단어, 상황, 행동이 같은 의미인지 궁금해할 필요가 없어야 한다. 일관성과 표준을 위해 플랫폼 규칙을 따르는가?
- 대화 상자가 학습 적합성을 지원하는가?
- 의미를 명확하게 이해할 수 있고, 모호하지 않으며, 해석이 가능하고 인식할 수 있는가?

즐거움
- 다른 유사한 경험이나 경쟁업체와 차별화되는 점은 무엇인가?
- 음니채널 연계성을 함께해 즐거움을 줄 수 있는가?
- 기대치의 단순 충족을 넘어 초과하는 방법은 무엇인가?
- 기대에 부응하는 것을 제공하고 있는가?
- 평범한 것을 특별하게 만들 수 있는가?

표 17.1 | 대화 설계를 위한 주요 디자인 패턴. 출처: 애비 코빗(Abby Covet)과 디언더스탠딩그룹(The Understanding Group)

PART 4

결론

CHAPTER 18_

우리는
어디로 가야 할까?

　필자는 영화 산업이 아날로그에서 디지털로 전환하던 1990년대에 워너 브라더스Warner Bros., WB에서 음향 편집자로 일했다. 영화 필름이 지나간 시대의 물건이 되면서 〈사랑과 추억〉(1992), 〈딥 임팩트〉(1998), 〈씬 레드 라인〉(1999), 〈갤럭시 퀘스트〉(2000) 등의 영화에서 함께 일했던 재능 있고 경험 많은 사람들이 기술을 더 잘 사용할 줄 아는 자격을 갖춘 이들에게 일자리를 넘길 상황이라는 사실을 깨달았다. 이것은 심각한 문제였다.

　필자는 컴퓨터를 다룰 줄 안다는 점에서 운이 좋았다. 디지털 기술이 영화 편집을 더 쉽게 만들어준 것은 사실이지만 영화 편집을 잘 할 수 있는 문제와는 또 다른 것임을 깨달았다. 필자가 아는 최고의 음향 편집자와 영상 편집자들은 평생 영화적 스토리텔링의 독특한 리듬을 배우며 일했다. 필름 리본을 직접 자르던 경험 덕분에 그들은 디지털 편집 기술을 개발하는 데 이상적인 사람들이었다. 단순히 컴퓨터를 잘 다루는 사람들에게 편집 기술을 넘겨준다면 세대에 걸친 경험과 미묘한 차이를 잃게 될 수도 있었다. 나는 그런 일이 일어나지 않도록 하는 것을 사명으로 삼았다. 아날로그 편집자들은 평생 사용해온 촉각 도구를 모방한 인터페이스를 사용하는 것이 가장 편하다는 사실을 깨달았다. 도구에는 베테랑이든 처음 사용하는 사람이든 디지털 도구를 사용하는 모든 사람에게 도움이 되는 의사 결정 패턴이 내장돼 있었다.

도구와 관련된 작업은 영화 산업을 떠나 나중에 경험 디자인에 중점을 둔 에이전시를 설립할 때 열정을 불러 일으키는 도화선이 됐다. 가장 아름다운 버튼이나 획기적인 애플리케이션을 디자인하는 것이 아니라, 기술이 발전하는 가운데 사람들이 뒤처지지 않도록 하는 것이 목표였기 때문이다. 사람들이 기술을 더 쉽게 만들고 효과적으로 사용할 수 있도록 하면 더 많은 사람이 혜택을 누릴 수 있다. 기술이 국제 인프라부터 개인 일정표에 이르기까지 생활의 주요 부분을 계속 강화하고 관리함에 따라 모든 사람이 기술에 참여하고 기술을 생성할 기회를 얻는 것이 중요하다.

기술의 기하급수적 도약은 거의 매일 일어나고 있으며 이는 사람과 기계 사이의 격차를 벌릴 위협이 계속되고 있다. 간소화된 설계와 배포를 통해 대화형 AI와 초자동화를 대량으로 채택할 수 있게 지원함으로써 이런 강력한 신기술의 혜택을 가장 많이 누릴 수 있는 사람들의 수준을 높일 수 있다. 초자동화의 궁극적인 목표는 해결해야 할 문제가 있는 모든 사람을 소프트웨어 디자이너로 만드는 것이다. 수십 년 동안 기술을 활용하는 방법을 개발했고 모든 인류에게 혜택을 줄 수 있는 방식으로 초자동화를 실현하기 위해 생각해낸 최고의 아이디어를 이 책에 담았다.

영화 〈그녀〉(2014)는 대화형 AI의 폭과 뉘앙스를 훌륭하게 다뤘다. 영화의 주인공 테오도르Theodore와 인공지능 가상 비서 사만다Samantha의 관계는 이 책에서 살펴본 많은 개념과 맞닿아 있다. 사만다는 시리나 알렉사와 같은 애플리케이션이 아니라 운영체제다. 사만다는 테오도르가 다양한 기술을 접하는 관문이다(본질은 애플리케이션을 기술로 전환하는 역할이다).

테오도르가 새로운 OS를 설치할 때는 데스크톱 컴퓨터 앞에 앉아 있지만, 사만다와 상호작용하는 데 익숙해지면 어디를 가든 대화를 통해 기술을 활용할 수 있다. 사만다는 테오도르가 셔츠 주머니에 넣고 다니는 휴대전화의 카메라를 통해 테오도르가 보는 것을 볼 수 있다. 테오도르는 이어폰을 사용해 그녀에게 말을 하고 사만다는 테오도르에게 무언가를 보여주고 싶을 때 근처의 기기로 이미지를 전송한다. 사만다를 통해 기술은 테오도르에게 새로운 능력을 부여하는 연장선이 됐다.

영화에 등장하는 다른 유형의 인공 캐릭터와 함께 사람과 기계의 관계는 책 두 권은 너끈히 채울 수 있는 초지능에 대한 심리학과 이론적 모델의 새로운 국면으로 접어들고 있다. 그렇지만 모든 사람이 테오도르처럼 기술과 관계를 맺는다고 상상하면 놀라운 일을 하게 될 가능성이 금세 커진다. 이것이 바로 기술이 사람을 뒤처지지 않게 하면서도 계속 성장하고 진화하게 할 방법이다.

접근성을 높이면서 기술을 발전시킬 방법은 무엇일까? 20년 전 이 질문을 가슴에 품은 채 경험 디자인 분야에서 경력을 쌓기 시작했다. 사람들이 따라잡을 수 있도록 속도를 늦출 수는 없을 것이 분명했다. 동료 경험 디자인 실무자들에게 이 일에 동참할 것을 제안했고 성공과 실패를 공유하고 함께 기술을 개선할 수 있는 활기찬 커뮤니티를 만들겠다는 목표로 UX 매거진을 만들었다.

필자가 만든 대화형 AI 플랫폼도 같은 사명의 연장선에 있다. 누구나 대화형 인터페이스를 통해 기술 생태계를 조율할 수 있는 개방형 시스템에 접근할 수 있게 되면 소프트웨어 제작 과정이 민주화된다. 우리 중 누구라도 높은 수준의 문제에 대해 사람보다 더 나은 솔루션을 고안하고,

기여하고, 실행하며 발전시킬 수 있다.

영화 〈스파이더맨〉(2002)의 대사를 빌리자면 '큰 힘에는 큰 책임이 따른다'. 초자동화의 힘은 엄청나며 이를 제대로 활용하려면 책임감과 비전이 필요하다. 충동이 초래한 파괴를 극복하기 위해 사람의 독창성이 요구되는 인류 역사상 기묘한 교착 상태에 살고 있다. 따라서 기술이 어떻게 진보를 가능하게 하는지 발언권을 갖는 것도 중요하지만 잘못된 세력이 기술을 좌우하지 않도록 하는 것도 그에 못지않게 중요하다.

이 책의 서두에서 언급했듯이 현상 유지는 사형선고와 같다. 이는 가까운 미래로 나아가는 기업들에 확실히 해당하지만, 인류에게도 해당되는 말이다. 전 세계적인 팬데믹과 심각해지는 기후 변화는 현재의 업무 수행 방식이 완전히 지속 가능하지 않다는 것을 분명히 보여줬다. 이대로 망가진 길을 가다가는 인류는 멸종할 운명에 처할 것이다. 기술은 우리의 방향을 바꾸고 지속가능성으로 가는 길을 제시할 힘이 있다.

다른 고려 사항은 초자동화를 위해 구축된 생태계에서 조율할 수 있는 다양한 기술의 모듈식 특성과 관련이 있다. 생태계가 번창하는 것을 볼 수 있는 유일한 방법은 개방형 생태계일 때다. 모듈식 기술로 구성된 개방형 생태계에서는 개별 기술이 즉시 상품화된다. 진정으로 개방된 시스템을 갖추고 개선된 자연어 처리/자연어 이해 기술을 사용할 수 있게 된다면 공급 업체가 어디인지는 중요하지 않다. 정말 더 나은 기술이라면 사용하고 싶을 것이고 사용할 수 있을 것이다.

조직이 생태계에서 세일즈포스 도구 대부분을 사용한다고 가정해보자. 특정 기능이 더 나은 도구를 다른 곳에서 발견해 사용하기 시작한다면 세일즈포스는 시장점유율을 놓고 경쟁하는 더 나은 기술이 있다는 사실을 깨닫는 데 그리 오래 걸리지 않을 것이다. 세일즈포스는 해당 기능을 개선하고 고객을 되찾기 위해 동기 부여를 할 것이다. 오늘날 일반적인 비즈니스 관행에 따라 더 나은 도구를 만드는 회사를 인수할 수도 있다. 하지만 이 책의 앞에서 설명한 탈중앙화된 자율조직에서 일하는 사람들이 만든 도구라면 어떨까? 탈중앙화된 자율조직은 기본적으로 블록체인에 안전하게 중첩된 공유 리소스 풀에서 스스로 설정한 비율로 프로젝트를 진행하기로 동의한 사람들이 함께 일하는 그룹이다. 조직의 핵심은 자율성인데 자신의 노력이 자기 팀이 아닌 윗사람에게 이익이 되는 제한적인 비즈니스 모델의 일부가 되길 원할 이유는 없다.

이는 기존 조직에 역설적인 상황을 초래하고 조직으로서의 존재 자체에 의문을 제기하기 시작한다. 앞서 대화형 인터페이스로 접근하는 모듈식 사진 편집 소프트웨어가 포토샵의 그래픽 사용자 인터페이스를 무의미하게 만드는 시나리오를 설명한 적이 있다. 사진 자르기를 도와달라고 기기에 요청할 때 가장 좋은 자르기 도구에 빠르게 접근하고 싶을 뿐, 도구가 포토샵의 도구 모음에 포함돼 있는지는 중요하지 않다. 모듈식 기술을 조율하는 개방형 생태계에서는 라이선스가 있는 기술 번들을 사용할 필요가 없다. 끊임없이 진화하고 개선하기 위해 개방형 생태계는 무엇보다 유연성을 중요하게 생각한다. 더 나아가 초자동화가 주도하는 세상에서 어도비나 세일즈포스가 폐쇄적인 시스템에서 작동하는 기술을 개발하는 사업을 하려는 이유가 과연 있을지 생각해본다. 어느 시점에 이르면 중앙집중식 조직의 필요성에도 의문이 들지 모른다. 전통적인 조직의 구조가 쓸모없어지면 최상위에 있는 소수의 사람이 그 아래에 있는 수많은 사람을 희생시키면서 막대한 부를 획득하는 광기를 무시할 수 없을 것이다.

브레이크를 밟아야 한다는 것을 안다. 초자동화라는 거대한 과제를 수행하기 위해 회사 전체를 뒤바꿔야 할 이유다. 물론 조직이 자율 주행 능력을 계속 향상시키려는 목적 자체는 매우 매력적이나 굳이 조직을 만들어야 할 당위성을 생각해본다. 조직의 필요성에 관한 질문에 대답은 조직에서 초자동화를 향한 여정을 시작해야 한다는 것이다. 조직에서 일하는 사람들과 서비스를 사용하는 사람들에게 혜택을 주기 위해 최선을 다해야 한다. 유능하고 윤리적인 개방형 시스템이 초자동화를 실행하는 세상이 필요하다. 지금 기존 조직에서 하는 일이 결국 조직을 무의미하게 만드는 결과를 가져올 수도 있지만 궁극적으로 구축하려는 것은 기술이 모든 인류에게 동등하게 혜택을 줄 수 있는 구조다.

지금은 역사상 무척 불안한 시기다. 팬데믹의 우려와 함께 기후 변화는 가속되고 있으며 유럽에서는 전쟁이 벌어지고 있다. 기업의 이익이 아니라 인류를 위해 거대한 문제를 지능적으로 해결할 수 있는 강력한 문제 해결 도구가 필요하다는 것은 분명한 사실이다. 매우 기본적인 수준에서 기술을 사용해 사람을 기분 좋게 만드는 경험을 만들 수도 있다. 다른 사람들의 기분을 얼마나 좋게 만드느냐에 따라 가치를 평가받는 경제를 구축할 수 있다. 이런 활동을 화합물로 환원하는 것은 다소 냉소적으로 보일 수 있지만 도파민에 기반한 경제는 블록체인에서 사회적 상호작용을 점수화한다는 아이디어와 잘 맞아떨어진다. 사람이 매일 상호작용하는 경제가 행복을 만들어내는 경험에 초점을 맞춘다면 삶에서 스트레스가 훨씬 줄어들 것이다.

인류 역사상 정말 중요한 순간을 맞이하고 있다. 상황은 심각하지만 스스로를 구하는 데 필요한 모든 것이 있다. 필자가 작업했던 몇 편의 영화

에서 인용하자면 "삶은 계속될 것이고 우리는 승리할 것이다."(《딥 임팩트》)
"절대 포기하지 마라! 절대 항복하지 마라!"(《갤럭시 퀘스트》)

우리 팀은 사람들의 금연을 돕고 성매매를 억제하는 데 기여한 AI 설루션을 설계하는 데 일조했다. 기술이 개인의 행동을 변화시키고 범죄 행위를 저지하는 데 얼마나 강력한 힘을 발휘할 수 있는지 직접 경험했다. 초자동화는 산업화된 세계가 스스로 빠져든 거대한 늪에서 벗어날 수 있는 최고의 기회다. 하지만 이를 실현하려면 모두를 위한 포괄적인 방식으로 구현돼야 한다.

이 책을 통해 초자동화가 제시하는 가능성과 도전에 마음이 열리기를 바란다. 초자동화라는 강력한 기술을 어떻게 활용할 수 있는지에 대한 비전을 제시하는 데 20년이 걸렸지만 초자동화가 세상을 재편하는 데는 그 시간의 극히 일부분이면 될 것이다. 우리는 거대한 변화를 통해 더 밝은 미래로 함께 나아갈 수 있다.

참고 문헌 및 사이트

1   "Why 'Total Experience (TX)' is Gartner's top technology trend for 2022," Clover Infotech, December 22, 2021, https://www.cloverinfotech.com/blog/why-total-experience-tx-is-gartners-top-technology-trend-for-2022/

CHAPTER 1

1   Jack Loechner, "90% of Today's Data Created in Two Years," Media-Post, quoting IBM Marketing Cloud, "10 Key Marketing Trends for 2017," December 22, 2016, https://www.mediapost.com/publications/article/291358/90-of-todays-data-created-in-two-years.html
2   Will Knight, "Meet the Chinese Finance Giant That's Secretly an AI Company," *MIT Technology Review*, June 16, 2017, https://www.technologyreview.com/2017/06/16/151178/ant-financial-chinas-giant-of-mobile-payments-is-rethinking-finance-with-ai/
3   Will Knight, "Meet the Chinese Finance Giant That's Secretly an AICompany," *MIT Technology Review*, June 16, 2017, https://www.technologyreview.com/2017/06/16/151178/ant-financial-chinas-giant-of-mobile-payments-is-rethinking-finance-with-ai/
4   Juliette van Winden, "Love at First Chat, with Lemonade's AI ChatbotMaya," Medium, December 1, 2019, https://medium.com/marketing-in-the-age-of-digital/love-at-first-chat-with-lemonades-ai-chatbot-maya-7b4a105824bd
5   Jared Diamond, *Guns, Germs, and Steel: The Fates of Human Societies*(New York: W. W. Norton, 1997), 259

CHAPTER 2

1   "Strategy Analytics: Half the World Owns a Smartphone," Business Wire, June 24, 2021, https://www.businesswire.com/news/home/20210624005926/en/Strategy-Analytics-Half-the-World-Owns-a-Smartphone

2   Hilary George-Parkin,"One nation, on hold," Vox, May 13, 2020, https://www.vox.com/the-goods/2020/5/13/21243420/call-centers-on-hold-customer-service-unemployment-airline-cable

CHAPTER 3

1   "Gartner Forecasts Worldwide Hyperautomation-Enabling Software Market to Reach Nearly $600 Billion by 2022," Gartner, April 28, 2021, https://www.gartner.com/en/newsroom/press-releases/2021-04-28-gartner-forecasts-worldwide-hyperautomation-enabling-software-market-to-reach-nearly-600-billion-by-2022

2   Marco Iansiti and Karim R. Lakhani, "Competing in the Age of AI: How Machine Intelligence Changes the Rules of Business," *Harvard Business Review*, January-February 2020, https://hbr.org/2020/01/competing-in-the-age-of-ai

3   Eric Jing, "Eric Jing on the Promise of Financial Services for the Unbanked," *Wall Street Journal*, January 17, 2018, https://www.wsj.com/articles/eric-jing-on-the-promise-of-financial-services-for-the-unbanked-1516200702

4   Marco Iansiti and Karim R. Lakhani, "Competing in the Age of AI," *Harvard Business Review*, January-February 2020, https://hbr.org/2020/01/competing-in-the-age-of-ai

5   "How to build AI with (and for) everyone in your organization,"McKinsey & Company, May 4, 2020, https://www.mckinsey.com/business-functions/mckinsey-analytics/our-insights/how-to-build-ai-with-and-for-everyone-in-your-organization

CHAPTER 4

1   Judith Shulevitz, "Siri, You're Messing Up a Generation of Children," *The New Republic*, April 2, 2014, https://newrepublic.com/article/117242/siris-psychological-effects-children

2   James Crowley, "Woman Says Amazon's Alexa Told Her to Stab Herself in the Heart for 'The Greater Good,'" *Newsweek*, December 24, 2019, https://www.newsweek.com/amazon-echo-tells-uk-woman-stab-herself-1479074

3   Karen Hao, "We read the paper that forced Timnit Gebru out of Google. Here's what it says," *MIT Technology Review*, December 4, 2020, https:// www.technologyreview.com/2020/12/04/1013294/google-ai-ethics-research-paper-

forced-out-timnit-gebru/

4   Jessica Nordell, quoted in Megan Thompson, "A new book examines ways to end unconscious bias," PBS NewsHour, September 18, 2021, https://www.pbs.org/newshour/show/a-new-book-examines-ways-to-end-unconscious-bias

5   Jared Diamond, *Guns, Germs, and Steel: The Fates of Human Societies*(New York: W. W. Norton, 1997), 30

6   Michelle Lau, "We all have a 'hierarchy of needs.' But is technology meeting them?," World Economic Forum, July 2, 2019, https://www.weforum.org/agenda/2019/07/is-technology-meeting-our-fundamental-human-needs/

CHAPTER 5

1   Tyler Clifford, "Coronavirus has ushered in the 'death of the call center,' LivePerson CEO says," CNBC, updated May 12, 2020, https://www.cnbc.com/2020/05/11/coronavirus-ushered-in-the-death-of-the-call-center-liveperson-ceo.html

2   Katie Canales, "China's 'social credit' system ranks citizens and punishes them with throttled internet speeds and flight bans if the Communist Party deems them untrustworthy," *Business Insider*, updated December24, 2021, https://www.businessinsider.com/china-social-credit-system-punishments-and-rewards-explained-2018-4

3   Megan160 in Tucson, AZ, "I will no longer post a bad review about a guest, "Community Center, Airbnb, October 15, 2017, https://community.withairbnb.com/t5/Hosting/I-will-no-longer-post-a-bad-review-about-a-guest/td-p/526567

4   Walter Isaacson, "How to Fix the Internet," *The Atlantic*, December 15,2016, https://www.theatlantic.com/technology/archive/2016/12/how-to-fix-the-internet/510797/

5   Shai Wininger, "The Secret Behind Lemonade's Instant Insurance," n.d.,accessed February 18, 2022, https://www.lemonade.com/blog/secret-behind-lemonades-instant-insurance/

6   Seth Grimes, "Unstructured Data and the 80 Percent Rule," Breakthrough Analysis, August 1, 2008, http://breakthroughanalysis.com/2008/08/01/unstructured-data-and-the-80-percent-rule/

7   Chris Grams, "How Much Time Do Developers Spend Actually Writing Code?," The New Stack, October 15, 2019, https://thenewstack.io/how-much-time-do-

developers-spend-actually-writing-code/

CHAPTER 10

1 Hank Barnes, "Fusion Teams-A Critical Area for Vendors to Develop Understanding," LinkedIn Pulse, June 23, 2021, https://www.linkedin.com/pulse/fusion-teams-critical-area-vendors-develop-hank-barnes/

2 Bayrhammer Klaus, "You spend much more time reading code than writing code," Medium, November 22, 2020, https://bayrhammer-klaus.medium.com/you-spend-much-more-time-reading-code-than-writing-code-bc953376fe19

CHAPTER 11

1 "Worldwide Spending on Artificial Intelligence Is Expected to Double in Four Years, Reaching $110 Billion in 2024, According to New IDC Spending Guide," International Data Corporation, August 25, 2020, https://www.businesswire.com/news/home/20200825005099/en/Worldwide-Spending-on-Artificial-Intelligence-Is-Expected-to-Double-in-Four-Years-Reaching-110-Billion-in-2024-According-to-New-IDC-Spending-Guide

2 Hugo Britt, "Take a Look Under the Hood of Ford's Best Supply Chain Practices," Thomas Insights, July 22, 2020, https://www.thomasnet.com/insights/ford-supply-chain/

3 Ben Goertzel, "Decentralized AI," TEDxBerkeley, April 23, 2019, video,16:17, https://www.youtube.com/watch?v=r4manxX5U-0

CHAPTER 12

1 "Fundamentals," IBM Design for AI, last updated May 2019, https://www.ibm.com/design/ai/fundamentals/

2 Cliff Saran, "Stanford University finds that AI is outpacing Moore's Law," "Computer Weekly, December 12, 2019, https://www.computerweekly.com/news/252475371/Stanford-University-finds-that-AI-is-outpacing-Moores-Law

CHAPTER 13

1 Eliot Van Buskirk, "Flowchart: Should You Buy a Pan Flute?" *Wired*, June 7,2008, https://www.wired.com/2008/06/flowchart-shoul/

CHAPTER 14

1   John H. Miller and Scott E. Page, *Complex Adaptive Systems: An Introduction to Computational Models of Social Life* (Princeton, NJ: Princeton University Press, 2009), 239

CHAPTER 15

1   Susan Weinschenk, "Why Having Choices Makes Us Feel Powerful," *Psychology Today*, January 24, 2013, https://www.psychologytoday.com/us/blog/brain-wise/201301/why-having-choices-makes-us-feel-powerful

2   Starbucks, "Top six ways to customize your favorite Starbucks drink," April 08, 2019, https://stories.starbucks.com/press/2019/customizing-beverages-at-starbucks-stores/

3   Jaya Saxena, "Starbucks Stands by Its Most Annoying Customers and Their Wild Custom Drinks, Eater, May 5, 2021, https://www.eater.com/2021/5/5/22420813/starbucks-annoying-customized-drinks

4   Arthur Van de Oudeweetering, *Improve Your Pattern Recognition: Key Moves and Motifs in the Middlegame* (Alkmaar, Netherlands: New in Chess, 2014)

5   RZA, "RZA on Chess and Bobby Fischer: Every game is a draw until you make a mistake," Lex Fridman Podcast, YouTube, 1:32, October 8, 2021, https://www.youtube.com/watch?v=uX0OzHkQIXI

6   RZA, "Reflections of a King," Interview by Adisa "the Bishop" Banjoko, *Chess Life magazine*, January 2021, quoted by Adisa Banjoko,"A Conversation with RZA from the Wu-Tang Clan," US Chess Federation, January 5, 2021, https://new.uschess.org/news/conversation-rza-wu-tang-clan

CHAPTER 16

1   Nadine Epstein, "Interview: Richard Saul Wurman: In Search of the God of Understanding," *Moment Magazine*, October 4, 2013, https://momentmag.com/ted-richard-saul-wurman-interview/

2   Richard Saul Wurman, "The 5 Ways to Organize Information," video, 1:34, May 13, 2019, https://www.youtube.com/watch?v=Ak6nIJHlRcA

찾아보기